허공이 하나니 지도리(樞)가 하나요,
지도리가 하나니 목숨도 하나.

— 백봉 김기추 거사

인
생
선
언
문

나는 인생 본래의 면목面目을 되찾기 위하여
번뇌와 진로塵勞가 전부인 이러한 인생을 거부한다.

✻

나는 인생 본래의 영지靈知를 되찾기 위하여
생로生老와 병사病死가 전부인 이러한 인생을 거부한다.

✻

나는 인생 본래의 평등平等을 되찾기 위하여
기복祈福과 구명求命이 전부인 이러한 인생을 거부한다.

– 백봉 김기추 거사

◆ 당신은 언제나 옳습니다. 그대의 삶을 응원합니다. — 고려원북스

허공법문

초판 1쇄 2010년 12월 1일
3쇄 2020년 9월 15일

지은이 장순용
펴낸이 설응도 편집주간 안은주
영업책임 민경업

펴낸곳 고려원북스

출판등록 2004년 5월 6일 (제 2017-000034호)
주소 서울시 강남구 테헤란로 78길 14-12(대치동) 동영빌딩 4층
전화 02-466-1283 팩스 02-466-1301

문의 (e-mail)
편집 editor@eyeofra.co.kr
마케팅 marketing@eyeofra.co.kr
경영지원 management@eyeofra.co.kr

ISBN : 978-89-94543-14-7 03220

Copyright©Koreaonebooks, Inc., 2014, Printed in Korea

이 책의 저작권은 저자와 출판사에 있습니다.
저작권법에 따라 보호를 받는 저작물이므로 무단전재와 복제를 금합니다.
이 책 내용의 일부 또는 전부를 이용하려면 반드시 저작권자와 출판사의 서면 허락을 받아야 합니다.
잘못 만들어진 책은 구입처에서 교환해드립니다.

허공법문

백봉 김기추 거사 법어집

편자 장순용

(주)고려원북스

차/례/

■ 머리말 _ 13

백봉거사白峰居士

- 출생과 항일운동의 시절 _ 21
- 관세음보살 _ 22
- 불법과의 첫 인연 _ 24
- 화두 공부와 수행의 경계 _ 26
- 깨달음 _ 28
- 법을 펴다 _ 30
- 열반 _ 33

누리의 주인공

- 누리의 주인공 _ 39
- 신업身業, 구업口業, 의업意業 _ 54
- 허공으로서의 나 _ 73
- 듯 _ 81
- 무엇이 나고 죽는가? _ 89
- 자기를 보는 것이 부처를 보는 것이다 _ 92
- 번뇌 망상 _ 94
- 겁 밖의 사람 _ 99
- 마음에 점 찍을 자리가 없다 _ 105
- 법은 본래 생겨나지 않는다 _ 109

- 시공간 _ 112
- 타협하지 말라 _ 119
- 삼매-비명비암非明非暗 _ 123
- 공적체空寂體란 무엇인가? _ 128
- 슬기눈 _ 136
- 참과 거짓 _ 139
- 유위법과 무위법 _ 144
- 선지식은 어떻게 만나는가? _ 146
- 예불과 경전 독송으로 수행하는 것은 어떠한가? _ 147

새말귀

- 인과-빚 갚기 _ 151
- 공성空性 중에는 생사와 열반이 붙지 않는다 _ 155
- 공空, 무상無相, 무작無作 _ 157
- 삼계를 노리개 거리로 삼아라 _ 160
- 업을 녹이려면(1) _ 165
- 업을 녹이려면(2) _ 171
- 여러분의 몸은 여러분의 몸이 아니다-흐리멍덩 _ 175
- 부처를 해방시킵시다 _ 179
- 부처님의 사업장 _ 184
- 중생불 _ 188
- 언구(言句: 말마디) _ 190

- 삼매정중 _ 192
- 화두에 대해 _ 197
- 자성로自性路 _ 208
- 허공문답 _ 220
- 방편은 무정법 _ 233

공겁인空劫人

- 『선문염송요론』 _ 239
- 공겁인空劫人(1) _ 247
- 공겁인(2) _ 258
- 동그랑땡 _ 263
- 진주에서 무가 나느니라 _ 270
- 뜰 앞의 잣나무 _ 279
- 착함도 생각지 않고 악함도 생각지 않을 때 너의 본래면목은? _ 288
- 신통 _ 293
- 지덕智德-십자송十字頌과 십물계十勿戒 _ 298
- 깨달아도 깨달은 바가 없다 _ 310
- 기미 _ 314
- 죄의 성품 _ 319
- 원각圓覺 _ 324

벽오동

- 백봉선시집 _ 333
- 벽오동 _ 345
- 종소리鍾聲 _ 355
- 일심송一心頌 _ 367
- 삼선칠구三禪七句 _ 370
- 사계변四季辯 _ 382
- 꼭두마음(幻心) _ 388
- 영지靈智-영특스런 철 _ 392
- 인가印可 _ 397
- 내 밥그릇(吾飯器) _ 400
- 십이인연곡十二因緣曲 _ 408

■ 예불송禮佛頌 _ 413

머
리
말

백봉거사의 법어집을 마무리하면서 30년 전 처음 보림선원 하계수련대회에 참가해서 일주일 철야정진을 하던 때가 떠올랐다. 부산 남천동 보림선원, 30도가 넘는 무더위에도 전국 각지에서 온 많은 사람들이 작은 마루에 다닥다닥 붙어서 땀을 뻘뻘 흘리며 백봉거사의 열정적인 설법을 듣고 있었는데, 어느 날 백봉거사께서 설법을 마치는 마지막 말씀으로, "실로 이 우주는 한바탕 웃음거리에 지나지 않는다"고 하시면서 껄껄 웃으며 방으로 들어가던 광경이 오랜 세월이 지난 지금도 새롭다.

　백봉거사의 설법은 매우 열정적이고 거침이 없다. 학인들이 올바른 안목을 틔울 수 있도록 온 마음을 기울여 설법하고 있음을 듣는 사람이라면 누구나 절실하게 느낄 수 있다. 특히 불법과 선의 전통을 고수하기보다는 늘 요즘 사람에게 맞는 방편이 새로 나와야 한다고 역설하면서 스스로도 좌선보다는 동선動禪을 강조하거나 새로운 방식으로 화두를 드는 새말귀를 제시하고 있다. 또 거사의 법문 내용도 경전이나 선어록을 구태의연하게 뜻풀이 하거나 자구字句 해설을 하지 않고 철저하게 자기 살림살이를 토대로 자유자재로 설파하고 있다.

백봉거사의 법문 중에서 거사만이 갖고 있는 법문의 특색을 독자의 이해를 돕기 위해 몇 가지 살펴보겠다.

첫째, 허공성의 이해를 수행의 주춧돌로 강조하는 것이다. 허공성의 이해는 물론 대승불교의 정수인 공리空理의 통달을 말하는 것이다. 그러나 '공'의 본질이 모든 법의 실체성을 부정해서 집착을 여의는 것임에도 불구하고 아직도 소위 '체념'의 정서에 편승한 염세주의, 허무주의에 빠지거나 혹은 '비어있음'에 치우쳐서 공성을 수동적이고 소극적으로 이해하는 경향이 있는 것도 사실이다. 하지만 거사는 우리의 몸은 물론 보고 듣는 일상까지도 공성을 바탕으로 이루어지고 있음을 아주 세세하게 밝힐 뿐 아니라 나아가 '허공으로서의 나'를 방편으로 내세워 절대적 주체성으로까지 확립하고 있다. '허공으로서의 나'는 바로 허공의 주인공이자 누리의 주인공으로서 눈을 가지고 보는 그 자리, 귀를 가지고 듣는 그 자리, 혀를 가지고 맛보는 그 자리이다. 이 자리는 우뚝스리 홀로 존귀한 절대성으로서 일체 만법인 상대성을 굴리는 자리다.

둘째, 새말귀이다. 새말귀는 새로운 화두라는 뜻인데, 운전수나 기계 수리공처럼 바쁜 직업을 가진 사람도 생사 문제를 해결할 권리는 갖고 있으므로 그들을 위한 화두도 마련해야 한다는 뜻에서 나왔다.

이 새말귀를 갖기 위해서는 하나의 전제 조건이 있는데 바로 앞서 말한 공리의 이해이다. 즉 무상無相의 법신法身인 '허공으로서의 나'가 유상有相의 색신色身을 굴린다는 사실을 실질적으로 파악해야만 새말귀를 굴릴 수 있는 것이다.

새말귀의 가장 큰 특징은 전통적인 화두와는 달리 의정疑情을 쓰지 않는 것이다. 과거 선지식들의 화두는 의심을 하고 들어갔지만, 새말귀는 의심 없이 그대로 믿고 들어가야 한다. 법신인 '허공으로서의 나'에 기초하고 있기 때문에 새말귀는 아침에 눈 뜨자마자 "내가 깨어났다"고 하면 벌써 화두를 잡는 것이다. 그리고 내가 화장실을 간다, 내가 세수한다, 내가 밥을 먹는다, 내가 일을 한다… 이런 식으로 하루 종일 화두를 잡을 수 있으니 스님과 화두를 잡는 입처立處는 다를지언정 하루 종일 화두를 갖는 것은 마찬가지라고 할 수 있다.

백봉거사는 앞으로 오십년이나 백년이 지나면 새말귀 방편을 쓸 거라고 했는데, 이는 전통적인 화두를 대신하는 것은 물론 새말귀의 이념이 앞으로 나올 수많은 수행 방편의 토대가 될 수 있음을 천명한 것이라고 하겠다. 그래서 거사는 새말귀의 도리가 아니면 전체 중생을 구할 수가 없다고 하면서 화두 방편을 바꿔야 한다고 역설했다.

셋째, 중생이 본래 부처라는 걸 강조하기 위해 중생불이란 용어를 쓴 것이다. 나와 부처를 주체와 객체로 대립시킨 채 스스로를 중생으로 제약하고 비하하는 사람이 의외로 많다. 그래서 거사는 자기 자신을 중생이란 틀에 가두면 공부가 될 수 없으므로 반드시 스스로를 부처라고 생각하면서 공부해야 한다고 강조한다. 왜냐하면 이 공부는 뭔가 모자란 점을 채우거나 더 향상시키기 위한 공부가 아니라 본래의 완전함을 드러내는 공부이기 때문이다. 거사는 "미혹한 부처라도 부처가 부처 공부 하는 것이지 부처가 아니면 부처 공부는 되지 않는다"고 단정해서 말씀하고 있다.

  이 책은 백봉거사의 육성이 담긴 테이프를 정리한 것이다. 총 다섯 장으로 구성되어 있는데, 첫 장에서는 백봉거사의 수행과 삶을 소개하고 있으며, 둘째, 셋째 장에서는 거사께서 저술한 「금강경강송」, 「유마경대강론」, 「선문염송요론」, 「백봉선시집」, 「절대성과 상대성」을 텍스트로 삼아 설법한 내용을 가려 뽑았으며, 넷째 장에서는 「선문염송요론」에 대한 법문을 실었고, 다섯째 장에서는 「백봉선시집」에 대한 법문을 실었다. 그리고 책 말미에는 백봉거사께서 지은 예불송을 실었는데, 이 예불송은 대승불교의 정수를 고스란히 담고 있기 때문에 독송을 하면서 음미를 하면 누구에게나 불법을 이해하는데 큰 도움을 줄 것이다.

  법어집의 문장은 가능하면 구어체를 살리려고 애쓰면서도 문어체에 맞게 다듬었지만, 반복되는 내용을 취사선택하거나 산발적으로 흩어진 내용을 연결시키기 위해서는 필요한 낱말을 첨가하지 않을 수 없었다. 따라서 혹시라도 거사께서 설법한 내용을 누락하거나 왜곡한 부분이 있다면 전적으로 필자의 책임이다. 그리고 법어집을 읽다보면 반복되는 내용이 수시로 나오는 것을 볼 수 있는데, 이는 거사께서 늘 간절하게 강조하고 있는 내용이라서 다소 중복되는 느낌이 있더라도 그대로 실었다.

그리고 백봉거사께서 쓰던 사투리나 독특한 용어도 자주 나오는 것은 그대로 실었다. 예를 들면 나투다-나타내다, 닿질리다-저촉하다, 뛰쳐나다-초월하다, 들내다-들어서 내놓다, 드러내다, 택도 없다-턱도 없다 등등이다. 또 거사께서 자주 쓰시는 '모습놀이'란 용어는 절대성인 법신 자리에서 상대성인 모습을 나타내어 살아가는 우리의 인생살이를 뜻하는데, 모습놀이에 빠졌다는 말은 모습에 집착해서 살아가는 중생의 삶을 뜻한다. 아울러 법어집에서 빈번히 나오는 '나'라는 용어도 경우에 따라 뜻을 달리하는데, 어떤 때는 절대성 자리인 '허공으로서의 나', 즉 참나를 뜻하며, 또 어떤 때는 우리의 가짜 자아인 에고를 뜻하기도 한다. 독자는 문맥에 따라 그 뜻을 추정해 이해할 수 있을 것이다. 그리고 '과학적'이라는 말도 자주 사용하는데, 이는 '이치에 꼭 맞는다'라는 의미로 이해하면 무리가 없을 것이다.

끝으로 이 법어집의 완성을 오래 동안 기다리면서 물심양면으로 깊은 도움을 준 일심행 보살, 대도성 보살, 김택수 원장, 청봉 거사를 비롯한 보림선원의 모든 도반들과 벗 임정훈에게 지면을 빌어 감사의 뜻을 전한다.

사패산 기슭에서 장순용

백봉거사
白峰居士

출생과 항일운동의 시절

백봉거사의 성명은 김기추金基秋이다. 1908년 음력 2월 2일, 한의원을 운영하던 김봉한金鳳翰과 부인 경주 김씨 사이에서 5남 1녀의 장남으로 부산에서 태어났다. 당시는 일본 제국주의의 침탈로 우리나라가 식민 지배를 받고 있던 시대였는데, 이 암울한 시대에 태어난 백봉거사는 거의 평생을 문자 그대로 파란만장한 삶을 살았다.

1923년 거사는 '부산제2상업학교'에 입학했다. 그때 뒤늦게 설립한 일본계 학교를 '부산제1상업학교'라고 하자, 그는 이에 반대하는 동맹 휴학을 주도하다가 퇴학 처분을 받고 학업을 중단하게 되었다. 그 후 스무 살 때는 항일결사抗日結社인 '부산청년동맹'의 3대 위원장직을 맡아서 항일민족단체인 신간회와도 긴밀한 유대관계를 맺고서 은밀히 항일민족운동을 벌였다. 그러다 1931년 일본 경찰의 조선사상범 검거

선풍으로 체포되어서 징역 1년형을 선고 받고 부산형무소에서 복역하였다. 만기 출소 후에도 이른바 '불령조선인不逞朝鮮人'으로 일본 경찰의 끊임없는 감시를 받자, 1933년 중국 동북부의 만주 땅으로 가서 그곳에다 동만산업개발사東滿産業開發社를 설립해 직접 경영하였다.

관세음보살

그러나 백봉은 만주 땅에서도 민족독립운동에 관련된 혐의를 받고 일본 헌병에게 체포되어서 사형수만을 수감하는 감옥에 구금되었다. 백봉만이 아니라 그가 거주하던 여관집 주인과 알고 지내던 사람들도 모두 잡혀 들어왔다. 물론 백봉이 죄가 없으니 그들도 죄가 있을 리 없었다. 일본 헌병은 이들을 먼저 고문해서 한 번 불려나가면 걸어 들어오는 사람이 없을 정도로 반죽음이 되어 돌아왔다. 백봉은 이 모습을 보고 '죽을 때 죽더라도 정신은 차려야겠다'고 생각하면서도 문소리만 나면 가슴이 덜컥했다. 게다가 같이 수감되어 있던 공산당원 몇 명은 끌려 나가서 일본 헌병의 칼에 참수되어 죽었다.

이때부터 어찌된 이유인지 백봉은 회칠한 감방 벽에다 한자漢字로 '관세음보살'을 쓰기 시작했다. 예전에 부산형무소에서 복역할 때 책을 보다가 '관세음보살'이란 명칭을 알기는 했지만 불교에 대해서는 가장 기본적인 상식조차 없었다. 어쨌든 감방 벽에다 관세음보살을

5, 6개월 정도 쓰니까 벽 전체가 관세음보살로 꽉 차버렸다. 물론 벽에 낙서한 것이 걸리면 죽는다는 생각도 있었지만 어찌된 일인지 그 생각이 그리 깊지 않았다. 그러던 어느 날 헌병이 방을 점검하겠다고 하면서 수감자들을 전부 마당으로 불러냈다. 백봉은 오늘이야말로 죽는 날이라고 생각했다. 그때 사토라는 헌병—300명까지 목을 자르고 그 다음부터 자르지 않았다고 스스로 말한 사람이었다—이 다가와서 말했다.

"어이, 김기추, 넌 관세음보살을 막 써놓았데."

헌데 그의 표정이 사람을 죽이려는 표정이 아니었다. 감방으로 돌아와 보니 벽에다 써놓은 관세음보살도 그대로 있었다. 당시 글씨를 한 번 쓰면서 관세음보살이란 명호를 외웠고 다 쓴 뒤에도 관세음보살의 명호를 불렀는데, 거사는 훗날 이 사건을 회고하면서 이렇게 말했다.

"여러분이 자비심을 발동시키면 바로 여러분 자신이 관세음보살의 대행기관代行機關입니다. 관세음보살과 여러분이 둘이 아니에요. 또 여러분은 파순(波旬; 악마)도 될 수 있습니다. 모습놀이(모습에 집착해서 살아가는 것)를 좋아하면 그 몸 그대로 파순이 되는 겁니다."

얼마 후에 백봉은 헌병대에서 풀려났다. 그를 죽일 것인지 살려서 이용할 것인지 논의하다가 살려주는 쪽으로 결론을 내린 것이었다. 그때 중국에서 노구교 사건❶이 터졌다. 이 사건으로 인해 헌병대장

---

❶ 1937년 7월 7일 베이징 서남쪽에 있는 노구교에서 일어난 발포 사건으로 일본군의 자작극이다. 이 사건을 계기로 중국과 일본은 전쟁 상태로 들어갔다.

이 그곳으로 가서 돌아오지 않았고, 그 바람에 백봉도 집에 다녀오겠다고 하면서 만주를 빠져나와 귀국한 뒤 돌아가지 않았다.

불법과의 첫 인연

만주의 헌병대에서 살아나긴 했지만, 거사는 여전히 종교와는 무관한 삶을 살았다. 집으로 돌아온 뒤에도 일정한 직업이 없이 지냈다. 마침내 일본이 패망하고 1945년 8월 15일 조국은 광복을 맞았다. 허나 광복을 맞았지만 거사는 좌익과 우익이 충돌하는 현대사의 격랑에 휩쓸리면서 다시 한 번 모진 시련과 좌절을 겪는다. 당시 그는 조선건국준비위원회의 경상남도 부산중부지구 간사장을 맡았는데, 그 무렵 식량난에 허덕이던 극빈자들에게 공유미公有米를 직권으로 무상 배급해주었다가 군정포고령軍政布告令 위반으로 징역 5년을 선고받았다. 하지만 복역하던 중에 재심을 청구한 끝에 무죄로 석방되었다.

그 후 거사는 인재양성에 눈을 돌리고서 1950년부터 고향인 부산 영도에다 부산남중학교와 부산남고등학교를 설립하고 기성회장을 역임하였다. 그리고 이후 10여 년간 서울과 인천을 오가면서 문학과 언론계의 저명인사들과 교유하며 지냈다.

불법과의 첫 인연은 1963년에 있었다. 거사가 처음 절에 가게 된 일화는 당시 불교에 대한 그의 생각을 잘 드러내준다. 어느 날 절에 다니면서 참선 공부를 하던 친구 신원경 선생이 절에 가자고 권유하자, 거사는 이렇게 대답했다.
"좋네. 그럼 술은 내가 사지."
"뭐라고! 술?" 신 선생이 어이없다는 표정으로 화를 냈다.
'거 참, 이상한 인간이다. 돈을 내가 내서 사겠다는데 어째서 성을 내지?'
거사는 속으로 이렇게 생각하면서 화내는 이유를 물었다.
"아니, 절이 무슨 술 마시는 곳인 줄 압니까?" 신 선생이 물었다.
"그럼. 경치 좋은데 절이 있지 않은가? 그런 곳에 가서 술을 마시지 않으면 도대체 어디서 마시는가?"
신 선생은 기가 막혔다. 그는 절은 그런 곳이 아니라고 하면서 불법 공부에 대한 이야기를 거사에게 해주었다. 참선이나 화두 등에 관한 것과 견성見性을 하면 엄청난 경지에 오른다는 등의 말이었다. 얘기를 들은 거사는 불교 공부나 견성은 되는 사람이나 되지 아무나 되는 것은 아니라고 생각했다. 그러나 신 선생은 계속 공부하길 권유하면서 이렇게 말했다.
"이 세상에서 공부를 못하고 마음을 바로 갖지 않으면 지옥에 떨어집니다."
"그럼 공부를 하면 지옥에 안 떨어집니까?"
"지옥이 붙을 자리가 없는데 어떻게 지옥에 떨어집니까?"
이 말을 들은 거사는 굉장히 놀랐다. 생전 처음 들어보는 말이었다. 지옥이 붙는다, 안 붙는다니! 그는 이 공부를 해서 지옥에 떨어지지 말아야겠다는 생각이 들었다. 이처럼 거사는 남의 말을 단순하게 믿어버리는 성격이었다. 훗날 그는 "내가 어리석었기에 오늘의 존재가 있는 것이지 똑똑했다면 오늘의 존재가 없었을 것"이라고 말했다.

마침내 공부를 하겠다고 결심한 거사는 도반들과 함께 관악산에 있는 절로 가서 주지 스님을 만나 무無자 화두를 받았다.

화두 공부와 수행의 경계

화두 공부를 시작한 거사는 처음 한 달 반 정도는 화두가 잡히지 않아서 애를 먹었다. 화두를 잡았다가도 자꾸 놓치는 것이었다. 그는 고난과 좌절로 점철된 자신의 삶을 되새기면서 이 공부를 하지 못하면 차라리 죽는 것이 낫다는 생각을 했다. 각오를 새롭게 다지자 화두가 슬며시 잡히기 시작했다.

그 후 화두 공부가 진행되면서 온갖 환상이 다 나타났다. 생각하면 생각하는 대로 환상이 일어났다. 처음에는 나쁜 환상이 수없이 나타났다가 나중에는 태양과 달 같은 광명도 나타났다. 밤에 방에서 불을 끄고 참선을 하는데 밖의 광경이 대낮에 보는 것보다 더 선명히 보였다. 하지만 그는 이 좋은 경계도 망상이라고 보았다. 어째서 그런 생각이 드는지도 알 수 없었다. 심지어 그는 친구들과 술을 마시는 자리에서도 광명을 보았지만 이 역시 마음의 장난이라고 생각했다.

어느 날 밤새도록 참선을 하다가 새벽에 잠시 자려고 하는데 갑자기 방 안이 환해졌다. 거사는 '또 망상이 일어나는구나. 헌데 이 망상은 좋은 거구나'라는 생각이 들었다. 옆을 보니 하얀 옷을 입고 갓을 쓴 세 분이 앉아 있었다. 당시 그의 앞에는 그림 한 장이 있었다. 초등학교 5학년 정도의 어린이가 사람을 그린 그림이었다. 그때 세 분 가운데 한 분이 그림을 가리키며 말했다.

"이 그림이 저 하늘의 달과 원리가 하나다. 그런데 기추, 네가 분별이 많기 때문에 그 원리가 하나인 줄 모를 따름이다."

이 말을 들은 거사는 소스라치게 놀랐다. 그분의 목소리가 바로 자신의 목소리였던 것이다. 게다가 그가 가리킨 곳을 보니 정말 달이 있었다. 하지만 그때는 달이 없을 때라는 걸 거사는 알고 있었다. 잠시 후 그들이 사라졌다. 거사는 이상한 생각이 들었지만 목소리가 자기 목소리니 결국은 망상이라고 결론을 내렸다.

이 경계를 체험한 후 거사는 1963년 6월에 아홉 명의 도반들과 함께 충청남도 심우사尋牛寺로 보름간 정진하러 갔다. 며칠 전 기이한 경계를 체험한 그의 심경에는 이미 모종의 변화가 일어나고 있었다. 그 변화의 정체가 무엇인지는 거사 자신도 몰랐지만 이상하게도 마음이 들뜨는 것이었다. 하지만 아주 좋은 느낌의 들뜸이었다. 절에 가자 들뜬 느낌은 더 심해졌다. 밥을 먹어도 밥맛이 없고 잠을 자도 잠이 오지 않았다. 마치 내 보물을 내가 어딘가 간직해놓고 내가 잊어버린 듯한 느낌이었다. 뭔가 알 것 같은 느낌이 들었지만 확실히 잡히지는 않았다.

당시는 겨울이라서 눈이 많이 쌓여 있었다. 그러나 밖으로 나온 거사는 아무 바위에나 앉으면 그대로 화두 참구에 들어갔다. 공부 방법이나 체계에 대해서 단 하나 아는 바가 없었지만, 한번 앉으면 일어날 줄 몰랐다. 몇 시간씩 보내기가 일쑤였고 어떤 때는 밤을 새기도 했다.

깨달음

암자에 온 지도 며칠이 지난 1964년 1월의 어느 날이었다. 그날도 거사는 밖으로 나가 바위 위에서 참선을 했다. 하늘에서는 커다란 눈송이가 소리 없이 내리고 있었다. 깊은 삼매에 들어간 그의 몸에 눈이 수북이 쌓였는데, 오직 무릎 위에 올려놓은 손만은 눈이 닿는 대로 녹아버렸다.

새벽 4시쯤, 4, 5리 떨어진 마을에 사는 사람들이 절에서 화광火光이 솟구치는 것을 보았다. 마을 사람들은 광명이 솟는 곳에 금광이나 금불상이 있다는 속설에 따라 삽과 곡괭이를 들고 절로 올라갔다. 올라가보니 바위 위에 한 사람이 코만 빠끔히 내놓은 채 꼼짝도 하지 않고 앉아 있었다. 가서 살펴보니 온몸이 얼었는데 숨소리만 가늘게 들렸다. 사람들은 그를 방으로 데려가서 몸을 녹였다. 평소 거사에게 이상한 느낌을 받고 있던 신 선생이 그의 기색을 살펴본 뒤에 선사의 어록語錄을 가져왔다. 그러고는 아무데나 펼쳐보였다.

"마음이 곧 부처다(卽心卽佛)."

마조 대사의 말씀이었다. 이 구절을 본 거사는 고개를 끄덕였다. 뭔가 알 것 같았지만 별다른 느낌은 없었다. 신 선생은 거사의 안색을 살피다가 다음 장을 넘겼다.

"마음도 아니고 부처도 아니다(非心非佛)."

역시 마조 대사가 황매 대사에게 한 말이었다. 그러나 이 구절을 본 거사는 깜짝 놀라면서 벌떡 일어섰다. 훗날 자신의 표현대로 '덜컥 걸려들었던' 것이다. 멍멍한 기분이었다. 몸에서 방광放光을 하자, 도반들은 그가 대오大悟한 걸 알아차리고 일어나서 세 번씩 절을 했다. 하지만 그의 눈에는 그림자가 어른거리는 모습만 느껴질 뿐이었다. 방 안에 난 창문을 통해 산이 보였는데 아무것도 변한 것은 없었다. 바로 그때 아랫마을에서 종소리가 들려왔다. 종소리를 들은 거사는 깨달음의 심경을 이렇게 읊었다.

홀연히도 들리나니 종소리는 어디서 오나(忽聞鐘聲何處來)
까마득한 하늘이라 내 집안이 분명허이(寥寥長天是吾家)
한입으로 삼천계를 고스란히 삼켰더니(一口呑盡三千界)
물은 물은 뫼는 뫼는 스스로가 밝더구나(水水山山各自明)

거사는 이 게송에 대해 스스로 이렇게 말했다.

"육신에 들어앉아서는 이런 글이 안 나옵니다. 당시 내 심경은 허공이 내 몸이었어요. 그러니 욕계, 색계, 무색계, 천당, 지옥이 다 허공 속의 작용입니다. 따라서 여러분의 마음을 키우려면—원래 키우고 안 키우고도 없지만—이 육신을 내버려야 해요. 사실 빛깔도 소리도 냄새도 없는 그 자리는 꼭 허공과 한가지입니다. 이 허공이 '나'라는 느낌이 들면 확 달라집니다. 우리가 중생놀이를 하는 것도 무정물인 이 육신 때문에 중생놀이를 하는 것이고, 우리가 공부를 해서 부처가 되려는 것도 이 육신을 방하착放下着해서 부처가 되는 거예요."

깨달을 당시 거사의 나이는 57세였으며, 이때부터 도반들은 '백봉 거사'라는 호칭을 쓰게 되었다.

또 깨달은 직후에 신원경 선생이 『금강경』 해석을 청하자, 거사는 불교 경전을 처음 접했음에도 불구하고 『금강경』을 펼치자마자 법열法悅에 넘쳐서 하룻밤 사이에 각 분分마다 게송을 달아서 읊었다. 이것이 나중에 『금강경강송』에 실리면서 거사는 처음으로 『금강경』 설법을 시작했으며, 이후로는 오로지 불법을 널리 전파하는 데만 전념했다.

법을 펴다

거사는 1964년 4월에 서울에서 재가불교단체인 보림회寶林會를 설립한 후 정릉 덕림사德林寺에서 각계각층의 사람들에게 『금강경』을 설법하면서 거사풍居士風을 크게 떨쳤다. 거사의 설법에 감복한 덕림사 주지 강혜剛慧 스님은 절 이름을 보림사寶林寺로 바꾸면서까지 거사를 예우하였다.

1969년 3월에는 충청남도 대덕군 유성면 죽동에서 보림선원寶林禪院을 개창한 뒤 『유마경』으로 청년 대중을 인도했다. 아울러 대전 심광사心光寺에서도 청년 대중에게 설법하면서 그들을 이끌었는데, 당시 대한불교 조계종의 원로였던 청담 스님과 대의大義 스님이 심광사에 와서 설법을 경청한 끝에 머리를 깎고 출가하여 조실祖室로 주석하면서 중생을 제도해주길 간곡히 권하였다. 그러나 거사는 "불법이 유발 무발有髮無髮에 달려 있는 것이 아니라고" 하면서 그냥 거사로 남겠다고 정중히 거절하였다.

그 후 거사는 고향 벗들의 간청으로 부산에 내려가 설법을 하면서 1971년 거사림居士林을 창립했으니, 이것이 오늘날 '부산거사림'의 효시이다. 이듬해 1972년 4월에 부산시 서구 초장동에 보림선원을 개설했다가 동래구 사직동과 남구 광안동을 거쳐서 1975년 10월에 다시 남구 남천동으로 보림선원을 옮겨서 이곳에서 1984년 11월까지 9년간 주석하였다. 이곳에서 그는 전국 각지에서 모인 각계각층의 사람들에게 심지心地 법문을 폈다. 특히 "출가수행만이 능사가 아니다"라고 하면서 학인學人들에게 거사풍居士風을 크게 떨쳐나가길 권하였고, 설법 역시 시류와 타협하지 않고 "단번에 뛰쳐서 여래 땅에 들어가는(一超直入如來地)" 최상승의 법문을 펼쳐보였다. 아울러 저술에도 힘

써서 『금강경강송』, 『유마경대강론』, 『선문염송요론』(15권), 『백봉선시집』, 『절대성과 상대성』 등의 작품을 남겼다.

거사는 또 한국 근대의 고승들, 예컨대 혜암, 경봉, 동광, 구산, 전강, 청담, 춘성, 대의, 석주 등과 교류도 가졌다. 특히 동광 선사는 근세의 고승 혜월慧月 선사가 자신의 제자들 가운데에서 가장 으뜸으로 꼽았으며, 수덕사의 대덕大德인 혜암 선사가 "내가 만난 선지식 가운데에서 가장 지혜가 밝은" 선사로 평가했을 뿐 아니라 법 거래去來를 잘하기로 유명한 만공 선사도 동광 선사가 오면 "동광이 왔는가, 잘 들 놀게나" 하면서 슬며시 자리를 피할 정도였다고 한다. 이 동광 선사와 거사와의 인연은 1974년 서울 칠보사에서 거사가 설법을 할 때 있었다.

당시 거사가 설법을 하고 있는데 법회장 뒤쪽에 앉아 있던 어떤 노스님이 설법을 들으면서 큰소리로 "좋구나, 좋다" 하면서 손뼉을 쳤다. 법회 이틀째에는 어제 손뼉을 치던 노스님이 뒷줄에 앉아 있다가 갑자기 벌떡 일어섰다. 그러고는 설법을 하는 거사를 향해 거침없이 삼배三拜를 하였다. 법회가 끝나자 노스님이 앞으로 나와서 청중들에게 말했다.

"객승客僧인 내가 한마디 하겠소. 옛날 부처님 당시에는 유마거사가 있었고, 중국에는 유명한 방거사가 있었고, 우리나라에는 부설거사가 있었는데, 지금 우리나라에는 백봉거사가 있소. 내가 보건대, 이 백봉거사는 확실히 견성見性을 했소. 여러분은 선지식을 따로 찾지 말고 이 거사님을 따라 다니면서 열심히 공부하도록 하십시오."

이 노스님이 바로 동광 혜두 선사였던 것이다. 백봉거사도 동광과 첫 인사를 나누고는 『금강경강송』과 『유마경대강론』을 기념으로 드렸다.

또 욕쟁이 스님으로 유명한 춘성 선사도 거사가 서울 돈암동 성신여대 뒤에 있는 어느 보살의 절에서 1~2년간 설법을 할 때 법회 때마다 사복을 입고 와서 법문을 들었다.

열반

1984년 거사는 자신이 열반할 곳을 지리산 기슭으로 삼을 뜻을 문하생들에게 밝히고는 보림선원을 경남 산청군 시천면 국동 마을로 옮겼다. 이곳에서 거사는 20여 명의 젊은 학인들과 함께 집을 짓고 밭을 가꾸면서 매일 설법을 하였다. 그리고 참선 공부도 좌선坐禪보다는 "앉은뱅이 부처가 어디 있느냐"고 하면서 일을 하며 공부하는 동선動禪을 늘 강조했다.

1985년 7월 말에 여름철 하계수련대회가 열렸다. 보림선원에서는 해마다 여름과 겨울 두 차례씩 일주일에 걸쳐 철야정진을 하는데, 그해에는 특히 거사의 초기 도반들과 제자들이 많이 왔다. 거사는 자신이 지은 '여하시최초구(如何是最初句; 무엇이 최초의 구절인가?)'라는 게송을 하얀 천에 쓴 뒤에 제자들에게 기다란 장대 위에 걸어서 선원 입구에 세워놓게 했다.

> 가이없는 허공에서 한 구절이 이에 오니(無邊虛空一句來)
>
> 허수아비 땅 밟을새 크게 둥근 거울이라(案山踏地大圓鏡)
>
> 여기에서 묻지 마라 지견풀이 가지고는(於此莫問知見解)
>
> 이삼이라 여섯이요 삼삼이라 아홉인 걸(二三六而三三)

일주일의 정진 기간 동안 거사는 도솔천에 간다는 말을 유난히도 많이 했으며, 쇠약한 육신을 이끌고도 열성을 다해 설법을 했다. 철야 마지막 날에는 일찍이 없었던 유마탑 조성공사가 있었다. 이 유마탑은 번듯한 탑이 아니라 선원의 밭을 제자들이 개간하면서 나온 돌멩이를 모은 것이었다. 탑 조성에 대한 설계도 하고 기금도 조성하자는 얘기도 있었지만, 거사는 제자들이 동선動禪을 하면서 쌓은 돌탑이 더 값지다고 하면서 한사코 돌무더기 탑을 고집했다.

1985년 8월 2일 아침에 거사는 하계수련대회 해제식解制式을 끝내는 마지막 설법을 했다. 그러고는 방에 들어간 뒤 잠시 앉아 있다가 조용히 쓰러졌다. 제자들은 급히 병원에 옮겼지만 병원에선 회생불가능이라고 말했다. 어찌된 일인지 의식이 전혀 없는 거사의 눈에서 눈물이 비쳤다. 중생에 대한 한없는 연민의 눈물인가……. 이렇게 해서 거사는 열반에 들었다. 열반에 든 날로부터 장례를 치르는 날까지 사흘간은 비가 무척 쏟아졌지만, 장례를 치르는 날에는 거짓말처럼 활짝 개었다. 장지는 평소 거사가 말하던 선원 앞 지정된 장소에 모셨다. 지난 몇 달간 거사는 이번 8월에는 내가 이 산을 막 뛰어다닐 거라고 말씀하셨다. 그리고 열반에 들기 2, 3일 전에는 이 몸이 귀찮으니 내버려야겠다고 말씀하셨다. 무엇보다도 열반을 앞둔 수련대회에서 '여하시최초구'를 제자들을 시켜 걸게 해서 참석한 도반들 모두가 보게 했다. 그리고 마침내 78세를 일기一期로 그 모습놀이를 거두었다.

누리의 주인공

누리의 주인공

범부 중생이 사는 땅은 환토(幻土; 지구 따위가 환토)입니다. 전부 중생심에서 나온 꼭두각시 땅이에요. 그래서 동쪽으로 쫓아다니고 서쪽으로 쫓아다니면서 신기루만 짓습니다. 헛것만 지어요. 그러나 보살들은 지혜를 국토로 삼습니다. 지혜가 어찌하여 국토인지 이해가 가지 않는 사람들도 있겠지만, 그건 늘 육신에만 들어앉아서 그런 거예요. 우리의 진짜 법신은 빛깔도 소리도 냄새도 없으니 지혜밖에 국토로 삼을 것이 있겠습니까? 다른 것을 국토로 삼으려고 해봤자 빛깔도 소리도 냄새도 없는데 무엇을 국토로 삼겠습니까? 지혜밖에는 삼을 것이 없어요. 슬기밖에 삼을 것이 없습니다. 이게 굉장히 어려워서 슬기가 모자란 사람은 이해하지 못합니다. 오히려 이런 설법은 듣지 않는 것이 나아요. 그러나 인생문제를 진정으로 해결하려고 하는 사람들은 달려들어야 합니다.

우리는 지금 '누리의 주인공'[2], '동업보살의 서원'[3]을 아침저녁으로 예불을 드리면서 염송하는데, 이건 여러분의 육신을 바탕으로 한 것이 아닙니다. 그럼 참으로 불교를 믿으면 어떻게 믿어야 하나요? 천인天人은 부처를 팔십종호八十種好로 보고, 지구 사람들은 삼십이상三十二相❹으로 봅니다. 또 권도權度 보살의 지위에 올라서 공리空理를 요달한 사람은 부처를 삼천대천세계의 주인공으로 봐요. 복과 지혜가 충만한 존재를 부처로 보지 법 중 부처로는 알지 못합니다. 그 다음 부처 지위에 가까운 일승一乘 보살들은 화장세계華藏世界에서 설법을 하는 법주法主, 즉 법의 주인공을 부처로 봅니다.

이렇게 부처로 보는 것이 저마다 다른데, 이 중에는 '나는 극락세계에 가고 싶다'는 것을 바탕으로 불법을 믿는 사람들도 있어요. 이들도 말로는 성불해야겠다고 하지만 성불이 뭘 의미하는지 모릅니다. 성불을 삼십이상 팔십종호를 갖추는 것으로 봐요. 그러나 삼십이상 팔십종호는 전부 가짜입니다. 전부 권도에요. 왜냐하면 모습이기 때문에 그렇습니다.

---

❷ 해말쑥한 성품 중에 산하대지 이루우고/ 또한 몸도 나투어서 울고 웃고 가노매라. / 당장의 마음이라 하늘땅의 임자인 걸/ 멍청한 사람들은 몸 밖에서 찾는고야.

❸ 우리는 옛적부터 비로자나 법신이나/ 변하는 모습 따라 뒤바뀌는 여김으로/ 갈팡질팡 생사해에 뜨잠기는 중생이니/ 좋은 인연 그늘 밑에 동업보살 되고 지고.

괴로운 첫울음은 인생살이 시작이요/ 서글픈 끝놀람은 이 세상을 등짐이니/ 들뜬 마음 가라앉혀 보리도를 밝혀내고/ 부처땅에 들어가는 동업보살 되고 지고.

❹ 부처님 몸에 갖춘 32가지 대인大人의 모습과 80가지 훌륭한 점.

물론 염불하는 사람도 있습니다. 염불이 효과가 없는 것은 아니에요. 인천人天의 과보를 받습니다. 염불을 많이 하면 마음의 새김(想)이 옮기지 않아서 마음이 일부 깨끗해지지만, 그건 일분一分밖에 되지 않아요. 왜냐하면 모습놀이이기 때문이죠. 이 일분의 공덕으로 뒷세상에는 반드시 낙토樂土에 태어날 수 있는 거예요. 낙토에 태어나지만 이건 권도權度로서 모습놀이이지 진실한 도는 아닙니다. 낙토의 분수가 다하면 인간 세상이나 축생계 등에서 다시 몸을 받기 때문에 구경위(究竟位: 궁극의 지위)가 아니에요. 『아미타경』이 그렇습니다. 아미타불의 극락세계를 보면 굉장하지만 전부 권도이지 실답지 않아요.

그러나 공부를 하려면 권도가 아니라 진짜를 해야 합니다. 누리의 주인공으로서 삼천대천세계를 내 손바닥 위에 놓고 마음대로 굴리겠다는 포부가 있어야 해요. 그래서 누리의 주인공에 대한 사고방식을 늘 놓치지 않아야 합니다. 또 법주法主도 좋아요. 법의 주인(法主)도 좋기 때문에 우리 보림선원에서는 동업보살의 원을 세웠습니다. 누리의 주인공이 되지 못하면 동업보살이 되지 못해요. 내가 오늘 아침에 웃으면서 이 설법이 이해되지 않으면 오지 말라고 했습니다. 이해하는 사람이 한 사람이라도 좋다고 했는데, 내 솔직한 심정이 그렇습니다. 슬기롭지 못한 사람들이 이런 말을 들으면 오히려 자신들을 망칩니다. 하지만 이 말을 하지 않을 도리가 없어요.

우리가 원을 세운 것은 누리의 주인공 자리입니다. 장차 하늘에 태어나겠다는 것도 아닙니다. 물론 하늘에 나는 것도 좋아요. 옥황상제든 사천왕이든…… 다 보살 지위거든요. 솔직히 보살 지위가 아니면

왕 노릇 못합니다. 하지만 우리가 보살의 원을 세운 것은 누리의 주인 공이 되기 위해서 세운 거예요. 누리의 주인공이 되겠다고 마음을 먹 었다면 벌써 마음 씀씀이가 달라져야 합니다. 나중에 사람 몸을 받겠 다고 하는 것도 하나의 원으로서 마음 씀씀이고, 또 팔십종호 삼십이 상의 부처가 되겠다는 것도 마음 씀씀이고, 세상의 주인공이 되겠다 는 것도 마음 씀씀이고, 온 화장 세계의 법주가 되겠다는 것도 마음 씀씀이지만, 같은 값이면 크나큰 마음 씀씀이를 써야 하지 않겠어요? 물론 이를 위해서는 복도 있어야 하지만 우선 지혜가 밝아야 합니다. 그래서 이 공부를 하려면 대심大心을 발해야 하고, 대신大信을 발해야 하고, 대지大智를 발해야 합니다. 스스로에게 모자란 것은 자꾸 닦아 나가야 해요. 닦아나가면 대신이 발동되고 대지가 발동됩니다.

또 원도 세워야 합니다. 어떤 것이 대원大願인가? 바로 동업보살의 서원입니다. 원을 세우지 않고 그냥 상식적으로 이 설법을 듣는 사람 은 아예 처음부터 듣지 않는 것이 낫습니다. 그 시간에 돈벌이를 하 는 것이 더 나아요. 분명히 말하건대, 누리의 주인공이 되는 일이 어 찌 쉽겠습니까. 그러나 우리가 누리의 주인공인 것만큼은 틀림없습니 다. 다만 모를 따름이에요. 너무나 황감해서 누리(욕계, 색계, 무색계)의 주인공을 하지 않겠다고 도망치는 그놈이 누리의 주인공인데 어찌 합 니까. 그러나 이놈을 딱 인정하는 것은 크나큰 용맹심이 없으면 불가 능합니다. 소소하게 가죽 주머니 속에 들어앉아서는 불가능해요.

누리의 주인공이란 모습 있는 자리가 아니지만 모습을 나투려면 얼 마든지 나툽니다. 이적理的인 자리이고 원적圓寂한 자리이고 무시무종

無始無終의 자리라서 아무것도 없지만, 그러나 모습을 나투려면 얼마든지 나툽니다. 이걸 나투려면 이걸 나투고, 저걸 나투려면 저걸 나투고, 무정물을 나투려면 무정물을 나투고, 유정물을 나투려면 유정물을 나툽니다. 이 누리의 주인공이 되기 위해 우리가 일승 도리를 공부하는 것이지, 남이 권도로 만들어놓은 극락세계, 실답지 않은 곳에 가서 의탁하려고 이 공부하는 것은 절대로 아녜요. 극락세계도 막 때려부수는 자리인데, 어찌 그곳을 가겠느냐 말입니다.

이 원명元明한 자리는 그야말로 아무것도 없지만 나툴 때는 천 가지 만 가지를 나툽니다. 이 이적理的인 자리에서 태양이나 지구와 같은 무정물도 나온 거예요. 이 이(理; 원명한 자리)가 없으면 사(事; 태양이나 지구 등)는 이루어지지 않거든요. 이理를 하늘에 나투면 사事인 하늘이 훤하다는 말이 그 말입니다. 이를 성현에 나투면 사인 성현이 분명하고, 이를 돌에 나투면 사인 돌이 둥글둥글해요. 어느 것 하나 이가 없는 것이 없어요. 우리가 이 도리를 알면 모든 게 이理의 놀음입니다. 원적한 이理의 놀음이에요. 사는 이가 없으면 이루어지지 않고, 사가 없으면 이의 살림살이가 이루어지지 않기 때문에 이와 사를 하나로 보는 겁니다. 이와 사를 하나로 보면 그만 부처 아닌 것이 없어요. 어느 것 하나 진리 아닌 것이 없습니다. 진리가 부처거든요.

따라서 본래 성현과 범부가 따로 있는 것이 아니고, 본래 유정과 무정이 따로 있지 않습니다. 성현이니 범부니 무정이니 유정이니 하는 것은 명자名字에 지나지 못해요. 명자는 실답지 않은 권도입니다. 하지만 부처님은 권도가 아니라 실다운 거예요. 지구 사람들은 삼십이상을 부처로 알고 있는데, 이는 권도를 부처로 알고 있는 겁니다. 권도가 부처가 될 수 있나요? 그래서 저마다 부처를 보는 것이 다 달라요. 마음은 한 가지지만 그 지혜에 따라 어떤 사람은 부처를 이렇게도 보고 어떤 사람은 저렇게도 봅니다.

자, 그렇다면 여러분은 부처를 어떻게 봐야 합니까? 내가 묻지 않아도 여러분은 알 겁니다. 그러나 슬기가 약하면 누리의 주인공에 대해 겁을 내요. 겁이 나서 쩔쩔 매는 놈이 누리의 주인공인데, 그걸 모르고 '아이고, 난 누리의 주인공이 되고 싶지 않다'고 합니다. 그럼 뭐가 좋을까요? 후세에 극락세계를 가는 게 좋겠다고요? 그렇다면 내가 울고 싶습니다. 여러분들이 그러하기 때문에 내가 늘 삼천 리 강산의 불상을 전부 없애버리자고 말하는 겁니다. 골동품으로 놓아두면 족해요. 불상 때문에 사람들 버리겠습니다. 우리는 진짜 부처를 대하잔 말예요. 우리는 복덕이 원만한 누리의 주인공으로서 일승 보살의 지위입니다. 그래서 화장 세계에 앉아서 설법을 하는 법주法主인 완전한 부처에요. 어떻게 될 수 있느냐고요? 전부 마음 씀씀이로 되는 겁니다. 기왕이면 마음을 쓸 때 원대한 사고방식을 갖고 공부해야 하지 않겠습니까.

벌써 원대한 사고방식을 갖고 공부하려는 사람은 태도부터 다릅니다. 난 그런 사람 몇 명이면 족해요. 사람들 많이 오는 것도 귀찮습니다. 참으로 공부할 사람이라면 둘도 좋고 셋도 좋다고 오늘 아침에도 말했어요. 나는 여러분에게 '누리의 주인공'이나 '동업보살의 서원'을 인식시키려는 원願을 갖고 있습니다. 그런데 참말로 다부지게 달려들어서 누리의 주인공이 되겠다고 하는 사람들은 별로 없습니다. 오늘 설법 중에 어떤 부인이 쿵하고 자기 가슴을 치더니 한참을 울고 갔어요. 결국 우리는 이렇게 쓰나 저렇게 쓰나 마음을 쓰고 있으니, 같은 값이면 다홍치마라고 '누리의 주인공'을 향해 나가야지 사소한 데 거居하지 맙시다. 사소한 데 거하려면 예배당이나 가고 절에 가서 염불이나 하는 게 나아요.

다시 말하지만 이 원적한 자리가 여러분의 바탕입니다. 바로 부처 자리에요. 이 자리에서 천 가지 만 가지를 나툽니다. 나무도 거기서 나오고, 돌멩이도 거기서 나오고, 모래도 거기서 나오고, 사람도 거기서 나오고, 잘난 거든 못난 거든 전부 거기서 나와요. 자, 그렇다면 부처 굉장하지 않습니까? 또 이 욕계를 떠난 다른 세계에서도 굉장한 모습놀이가 시작되지만 전부 이 원적圓寂한 자리에서 나오는 겁니다. 여러분이 공부하는 것도 이 자리에서 나오는 거예요. 그럼 이 자리에서 나오는 것이 과학적으로 딱 인정이 된다면, 어째서 여러분은 마음가짐을 크게 갖지 못합니까? 왜 신信을 크게 세우지 못해요? 왜 원을 크게 세우지 못합니까?

그러므로 우리는 동업보살을 전제로 해서, 또 하늘땅의 임자로서 공부해야 합니다. 이것이 되지 않으면 불법은 사도邪道입니다. 그러나 중생들은 모습에 들어앉았기 때문에 이 환토幻土를 나라로 삼고 있어요. 게다가 미국이다 영국이다 하면서 서로 전쟁이 일어납니다. 그야말로 꼭두 가운데 꼭두이고 꿈 가운데 꿈인데……. 그러나 여러분의 무정물을 끌고 다니는 그 법신은 슬기를 고향으로 삼는 법입니다. 슬기를 국가로 삼는 법이에요. 이게 실감이 오지 않습니다. 국가라고 하면 산도 있고 물도 있어야 하니까요. 허나 슬기가 바로 여러분의 고향인 줄 알아야 합니다. 슬기가 바로 여러분의 국가인 줄 알아야 해요. 이것이 일승법이고, 이것이 구경위究竟位입니다.

여러분은 몸이 있기 때문에 이 지구에 의지하고 있지만, 사실 여러분은 허공 중에 있어요. 여러분의 법신은 허공 중에 있습니다. 허공에서 허공놀이를 하고 있어요. 법신이 빛깔도 소리도 냄새도 없기 때문에 안 보일 따름입니다. 이 육신만 보이기 때문에 자꾸 육신 속에 들어앉는데, 이것 가지고는 생사문제가 해결되지 않아요. 여러분의 몸은 사적事的으로 나툰 겁니다. 사적으로 나툰 것은 거짓이고, 거짓인데 어떻게 낳았다고 할 수 있겠습니까? 아까 허공놀이라는 말을 했죠? 지금 여러분의 몸도 허공성이지만 거짓으로 이루어진 거예요. 또 나중에 죽는 것도 거짓으로 죽는 겁니다. 아무것도 모르는 사람들은 이걸 생사로 봅니다. 그러나 도인들은 이걸 삼매로 봐요. 묘용妙用의 도리로 봅니다.

따라서 생겨난 것은 생겨난 것이 아닙니다. 헛것이 나툰 거예요. 이 무정물, 즉 육신을 끌고 다니는 그 자리는 원적한 자리입니다. 원적한 자리가 어디 생겨남이 있나요? 그만 이 육신을 나투었을 뿐입니다. 또 육신은 죽었어요. 하지만 원적한 자리는 죽을 게 있어야 죽죠……? 죽는 것이 아닙니다. 이 때문에 생겨난 것은 생겨난 것이 아니고 죽은 것은 죽은 것이 아니라고 합니다.

세상 사람들은 이 몸을 자기 소유물로 알지만 소유물이 아닙니다.

자기 소유물 같으면 자기 마음대로 할 수 있게요? 관리물입니다. 마음을 나쁘게 써서 이 관리물이 형무소에 들어가면 부처도 같이 들어갑니까? 부처는 같이 들어가지 않습니다. 부처는 가는 것도 아니고 오는 것도 아니에요. 빛깔도 소리도 냄새도 없는 원적한 자리입니다. 다만 괴로우면 괴로운 걸 알 따름이고 즐거우면 즐거운 걸 알 따름이죠. 지옥에 가서 고통을 받으면 그 고통을 받는 걸 알 따름이지 부처님이 지옥에 가는 것은 아닙니다. 그리고 그 괴로움을 아는 놈은 머리털만큼도 손상이 없습니다. 이 도리가 좀 어려워요. 이 도리를 깨달으려면 여러분이 이 육신에서 탈피를 해야 합니다. 이 가죽 주머니에서 탈피해야 해요. 가죽 주머니에 들어앉아서는 천 년 만 년을 해도 깨닫지 못합니다.

그러므로 우리는 대담하게 대신大信을 발해야 합니다. 내세에 극락세계에 가겠다고요? 극락세계에 간들 뭐합니까? 남이 만들어놓은 극락세계에 가면 셋방 차지밖에 더 합니까? 극락세계는 권도權度로 이루어졌지만, 그걸 진짜로 알고 가서 아미타불 쫓아낼 수 있으면 극락세계 가도 좋습니다. 하지만 아미타불이 자기 서원대로 극락세계를 만들었는데, 여러분이 어떻게 아미타불을 쫓아내고 극락세계 들어앉습니까? 그런 세세한 것은 집어치워요. 오막살이라도 내 집을 짓고 들어앉을 생각을 해야 합니다. 이를 위해선 대신大信을 발해야 하고, 대원大願을 발해야 하고, 대지大智를 발해야 합니다. 그리고 그 목적은 누리의 주인공이 되는 데 있습니다.

이렇게 해나가면 내가 누리의 주인공이란 사실이 나중에 알아집니다. 사실 지금 여러분들이 누리의 주인공이에요. 다만 누리의 주인공이면서 누리의 주인공 노릇을 못할 뿐이죠. 누리의 주인공인데 중생 탈을 뒤집어쓰고 중생 짓을 하고 있어요. 따라서 중생 탈만 획 집어던지면 그만 그대로 누리의 주인공입니다. 여기 가려면 여기 가고, 저기 가려면 저기 가고, 여기 나투려면 여기 나투고, 저기 나투려면 저기 나투는데, 무슨 문제가 있겠습니까? 그런데 중생 탈을 뒤집어쓰고 있으니, 지구덩어리에 앉아서 중생의 모습만을 전부로 여기고 있어요. 이 지구도 머지않아 깨질 텐데 깨지면 어디로 가려고요? 사실 지구나 태양이 없어지는 것은 눈썹 하나 빠진 것밖에 되지 않습니다. 그러나 모습놀이에 젖어서 들어앉아 놓으면 이건 절대로 큰 문제입니다.

앞에서도 말했지만, 부처는 생과 사를 삼매로 알아요. 묘용의 도리로 압니다. 낳았다 죽었다 하는 것이 부처의 살림살이에요. 그러나 중생들은 정말로 생겨나고 정말로 죽는다고 알고 있어요. 그래서 범부들은 생사에 쓰입니다. 생사가 거짓이고 환상놀이에 지나지 못하는데도 생사에 쓰이고 말아요. 그 다음 성현쯤 되면 생사와 계합을 해요. 생사를 싫어하지도 않고 좋아하지도 않죠. 그러나 대도인이 되면 생사를 그대로 씁니다. 오늘 아침 어떤 여신도에게 들었는데, 어떤 부인이 앉아서 돌아가셨대요. 목욕물을 데우라고 해서 목욕물을 데우고, 옷 가져오라 해서 갈아입고, 밥상을 가져와서 아침을 드시고, 그리고 나중에 보니 돌아가셨더랍니다. 세상에 그런 사람도 있어요. 진짜로 공부하는 사람들은 그럽니다. 앉아서 가는 것 삼매 아닙니까? 살림살이 아녜요? 그러나 아무것도 모르는 사람들은 죽었다고 합니다. 죽긴 뭘 죽어요? 이 무정물이 죽었다는 말입니까? 무정물이 그 전에는 안 죽었나요? 한 살 먹을 때 죽고, 두 살 먹을 때 죽고, 열 살, 스무 살 먹을 때 죽었는데, 그때 죽었을 때는 어쩌고 지금 그 몸을 죽었다고 합니까? 모르기 때문에 그러는 거예요.

어쨌든 생사는 우리의 놀음놀이에요. 여러분 법신法身의 놀이입니다. 태평양의 물은 하나인데 물거품이 생겨났다고 해서 물이 생겨난 건 아니고 물거품이 사그라졌다고 해서 물이 죽은 건 아니거든요. 이만큼 말했으면 생사가 물거품이나 한가지라는 걸 알겠죠. 물은 하나이지만 물거품은 두 개입니다. 즉, 생生의 물거품과 사死의 물거품 두 개로 나투지만 그 뿌리인 물은 하나에요. 이 도리를 여러분들이 알면 어떻게 됩니까? 그만 인생문제가 해결이 돼요. 아하, 그렇구나 하면서 인생문제가 해결이 됩니다.

그러니까 우리는 헛것인 이런 몸, 다시 말해서 물거품에 들어앉아서 딴 세상처럼 생각하지 말아야 해요. 그럼 지금이라도 당장 이 헛것을 없애버리자고 생각할지 모르겠지만 없앨 필요가 없습니다. 이건 이대로 잘 써야 해요. 원래 헛것을 나투도록 되어 있거든요. 가짜를 나투도록 되어 있어요. 가짜를 나투어야 진짜 살림살이가 됩니다. 가짜가 없으면 진짜 살림살이가 이루어지지 않기 때문에 가짜를 나투도록 되어 있어요. 그래서 인연 있는 동안에는 가짜를 잘 굴리다가 내버릴 때는 가짜인 육신이야 불구덩이 가든 흙구덩이로 가든 알 필요 없습니다. 내 뜻대로, 내 마음대로 그렇게 하고 다시 다른 몸을 받아요. 다른 몸을 받아서 다른 세계를 이룹니다.

이 때문에 김가가 죽으면 박가 집에 태어나기도 하고, 박가가 죽으면 이가 집에서 태어나기도 합니다. 남자가 죽으면 축생도에 떨어지기도 하고, 여자가 죽으면 하늘에 나기도 합니다. 그 사람의 마음 씀씀이에 따라 이렇게 갈라집니다. 이 세상의 인연이라는 건 육신뿐이에요. 자식도 그렇고, 부모도 그렇고, 형제간도 다 그렇습니다. 그러나 딱 이 육신을 버리면, 자기 취향대로 하늘에 갈 사람은 하늘에 가고, 이 세상에 다시 올 사람은 이 세상에 오고, 다른 세계에 갈 사람은 다른 세계에 태어나고, 축생계에 갈 사람은 축생계로 가고, 지옥 갈 사람은 지옥에도 가면서 전부 갈라집니다. 나중에 다시 어떤 모습을 나투면 서로 보면서도 몰라요. 아버지 됐던 사람도 모르고, 어머니 됐던 사람도 모르고, 자식 됐던 사람도 모르고…….

*

허공이나 성품이나 빛깔도 소리도 냄새도 없는 것은 마찬가지지만, 허공은 슬기가 없고 성품은 슬기가 있습니다. 그럼 누구를 주인으로 삼아야 하나요? 슬기가 있는 성품을 주인으로 삼아야겠죠. 그렇다면 성품을 가진 여러분은 누리의 주인공입니까 아닙니까? 누리의 주인공입니다. 이 말이 실감이 가지 않는 이유는 문제가 너무 크기 때문이에요. 그러나 조금이라도 실감이 가면 걸음걸이도 달라지고 얼굴색도 달라집니다. 왜냐하면 누리의 주인공이 바로 허공이자 부처니까요. 그러니 누리의 주인공이 되면 저절로 달라질 것 아니겠어요?

우리의 몸은 가죽 푸대, 즉 적혈구나 백혈구가 나고 죽는 생사의 가죽 푸대인데, 이 가죽 푸대를 그대로 가진 채 여러분은 누리의 주인공이란 말입니다. 바로 여러분은 절대성 자리를 발견한 거예요. 이 절대성 자리는 억천 년 전이든, 억천 년 후이든, 지금 현재이든 꼭 같습니다. 마치 허공이 억천 년 전 허공이든, 억천 년 뒤의 허공이든, 지금 당장의 허공이든 똑같은 것과 마찬가지에요. 따라서 이 도리를 알면 지금 앉은 자리에서 억천 년 전 소식을 환히 보면서 주무르고 있고 억천 년 뒤의 소식도 주무르고 있는 겁니다. 그리고 이 절대성 자리에서 나중에는 은근하게 상대성을 나투는데, 남자의 몸도 나투고 여자의 몸도 나투고 축생의 몸도 나툴 뿐 아니라 부처의 몸도 나투어요. 또 천당도 만들고 지옥도 만듭니다.

그러나 여러분은 사바세계, 말하자면 이 지구에만 주저앉아서 보기 때문에 주무르지 못하는 겁니다. 반면에 석가세존은 허공에 자리를 잡고 허공을 내 몸으로 생각해서 누리 전체를 굴렸어요. 그래서 부처님의 설법 중에 백 겁 밖의 국토라거나 천 겁 밖의 국토라는 표현이 많이 나오는 겁니다.

그렇다면 나는 이제 여러분의 좁은 그 시야를 깨뜨려야겠습니다. 여러분은 지금까지의 지식을 다 내버리고 몸뚱이까지 버리세요. 그래야 내 말을 알아들을 겁니다. 사실 누리의 주인공이라고 말하면 이 몸뚱이—자체성도 없고 지혜도 없고 자꾸 변하는 것—를 '나'라고 생각하고 진짜 주인공인 지혜 자리는 무시해버리는 습성이 있기 때문에 내 말이 귀에 들어가지 않는 거예요. 그러나 이 도리를 여러분이 확 느낀다면 어떤 말이나 행동이든(예컨대 내게 절을 한다든지) 나올 겁니다.

 불법은 중생이 있기 때문에 있는 것이지 중생이 없으면 불법이 필요 없습니다. 이 절대성 자리에 불법이 무슨 필요가 있나요? 그렇다면 불법도 상대성임을 알아야 합니다. 그렇다고 상대성을 무시하는 것은 아니에요. 다만 상대라는 건 절대성이 바탕이 되기 때문에 불법도 절대성의 작용이라고 봐야 합니다. 즉, 절대성의 작용으로 상대성을 나툰다고 봐야죠. 절대성 자리엔 아무것도 없기에 상대성을 나투어서 인생놀이도 하는 겁니다. 여러분의 빛깔도 소리도 냄새도 없는 그 자리, 하늘과 땅의 앞소식인 그 자리가 인생놀이를 하기 위해 이 세상에 와서 시집도 가고 장가도 가는 것 아닙니까? 그게 인생놀이 아니에요?

 이 자리는 죽으려야 죽지 못합니다. 빛깔도 소리도 냄새도 없는 자리가 어떻게 죽습니까? 죽을 것이 있어야 죽죠. 그래서 나는 처음 이 자리를 느낄 때 '아, 내가 죽지 않는구나. 다만 몸을 바꾸는 바람에 모를 뿐이구나'라는 걸 알았습니다. 하지만 예전에 나는 사람은 죽는다고만 생각했어요. 헌데 절대로 죽지 않아요. 이 절대성 자리는 죽어지는 것이 아닙니다.

 따라서 사람들이 말하는 생사 따위는 절대성이 아닌 상대성에 속하는 문제에요. 이 몸뚱이는 가짜란 말입니다. 가짜를 우리가 죽었다고 할 필요가 있나요? 우리가 불교를 믿는 것은 이 문제를 해결하기 위한 것 아닙니까? 그래서 어떤 사람은 극락세계에 태어나고자 원을 세우는데, 이 극락도 자기가 지어서 자기가 가고 지옥도 자기가 지어서 자기가 가는 거예요. 그러나 극락의 당처가 공한(즉, 절대성인) 줄 알아야 합니다. 극락의 당처가 공한 줄 알면 우리가 되돌아서 극락을 쓰는 거예요. 이렇게 되돌아 쓴다면 바로 절대성과 상대성은 하나라고 말할 수 있습니다.

여러분은 절대로 죽지 않습니다. 못 죽어요. 못 죽으니까 참으로 영생을 도모해야 합니다. 죽는다 어쩐다 하는 것은 상대성인 모습으로 하는 것일 뿐 여러분의 절대성 자리는 영원합니다. 이 자리를 파악하면 극락세계도 좋고 다시 모습을 만들어서 재미있게 살아야 해요. 모습을 만들면서도 만든다는 도리만 잊지 마세요. 그러면 문제는 간단하게 해결될 겁니다.

신업身業, 구업口業, 의업意業

(본문) 상선上善 보살이 말했다.

"몸과 입과 뜻의 착함이 둘이라 하나, 이 세 업이 다 지음 없는 모습입니다. 몸이 지음 없는 모습이면 곧 입이 지음 없는 모습이며, 입이 지음 없는 모습이면 곧 뜻이 지음 없는 모습일새, 이 세 업의 지음 없음이 곧 온갖 법의 지음 없는 모습이니, 능히 이러히 지음 없는 슬기에 따름이라야 이것이 둘 아닌 법문에 듦입니다."

– 백봉거사께서 저술한 『유마경대강론』 제9장(입불이법문품入不二法門品의 강론을 갖고 법문을 하신 내용 _편자 주)

신(身; 몸), 구(口; 입), 의(意; 뜻) 삼업이 하나라는 말입니다. 이 삼업이 다 비었음을 알아서 모습을 짓지 않음이 최고의 선善입니다. 몸, 입, 뜻이 갖가지 업을 지어놓지만 원래 성품이 없는데 어찌 모습을 짓겠습니까. 그렇다면 삼업이 하나지 둘이 아닙니다. 몸과 입과 뜻의 성품이 없으니까 이름자(名字)로는 몸이니 입이니 뜻이니 말하지만, 성품이 없는데 무엇을 걷어잡고 몸이니 입이니 뜻이니 하겠습니까.

대체로 몸, 입, 뜻이라는 건 사람에 따른 것이죠. 우리가 우리 육체를 보면 하나의 설법을 하고 있어요. 설법을 할 뿐만 아니라 하나의 세계입니다. 세계라도 무한성인 세계에요. 어느 것 하나 무한성 아닌 것이 없지만, 우리 몸도 하나의 세계로서 무한성입니다. 적혈구, 백혈구 등 60조의 세포가 있다면 60조의 세계를 가지고 있는 거예요. 사적事的으로 그렇습니다. 적혈구, 백혈구도 하나의 세계 아닙니까.

세계라고 하면 흔히 사람이 있는 세상이라고 알고 있지만, 하나의 이름자가 있으면 다 세계입니다. 이 스토브도 하나의 세계를 나투지 않았습니까. 이 죽비도 하나의 세계. 이 물통도 하나의 세계로서 어느 하나 세계 아닌 것이 없어요. 우리 몸뚱이를 하나라고 생각할지 모르지만, 어찌 이것이 하나입니까? 이미 60조의 생명체가 여기 있어요. 우리가 하나의 가죽 주머니라고 하지만 60조의 생명체를 가지고 있습니다. 그럼 60조에서 끝나느냐. 아닙니다. 거기서 끝나는 것이 아니에요. 죽고 사는 문제를 해결하겠다는 사람들이라면 끝까지 그 뿌리를 파야 합니다.

그럼 60조의 뿌리는 어디서 나옵니까. 60조는 하나의 결과입니다. 과果라면 인因이 있을 터이니, 그 인을 찾아야 합니다. 그 인을 찾아내기 위해서, 예전에 내가 말했듯이, 큰 현미경으로 적혈구, 백혈구 한 마리를 끄집어내서 확대해보면, 여기에도 60조의 요소가 있어요. 여기에 60조의 요소가 없다면 현재 우리가 갖고 있는 60조가 있을 수 없습니다. 그렇지 않습니까? 원인 없는 결과는 있을 수 없거든요. 가령 저 감씨에서 감나무가 나죠? 감나무가 꽃이 피고 하면 수백 개의 감이 나는데, 그 수백 개의 감을 열 수 있도록 하는 것은 감씨에 그 요소가 다 있기 때문입니다.

사람도 마찬가지입니다. 이 인을 찾아내면 거기에도 60조의 요소가 있단 말예요. 60조가 될 수 있는 요소가 없다면, 우리의 가죽 주머니는 60조의 세계를 가질 수 없습니다. 이런 식으로 끝없이 찾아 들어가면, 찾아낸 인이 과가 되고 과가 다시 인이 되는 일을 한없이 반복합니다. 요즘의 과학자들은 어느 한계를 지었어요. 원자면 원자, 입자면 입자로 한계를 지었지만 입자의 인이 있지 않나요? 만약 입자의 인을 찾았으면 그 인이 과가 됩니다. 과가 되면, 그 과는 인이 있어야 나타나죠? 인이 없는 과는 있을 수 없으니까요. 과학자들은 이 정도에 와 있죠. 하지만 찾아내면 또 찾아낼 수 있습니다. 이렇게 찾아내는 것이 끝이 없는데, 허공이 끝이 없으니까 이것도 끝이 없는 겁니다. 그럼 결국 '공즉시색 색즉시공空卽是色 色卽是空'이란 부처님의 말씀은 영원성입니다. 허공이 영원성이니 사람이 영원성 되지 말라는 법이 있나요? 허공은 영원성이지만 사람이 영원성 되지 말라는 법이 있다면, 그럼 법은 두 개이게요?

여기까지 이르렀을 때 우리는 공부를 어떻게 해야 합니까? 허공의 영원성은 생각할 필요가 없어요. 우리의 영원성만 찾으면 됩니다. 우리의 영원성을 찾으면 허공의 영원성도 찾아지니까요. 우리 몸에 60조의 세계가 나타나 있지만, 그 인을 찾아내면 그 인이 과가 되고, 다시 그 과의 인을 찾아내고…… 허공이 끝이 없으니까 이 역시 끝없이 나갑니다. 그렇다면 이거 영원성 아닙니까? 사적事的으로 영원성입니다. 그렇다면 우리의 마음 씀씀이, 경계에 닿질려서(抵觸) 나오는 이 마음 씀씀이도 영원성입니다. 써도 써도 다함이 없지만, 안 써도 안 써도 그대로입니다.

 우리의 마음씨는 경계에 닿질려서 나오기 때문에 경계가 달라지면 마음도 달라집니다. 경계가 같으면 마음도 같겠지만 경계가 같은 법은 없습니다. 여기 있는 난로가 어제의 모습과 오늘의 모습이 같다고 말하지만 절대로 같지 않아요. 어딘가 변해도 변해 있습니다. 다만 우리가 모를 따름이죠. 바로 이 다름에 따라서 우리 마음이 일어납니다.

 그래서 우리는 부모 뱃속에서 나온 이래로 죽을 때까지 마음 씀씀이를 써봐도 꼭 같은 마음을 쓰지 못합니다. 경계가 다르기 때문에 꼭 같은 마음을 쓸 수가 없어요. 중생의 마음은 경계에 닿질려서 나오기 때문에 꼭 같은 마음을 써볼 수가 없습니다. 그리고 이 경계는 무한성입니다. 여기서 여기까지 변해서 정지가 되면 마음도 정지하겠지만, 이 경계란 건 허공으로 더불어 무한합니다. 변하는 도리가 무한성이기 때문에 우리의 마음도 무한성이에요. 이건 이적理的입니다. 우리의 마음이 무한성인데 사적인 모습을 유한성이라면 이것도 법을 두 개로 보는 겁니다. 하지만 진리는 둘일 수 없습니다. 이적理的 무한성이면 사적事的 무한성입니다. 왜냐하면 사사는 이理가 있어서 사를 나툴 수 있고, 이理는 사를 나툼으로써 이의 살림살이가 이루어지니까요. 말하자면 이가 곧 사이고 사가 곧 이(理卽事 事卽理)이기 때문에 이가 무한성이면 사도 무한성입니다. 우리 몸뚱이가 바로 이런 무한성을 갖고 있어요.

하지만 이 무한성을 갖고 있으면서도 각자가 몰라요. 가죽 주머니(육신; 편자 주)에 딱 들어앉아 있기 때문입니다. 실제로 나의 성품은 있는 듯 없고 없는 듯 있으며, 아는 듯 모르고 모르는 듯 알며, 깨친 듯 모르고 모른 듯 깨치며, 정도正道도 아니고 사도邪道도 아니며, 큰 것도 아니고 적은 것도 아닙니다. 왜 그럴까요? 허공을 싸고 있다면 큽니까? 아닙니다. 크다고 하면 어느 정도까지 크다는 말이 성립될 수 있습니다. 하지만 우리의 성품은 허공과 똑같은데 허공이란 원래 없습니다. 없는 말을 우리가 빌려다 쓰고 있을 뿐이에요. 없는 말을 빌려다 쓰는데, 허공이 얼마나 크다는 말이 성립하겠습니까?

따라서 우리의 성품은 큰 것이 아닙니다. 그렇다고 작은 것도 아닙니다. 작다면 얼마나 작다는 말이 있어야 하는데, 우리의 성품 자리, 우리의 허공 자리, 우리의 법신 자리는 얼마나 작다는 말이 성립되지 않아요. 모습이 없는데 작다는 말을 어떻게 할 수 있겠습니까? 우리는 이적理的으로 보았을 때 이런 진리를 갖고 있습니다. 그런데 사는 이에서 나온 이의 그림자이므로 마찬가지로 크지도 않고 작지도 않아요. 한계가 없으므로 입으로 말할 수도 없고 붓으로 그릴 수도 없습니다.

이처럼 무한성을 갖고 있는 우리의 육신은 어떻습니까. 별별 기관을 다 갖고 있어요. 우선 나타난 것만 하더라도 머리털 있지, 눈썹 있지, 눈 있지, 귀 있지, 코 있지, 입 있지, 손 있지, 발 있지…… 다 달라요. 이 세계를 따로따로 보고 있나요? 따로따로 보지 않아도 안 되고 따로따로 보아도 안 됩니다. 이 기관들은 세계가 각자 다 달라요. 그 용도가 다 다릅니다. 눈은 뭔가를 보고 두뇌는 생각하는 식으로 말이죠. 저기 빵이 하나 있습니다. 눈이 봤어요. 눈이 안 보면 빵이 있는지 여부를 알 수가 없죠. 그 다음 발이 쫓아갑니다. 발이 거기까지 갔어요. 발이 거기까지 갔지만 손이 없으면 집을 수 없네요. 그래서 손으로 턱 집어서 입에 넣었습니다. 빵은 하나 있는데 움직이는 놈은 다 달라요. 저마다 세계가 있습니다. 이것이 차별상입니다.

입만 맛을 보니까 불공평한가요? 코로 냄새 맡고, 눈으로 보고, 발로 가고, 손으로 집었는데, 입만 먹으니까 이런 차별이 어디 있습니까. 허허, 이런 차별이 없어요. 눈, 귀, 다리, 손이 억울해서 데모해야 합니다. 눈, 코, 손, 발이 다 수고하는데, 이놈의 입은 가만히 앉아서 좋은 건 다 먹으니까요. 자, 이 모든 게 차별상이죠. 차별상 아닌 것이 없어요. 눈의 세계 다르고, 귀의 세계 다르고, 코의 세계 다르고, 입의 세계 다르고, 발의 세계 다른 차별상입니다. 이 차별상이 불공평하다면 발이나 손이나 눈이나 귀나 코나 전부 데모해야 해요.

그런데 그 중에 억울한 놈이 또 하나 있습니다. 똥구멍이 제일 억울해요. 아, 똥만 나오니 이놈이 가장 억울합니다. 좋은 음식은 입이 다 먹어놓고 나에겐 똥만 누라고 하니, 이런 불공평한 일이 어디 있느냐 말입니다. 이거 차별상인데, 이 차별상을 어떻게 받아들이겠습니까. 차별을 위한 차별인가요? 똥구멍부터 앞장서서 눈, 손, 발, 입이 밉다고 데모했다고 칩시다. 어떻게 됩니까? 입이 뭉개지고 도망하면 어떻게 되죠? 나중에는 손도 힘을 쓰지 못하고, 발도, 귀도, 눈도, 똥구멍도 힘을 못 씁니다. 아이고, 이거 안 되겠구나. 저놈의 입이 밉긴 미워도 먹여줘야만 눈, 귀, 코, 혀, 손, 발이 힘을 쓰는구나. 이걸 나중에 알게 됩니다. 자신이 살려면 입을 통해 발로도 가고, 코로도 가고, 귀로도 가고, 눈으로도 가는 거예요. 결국 눈, 귀, 코, 혀, 입이 다르다 해도 실제로는 절대 평등상인 하나에서 이루어진 하나의 차별상입니다. 즉, 이적理的인 하나에서 일어나는 사적事的인 차별상이에요. 차별상의 뿌리가 절대성입니다.

이렇게 절대성에서 상대성으로 갈라졌는데, 여기서 차별상은 모습만 그렇게 나투어서 역할만 다를 뿐이지 실제로는 절대성과 다름없다는 결론이 나지 않습니까? 세계가 이렇게 많지만 하나로구나, 하나인 세계에서 이렇게 차별로 나타났기 때문에 차별상을 위한 차별상이 아니라 절대성 속에서 임시로 벌어진, 즉 그 절대성을 살리기 위한 하나의 방편으로서 차별상이 나타난 것이로구나, 이 사실을 알게 되지 않겠습니까? 그렇다면 결국 사람은 '하나'라고 해도 됩니다. 물론 눈, 귀, 코, 혀, 대장, 소장 등 수많은 이름을 댈 수 있지만, 결국 나오는 곳은 절대성 자리 '하나'란 말이에요.

이처럼 몸과 뜻과 입의 업이 다 다릅니다. 손은 손의 역할이 있고, 발은 발의 역할이 있고, 눈은 눈의 역할이 있고, 입은 입의 역할이 있듯이 다 달라요. 하지만 손의 성품이든 눈의 성품이든 귀의 성품이든 성품은 동일한 하나입니다. 따라서 몸과 입과 뜻의 업이 다르게 나타났어도 그 성품은 전부 하나에요.

그 성품 자리가 하나라면 그 당처當處가 비었습니다. 빈 줄을 안다면 신업身業은 어디 가서 찾으며, 구업口業은 어디 가서 찾으며, 의업意業은 어디 가서 찾겠습니까. 그러나 이 이치를 모르면 업은 반드시 있습니다. 우리가 공리에 요달해서 근본 성품을 환하게 알면 인연에 휘둘리지 않아요. 그러나 이 공리를 모르면 이 식(識: 알음알이) 덩어리가 이 몸을 버리고 갈 때 자기의 취향, 자기의 습성 그대로 갑니다. 그 당처가 공한 줄 모른 채 그대로 흘러가요. 복을 많이 짓고 착한 일을 하면 하늘에도 나고, 공리를 몰라서 자기 생각에만 들어앉으면 나중에 개 탈도 뒤집어쓰고, 소 탈도 뒤집어쓰고, 뱀의 탈도 뒤집어쓰는 겁니다.

그러므로 공리를 모르면 신업, 구업, 의업이 엄연한 거예요. 피하지 못합니다. 왜냐하면 법칙이 그렇기 때문이죠. 자기가 좋아한 대로 이렇게 휘둘리고 저렇게 휘둘립니다. 그러나 신업과 구업과 의업의 이름자는 각각 다르다 해도 그 당처가 비었음을 딱 알아버리면 신업이든 구업이든 의업이든 붙을 자리가 없어요. 어디 가서 붙습니까? 가만히 생각해보세요. 붙을 자리가 없습니다.

물론 머리털의 세계가 있고, 눈의 세계, 귀의 세계, 입의 세계가 다 있지만, 그러나 그 성품은 하나라서 하나의 세계를 위해 각자의 세계가 다 움직이는 겁니다. 하나의 세계를 위해서, 한 사람의 심부름을 하기 위해서 다 움직여요. 그래서 말마디로는 이런 세계도 있고 저런 세계도 있지만, 그 당처의 성품은 하나, 즉 소소영령昭昭靈靈한 그 자리, 보고 듣고 말하는 그 자리입니다. 말하는 그 자리라 해도 찾아내려고 하면 부처도 찾지 못하지만, 그러나 중생도 나날이 이걸 쓰는데 쓰고 써도 다함이 없어요.

이걸 발견하면 내 몸만이 아니라 그 성품 자리가 그대로 공성空性입니다. 슬기가 있으면 유정물이고 슬기가 없으면 무정물인데, 그러나 슬기의 당처도 비었으니 어느 것 하나 공성 아님이 없습니다. 공성은 진짜라서 변함이 없어요. 모습이 나타나는 건 변함이 있는 가짜입니다. 변하기 때문에 가짜거든요. 그렇다면 공성이 내 주인공입니다. 공성이 바로 '나'란 말입니다. 여기서 슬기를 나투면 유정물이고 슬기를 나투지 않으면 무정물이에요. 그럼 산하대지가 전부 공성이라면 어찌 나하고 산하대지를 둘로 보겠습니까? 저기 있는 난로도 공성이니 어찌 난로와 나를 둘로 보겠습니까? 돌이든 나무든 전부 공성이니 어찌 나하고 둘로 보겠어요? 이렇게 맞춰나가다 보면 보리와 열반도 빈 성품이거든요. 보리니 열반이니 극락이니 지옥이니 전부 빈 성품 아닙니까? 그렇다면 극락이든 지옥이든, 보리든 열반이든, 성품이든 중생이든 똘똘 뭉쳐서 하나지 뭡니까. 어떻게 둘로 가르겠어요? 이 이치를 모르고 모습놀이를 하면 난로는 난로의 세계대로, 나는 나의 세계대로, 여러분은 여러분의 세계대로 갈리죠. 갈리는 것은 공空 도리를 모르니까, 주인공을 찾지 못하니까 그렇게 되는 겁니다.

따라서 우리가 말마디로서 신업이니 구업이니 의업이니 할 뿐이지 어찌 신업의 당처와 구업의 당처와 의업의 당처가 둘이겠습니까. 여기서 우리가 업에 대해 생각해야 할 점이 있습니다. 어떤 종교에서는 죄를 지으면 누구에게 빌고 있는데, 이건 도대체 있을 수 없는 일입니다. 자기가 지은 죄는 자기가 풀어야 해요. 자기가 맺은 것은 자기가 풀어야 하지 누구에게 풀어달라고 할 수 있겠습니까. 또 풀어줄 사람도 없고 풀어줄 수도 없어요. 만약 풀어줄 수 있다면 지금까지 그 무진수無盡數의 부처님이 이 업덩이들을 왜 풀어주지 않았겠습니까. 자비심이 없어서 그러겠어요? 그게 아니라 전부 자기가 맺은 것이라서 자기가 풀어야 하기 때문입니다.

그럼 어떻게 풀어야 하죠? 그 업의 당처가 빈 줄 알아야 합니다. 업의 당처가 비었으면 복의 당처도 빈 것이고, 복의 당처가 비었으면 화禍의 당처도 빈 겁니다. 이 당처가 빈 줄 모르면 수미산 같은 업을 녹여낼 도리가 없어요. 여러분들 단단히 아십시오. 당처가 빈 줄 알아야 속죄할 수 있지 다른 걸로는 속죄가 되지 않아요. 가령 어떤 사람이 예배당 같은 곳에 가서 용서를 구하며 어느 날 어느 시에 어떤 죄를 지었다고 반복하면 그 죄가 자꾸 굳어집니다. 이만 한(작은) 죄가 나중에 이만 한(큰) 죄가 돼요. 누가 그 죄를 없애줄 수 있겠습니까? 그러니까 죽어도 내가 죽고 살아도 내가 산다는 이유가 여기 있습니다. 내 죄를 부처님 만 명이 있은들 어떻게 구하겠습니까? 우선 죄의 모습이나 업의 모습이 있다면 부처님이 살짝 드러낼 수가 있겠지만, 또 부처님 아니라도 우리가 드러낼 수 있겠지만, 모습이 없는데 어떻게 그걸 없앱니까?

그러나 업은 자기가 지은 거예요. 수미산 같은 업이 있어도 그 당처가 공한 줄 알아야 업이 녹지 당처가 공한 줄 모르면 천 년을 빌어도 녹지 않습니다. 만약 녹는다면 그건 사도邪道입니다. 우리가 생사문제를 해결하려면 어디까지나 과학적이어야 합니다. 자, 한마디 해.

K스님: "아이고 참, 좋습니다."

풍년이 왔네~ 삼천리강산에 풍년이 왔네(노래하심). 그래그래. 하하하. 자, 이 소식을 누가 아니까. 이 소식을 모르면 천 년 공부를 해도 되지 않습니다. 달마대사는 팔만대장경을 외워도 견성하지 못하면 소용이 없다고 했어요. 여러분, 글자 풀이에 들어앉으면 큰일 납니다. 지견풀이는 백 년을 해도 소용이 없어요. 몰록 깨쳐야 합니다. 그만 담담히 가다가 탁 깨쳐야 해요. 절대로 지견풀이 하지 마십시오. 설혹 지견풀이로서 그 말이 맞다 해도 설법하는 자리에서는 그걸 승인하는 법이 아닙니다. 지견풀이란 걸 빤히 알기 때문에 그때는 몽둥이가 나가죠. 지견풀이 가지고 생사 문제가 해결되는 것은 아니거든요.

(강론) 실로 성품이 없는데야 어찌 모습을 짓겠는가.

다시 말하지만 몸과 입과 뜻은 성품이 없어요. 자갈과 모래와 시멘트와 돌을 섞으면, 물은 모래를 모르고 모래는 자갈을 모르고 시멘트는 모래를 모르지만 하나의 세계를 이루어갑니다. 서로 몰라도 하나의 벽돌이 돼요. 마찬가지로 백혈구가 적혈구를 모르고 적혈구가 백혈구를 모르면서도 하나의 법칙에 의해 어린애가 크고, 청년이 되고, 장년이 되고, 노년이 되고, 불구덩이나 흙구덩이로 가는 겁니다. 이 모두가 법칙에 의해 그렇게 되지만 성품은 없어요.

이 때문에 손가락을 이리저리 까딱해도 무형무색인 내 법신 자리가 그렇게 시킬 따름이지 손가락 자체가 성품이 있어서 그러는 건 절대로 아닙니다. 그러면 몸과 입과 뜻도 성품이 없는데 지음(作)이 있을 수가 있습니까? 지음이 있고자 해도 무슨 성품이 있어야만 '내가 이렇게 하겠다, 저렇게 하겠다'고 하죠. 그러나 아무 성품이 없어요. 다만 성품이 없지만 법칙에 의해서 하나의 내 알음알이가 업을 만들어버립니다. 이렇게 하고 저렇게 하면서 그대로 정해져버리지만, 이것이 성품이 있어서 그런 건 아니에요. 우리가 새김(想)놀이를 이리저리 하면서 공연히 스스로 지어 스스로 그렇게 할지언정 그 새김놀이 자체에는 성품이 없습니다.

이처럼 성품이 없는데도 공연히 몸이니 입이니 뜻이니 분별을 지어서 글자를 쓰고 말마디를 만들어 새김놀이를 하는데, 이 새김놀이가 들어서서 스스로도 깜짝 놀랄 만한 업을 형성해놓고 거기 딱 들어앉는단 말예요. 하지만 그 새김놀이 자체도 성품이 없기 때문에 우리가 설법을 듣고 그걸 깨쳐버리면 신업이든 구업이든 의업이든 어찌 나를 당하겠습니까? 천당이든 지옥이든 어찌 나에게 들어붙겠습니까? 생사의 성품 자체가 비었음을 알면 그 빈자리에는 시공간이 들어붙지 않잖아요? 이거(나무를 가리키면서) 같으면 시공간이 들어붙습니다. 언제 나무를 심었다, 언제 만들었다, 언제 없어진다 등으로 시공간이 딱 붙어요. 하지만 빈자리에는 시공간이 들어붙을 자리가 없습니다!

시공간이 들어붙지 않기 때문에 늙고 젊은 것이 없고, 늙고 젊은 것이 없기 때문에 죽고 사는 것이 없고, 죽고 사는 것이 없기 때문에 천당과 지옥도 발붙일 곳이 없어요. 우리가 이런 보배를 갖고 있는데도 공연히 하나의 새김놀이, 여김(念)놀이로 뿌리도 없는데 마음의 형상(즉, 我相)을 만들어서 온몸을 꼼짝 못하게 감아놓고 있습니다. 결국 신업이니 구업이니 의업이니 해봤자 공연히 우리의 알음알이가 들어서서 이렇게도 하고 저렇게도 하면서 아무 형체도 없는 것을 형체 있는 것처럼 생각해서 스스로가 덮어쓰고 있는 거예요.

그럼 이 당처가 공한 줄 알면 어디 걸릴 데가 있을까요? 어디에도 걸리지 않습니다. 솔직히 말해서 도인이 지옥에 가지 않으면 누가 갑니까. 도인이 지옥에 가면 지옥이 연화대蓮花臺가 됩니다. 왜 그렇겠습니까? 지옥은 누가 만들죠? 전부 우리의 알음알이가 만들잖아요? 천당은 누가 만들죠? 극락세계는 누가 만들죠? 전부 우리의 알음알이가 만든 거 아닙니까? 자기 알음알이가 신업과 의업과 구업을 만들어서 스스로 쏙 들어앉은 것 아닙니까? 마음이 착한 사람은 그렇게 만들어서 자기가 재미를 보고, 마음이 악한 사람은 또 거기 알맞게 들어앉아서 괴로워하는 거예요.

따라서 도인에게는 지옥이든 천당이든 없습니다. 왜냐하면 지옥의 성품과 천당의 성품이 마찬가지기 때문이죠. 다만 상대성으로 나투는 것이 둘일 뿐입니다. 그러나 상대성으로 나투는 것은 절대성에서 오는 하나의 환영에 지나지 못할 뿐인데, 왜 우리가 환영에 지나지 못한 것을 천당이니 지옥이니 분별할 필요가 있겠습니까? 그러므로 극락세계 간다는 그 마음이 틀린 마음입니다. 난 극락세계를 우리말로 즐김터라고 번역했어요. 즐김터. 이 즐김터라는 건 지옥도 아니고 천당도 아닙니다. 그럼 무엇인가? 지옥도 부수려면 부술 수 있고, 천당도 부수려면 부술 수 있고, 지옥도 세우려면 세울 수 있고, 극락도 세우려면 세울 수 있는 그 슬기 자체가 바로 즐김터, 즉 극락이에요.

동일한 전기에서 나온 이 불빛과 저 불빛이 전혀 충돌되지 않으면서 서로서로 자기 의무를 다하고 있듯이, 동일한 성품의 지옥과 극락은 서로 엇갈려 있으면서 충돌이 전혀 없습니다. 가령 지구에도 눈에 보이는 축생계가 있는데, 축생계와 우리가 함께 살아도 아무 지장이 없어요. 소의 세계가 있고 사람의 세계가 있어서 소는 소의 역할을 하고 사람은 사람의 역할을 합니다. 서로 충돌하지 않아요. 마찬가지로 극락과 지옥도 서로 충돌하지 않습니다. 지옥이 어디 하나 둘뿐이고, 극락이 어디 하나뿐입니까? 허공이 무진수로 끝이 없으니, 이 지옥의 숫자도 끝이 없고 이 극락의 숫자도 끝이 없습니다. 왜냐하면 우리의 마음 자리가 만들어내기 때문이에요.

우리는 마음을 끝없이 씁니다. 끝없이 쓴다는 건 알고 보면 몸이 떨릴 일이에요. 허나 끝없이 마음을 쓰긴 해도 어제의 마음을 꼭 같이 못 쓴단 말입니다. 죽을 때까지 늘 다른 마음을 써요. 그렇게 다른 마음을 써도 한정이 없다는 걸 보면 참 기가 막힌 일입니다. 천하의 모래알을 다 모아도 똑같은 놈이 없어요. 왜냐하면 상대성이기 때문에 그래요. 만약 똑같은 놈이 있다면 그건 변괴입니다. 천하의 솔잎을 다 모아도 똑같은 놈이 없어요. 왜냐하면 상대성이기 때문에 그래요. 마찬가지로 우리의 망심을 나툰 것이 전부 상대성이니 어찌 똑같은 것이 있겠습니까. 따라서 지옥도 똑같은 놈이 있을 수가 없어요. 천차만별입니다. 또 극락세계도 꼭 같은 것이 없어요. 천차만별이에요. 왜냐하면 우리의 마음 씀씀이대로 우리가 그 자리에서 괴로워하고 우리가 그 자리에서 즐거워할 따름이기 때문입니다. 누가 딱 정해 놓고 여기 들어오면 이러한 규칙이 있고 저기 들어가면 저러한 규칙이 있는 게 아녜요. 그런 생각으로는 우주의 진리를 보지 못합니다. 태양이 어디서 왔는지도 모르고 사람이 어디서 왔는지도 모르기 때문에 그런 사고방식이 나오는 거예요.

아울러 그런 사고방식으로는 생사 문제도 해결되지 않습니다. 즉 모든 것이 공이라면 아무것도 없겠지만, 그러나 공이면서 공이 아닙니다. 신업, 구업, 의업이 다 공이라면 태양은 어디서 왔나요? 공이라면 별은 어디서 오고, 달은 어디서 오고, 땅덩어리는 어디서 오고, 우리 몸은 또 어디서 오죠? 그러므로 공은 공이 아니란 걸 알아야 합니다. 앞서도 말했듯이 우리는 무한성을 갖고 있어요. 사事적으로도 무한성을 갖고 있고 이理적으로도 무한성을 갖고 있습니다. 가도 가도 그냥 공이지만, 그러면서도 공이 아닙니다. 그러나 공 아닌 것도 아니고요.

이건 공과 유有를 둘로 보지 말라는 뜻입니다. 유와 공을 뛰어넘어서 보라는 뜻이에요. 이 자리가 다 빈자리지만, 이놈이 공은 아니거든요. 한 생각을 일으키면 잡힙니다. 어쩔 도리가 없어요. 꿈속에 꿈을 꾸는데 어찌 꿈이 아니냔 말입니다. 꿈속에 꿈을 꾸는 걸 안다면 그건 꿈이 아니지만, 그러나 꿈속에서 꿈을 본다면 그건 절대로 꿈입니다. 어찌 그걸 무시할 수 있나요? 깨고 나야 그게 꿈인 줄 알았단 말입니다. 지금도 우리는 꿈을 꾸고 있어요. 뒤바뀐 생각을 하기 때문에 꿈을 꾸고 있습니다. 그러나 여러분 중에 뒤바뀐 생각을 갖고 있는 걸 아는 사람이 있다면, 그분들은 꿈꾸는 게 아닙니다. 허나 모르면 그만 완전히 꿈이에요. 완전한 꿈속에서 어찌 우리가 꿈을 무시하겠느냐 말입니다. 무시가 되지 않아요. 꿈이라는 걸 알 때 비로소 무시가 되지 꿈속에서 겁나는 걸 보면 그대로 놀라서 가슴이 헐떡거리고 땀을 흘리죠. 하지만 꿈을 깨고 나면 '아이고, 꿈이네'라고 합니다.

공이면서도 공이 아니라는 이유가 여기에 있습니다. 업의 당처가 공했지만, 한 생각을 잘못 가지면 어찌 공하겠습니까? 이 환상의 모습놀이가 전부 거기서 이루어지는데 어찌 공하겠습니까? 물론 환상 자체가 공하고 그 놀음놀이가 다 공했죠. 이걸 안다면 그만 아성 무너지듯이 와르르 무너지지만, 이 이치를 모르면 천하 없는 장사라도 어쩔 도리가 없어요. 따라서 이걸 뭉개려면 항상 안으로는 모든 망념을 없애야 하고, 중간으로는 번뇌 망상을 잊어야 하고, 안으로는 내 마음이 있다―찾으려면 이 마음은 없습니다―는 걸 잊어야 하고, 밖으로는 산하대지를 여읠 줄 알아야 합니다. 산하대지를 보면서도 공으로 봐야 하고, 내 마음을 그대로 보면서도 그걸 없는 거로 봐야 하고, 번뇌 망상을 그대로 두면서도 그걸 비었다고 봐야 해요.

이렇게 하면 그때서야 올바른 생각이 그대로 나옵니다. 그러면 손가락 하나 까딱하지 않고 그대로 앉은 자리에서 대성인이 되어요. 조그만 성인이 아닙니다. 다른 성인들은 상대성에서 생사의 뿌리를 찾다가 못 찾았기 때문에 결국 의타적으로 흐를 수밖에 없었어요. 그러나 여러분은 이미 절대성 자리가 있다는 걸 알고 있고 절대성의 굴림새가 상대성이라는 걸 알고 있습니다. 알고 있다면, 즉 여기 앉아서 한 생각 딱 돌려서 절대성 자리에 앉으면 그만 성인이에요. 어디, 성인이 별 겁니까? 마음 하나 깨치면 성인이고, 마음 깨치지 못하면 범부입니다.

  하지만 아직은 성인이 못 됩니다. 여러분은 알긴 알아도 행을 닦지 못했거든요. 만약 여러분이 절대성 자리에 앉아 있다면 염라대왕이 어떻게 여러분을 발견하죠? 신장神將이 어떻게 여러분을 발견하죠? 하지만 여러분이 가죽 주머니에 들어앉으면 그만 저승사자라도 당장 발견해서 알아봅니다. 여러분이 지금 공부하는 것이 이렇게 무서운 자리에서 공부하고 있어요.

  여러분의 성품 자리는 우주를 싸고 있지 않습니까? 허공도 모습이 없듯이, 우리의 성품도 모습이 없어요. 모습이 없으니 이 성품이 언제부터 있단 말이 성립이 되지 않습니다. 모습이 있으면 언제부터 있다고 성립하겠지만 모습이 없는데 어떻게 성립이 됩니까? 또 모습이 없으니 언제 끝난단 말이 어떻게 성립되겠어요? 따라서 하늘과 땅이 생기기 전부터 하늘과 땅이 생기고 뭉개질 때까지 허공과 더불어 우리의 소소영령한 자리는 그만 그대로가 아닙니까? 이 도리를 아는데, 어찌 하늘은 누가 만들고 땅은 누가 만들었다는 결론을 가진 사람이 범접할 수 있겠습니까? 우린 자신감을 가져야 합니다. 자신감을 가져도 관념적으로 갖지 말고 과학적으로 가져야 해요.

그래서 자신감을 갖고 일단 가죽 주머니를 방하착하고서 턱 내려다보면 항하수 모래수의 슬기가 그대로 쏟아져 나옵니다. 하지만 이 가도 가도 끝이 없고 크지도 않고 작지도 않은 내 성품을 이 가죽 껍데기 속에 쏙 집어넣으면 그만 멍텅구리가 되고 말아요. 신업이니 구업이니 의업이니 말할 필요도 없어요. 지금 여러분은 신업이니 구업이니 의업이니 그 따위 말마디에 놀아날 때가 아닙니다.

(강론) 만약 능히 모습을 지음이 바로 지음이 없음인 줄 알면 비록 삼계를 시방에 굴리되 호올로 우뚝하지 않겠는가.

공연히 우리는 욕계, 색계, 무색계라는 말마디에 걸려 있습니다. 욕계, 색계, 무색계라고 해봤든 그 당처가 공한 것 아닙니까? 또 내 성품도 공한 것 아닙니까? 욕계, 색계, 무색계는 우리의 법성토로서 슬기가 없지만, 우리는 슬기가 있지 않습니까? 그렇다면 욕계, 색계, 무색계를 내 손바닥 위에 놓고 굴릴 텐데, 공연히 성품이 빈 줄도 모른 채 욕계는 이러이러해서 나쁘고 색계와 무색계는 이러이러해서 좋다는 말마디에 걸려들 뿐 아니라 거기다 한 술 더 떠서 천당이나 지옥 같은 말마디까지 만들어서 그걸 또 굴리네요. 전부 명자 名字 놀음 굴리는 것 아닙니까? 천당, 지옥이라는 명자, 극락세계라는 명자, 부처라는 명자, 중생이라는 명자, 이런데 걸려 있는 것 아닙니까? 이 명자 자체가 전부 공한데, 도대체 왜 이 공한 걸 만들어놓고 내가 되돌아서 거기에 굴려지느냐 말입니다. 이렇게 어리석은 일이 세상에 어디 있습니까? 하지만 실로 공리에 요달하지 못하면 굴려집니다. 그러니 무엇보다 공리에 요달해야지 어쩔 도리가 없어요. 공리에 요달하면 솔직한 말로 부처는 어디다 발을 붙이죠? 중생은 어디다 발을 붙입니까? 천당과 지옥은 어디다 발을 붙이나요? 없어요, 없어.

 그래서 이 설법은 상근기라야 듣지 중근기만 해도 이 설법은 못 들어요. 놀라서 도망갑니다. 모습놀이 하는 사람은 이 설법을 들어봤자 소용없어요. 솔직한 말로 팔만대장경이 전부 이 공리에 대한 얘기입니다. 전부 방편에 대해 이러쿵저러쿵하는 방편 설법이에요.

허공으로서의 나

우리 몸은 관리물에 지나지 않습니다. 소유물이 아니에요. 만약 몸이 소유물이라면 여러분 마음대로 되던가요? 늙지 말라고 하면 늙지 않던가요? 안 됩니다. 내 소유물 같으면 내 말을 들어야 하는데 듣지 않거든요.

이처럼 여러분의 몸은 여러분 마음대로 되는 것이 아닙니다. 그럼 뭡니까? 여러분이 지니고 있기 때문에 관리물이라고 하는 겁니다. 옷도 입혀주고 세수도 하고 밥도 먹여주면서 관리하고 있잖아요? 그러면 여러분은 무엇입니까? 마음이라 해도 좋고 성품이라 해도 좋고 절대성이라 해도 좋습니다. 그럼 마음은 어떻게 생겨먹었나요? 여러분, 마음 생각해본 일 있습니까? 어떻게 생겼는지 말입니다. 여러분의 마음 찾아본 일 있습니까? 예전 선사들은 마음을 유有와 무無, 즉 있고 없음을 뛰어넘은 자리라고 했죠. 마치 허공처럼 있는 것도 아니고 없는 것도 아니지만 이 자리를 여러분은 다 갖고 있습니다. 허공은 크다면 무한히 커서 온 누리를 덮고, 작다고 하면 바늘귀라도 꿸 니다. 이놈이 희한한 겁니다. 참 희한한 거예요.

이 자리는 시작이 없습니다. 왜냐하면 빛깔도 소리도 냄새도 없기 때문입니다. 시작이 없기 때문에 종말이 없어요. 몸은 시작이 있고 끝이 있지만(즉, 생사가 있지만), 이 몸을 맘대로 끌고 다니는 이 절대성 자리는 시작도 끝도 없습니다. 이 자리는 우리가 모를 따름이지 하늘과 땅이 생기기 전부터 있는 거예요. 우리는 원래 하늘과 땅이 생기기 전부터의 소식을 갖고 있기 때문에 어머니의 배를 인연해서 우리 몸을 나툰 겁니다. 이 자리는 죽는 법이 없어요. 빛깔도 소리도 냄새도 없기 때문에 죽으려야 죽을 것이 없습니다.

참으로 우리는 도둑이 몇천 명 와서 훔치려 해도 훔칠 수 없는 절대의 자리를 간직하고 있습니다. 이 절대의 자리가 바로 허공의 주인공이에요. 이 자리에는 하느님도 없고 부처님도 없어요. 없기 때문에 하느님이다 부처님이다 하는 건데, 이건 제2의 소식입니다. 제1의 소식이 아니고 제2의 소식이에요.

여러분 가만히 생각해보세요. 무더운 날씨에 여기 앉아서 땀을 흘리며 이 얘기를 듣는 그 자리가 바로 여러분의 지혜 자리로서 허공의 주인공입니다. 그 자리는 눈을 가지고서 보는 그 자리, 귀를 가지고서 듣는 그 자리, 혀를 가지고서 맛보는 그 자리로서 주인主人이라 하면 그 자리밖에 없기 때문에 누리의 주인공이라고도 합니다. 우리가 이 사실을 알면 인생에 자신이 생겨요. 왜 주인공이라고 합니까? 허공은 지혜가 없지만—참으로 지혜가 있는지 없는지 난 모르겠습니다—여러분은 지혜가 있으니까 허공의 주인공입니다. 여러분이 허공의 주인공으로서 딱 굳어지면 그땐 문제가 달라요.

따라서 허공을 걷어잡아야 합니다. 허공을 걷어잡지 않고 마음을 알았다면 그건 거짓말이에요. 설사 석가세존이 그렇게 말했더라도 거짓말입니다. 허공을 걷어잡기 전에는 마음을 모르고, 허공을 알고 싶다면 마음을 걷어잡아야 해요. 왜냐하면 허공이나 마음이나 매한가지이기 때문입니다.

잘 살고 못 사는 건 인연 관계입니다. 전생에 행동을 잘못했다면 이 세상에 태어날 때부터 좋은 자리에 태어나지 못하고 나쁜 자리에 태어나서 고생을 해요. 하지만 이 절대성 자리만 알아버리면 그런 문제는 저절로 해결이 됩니다. 잘 살고 못 사는 것이 인연 관계이고 그 인연 관계는 자기가 만들었다는 생각이 확고하면 아무리 못 살아도 바로 천당이에요. 그 사람은 남이 뺨을 때려도 웃으면서 곱게 맞습니다. 스스로 빚을 갚는 거니까요.

이처럼 천당을 가든 지옥을 가든 전부 여러분의 마음속에서 이루어지는 겁니다. 자기가 만든 모습이기 때문에 극락에 가더라도 과보가 다하면 다시 돌아오고, 지옥에 가더라도 그 과보가 다하면 다시 돌아오는 거예요. 영원히 극락을 누리고 영원히 지옥에 있다는 것은 모습의 생리를 모르기 때문에 나오는 말입니다. 모습이란 건 머리(시작)와 꼬리(끝)가 있어요. 스스로 변하면서 받을 만큼 다 받아버리면 되돌아와서 다른 인생살이 시작하다가 다시 또 자기가 지은 인연에 따라 지옥에도 가고 천당에도 가는 겁니다. 이 도리를 확실히 알면 문제가 다릅니다.

그러나 이 자리는 지옥이니 극락이니 하는 이름자(名字)마저 싹 없어진 자리입니다. 왜냐하면 지옥의 성품도 공했고 천당의 성품도 공하기 때문이에요. 또 남자의 성품도 공하고 여자의 성품도 공합니다. 이걸 몰라서 나는 나이고 너는 너라고 하면서 숱한 알력이 벌어지는데, 그러나 공한 도리를 알면 남자와 여자의 구별이 없습니다. 또 절에 다니면서 염불도 하고 예불도 하는 것이 좋긴 좋지만 공성인 줄 알고 해야 해요.

이 색신은 걷어잡지 못합니다. 이것이 지금의 '나'라고 손을 대는 순간 변해버립니다. 숱한 적혈구와 백혈구의 세포가 변해버리는 거예요. 도대체 어느 때의 몸을 나라고 하겠습니까? 그러나 세상 사람들은 이 색신을 나라고 합니다. 자체성이 없는 걸 알고서 '나'라고 하면 재미로 하는 거니까 상관이 없지만, 그렇다고 해서 이 걷어잡을 수 없는 육신을 기어이 고집할 필요도 없는 거예요.

물론 우리가 세상에 몸을 받았습니다. 남자는 남자대로 여자는 여자대로 받았어요. 그래서 자기 의무를 다하다가 가야 하겠지만 이 도리를 알고 작용을 해야 합니다. 우리가 사는 것은 작용이에요. 결혼하는 것 작용 아닙니까? 늙는 것 작용 아니에요? 아프면 약 먹는 것도 작용입니다. 이 작용은 상대성인데, 상대성은 절대성이 없으면 이루어지질 않아요.

허공이 끝없으니 여러분의 마음도 끝이 없는 겁니다. 우리의 마음이 허공과 다르지 않기 때문에 내가 '허공으로서의 나'라는 말을 한 거예요. 여러분은 허공으로서의 여러분입니다. 여러분만이 아니라 우리 몸도 허공성이고, 저 나무도 허공성이고, 내가 이렇게 말하는 것도 허공성이에요. 어느 하나 허공성 아닌 것이 없기 때문에 '허공으로서의 나'라고 해도 전혀 문제가 없습니다.

바로 허공이 우리 종주가宗主家입니다. 아니, 허공이 종주가인지 내가 종주가인지 모르죠. 나하고 허공하고 둘이 아니기 때문에 하는 말이에요. 허공하고 우리의 마음은 갈라놓을 수가 없습니다. 그러니 당분간 권도權度로써 '허공으로서의 나'라고 생각해야 해요. 글을 쓰다가도 '허공으로서의 나'가 쓴다고 하고, 이 설법 들으면서도 '허공으로서의 김백봉'이 설법을 한다고 하세요. 이런 식으로 해나가면 나중에는 삼천대천세계를 다 마셔버립니다. 삼천대천세계가 여러분을 떠나서 있나요?

＊

나는 여러분이 허공을 다루는 분들이 되었으면 합니다. 허공을 다룰 줄 알아야 성품을 다루게 되고, 성품을 다룰 줄 알아야 허공을 다루게 됩니다. 허공을 다루는 사람은 산하대지도 전부 다루기 마련이고 불쌍한 중생들도 제도할 수가 있어요. 여러분들이 거느리는 중생뿐만 아니라 다른 사람이 거느리는 중생들도 여러분이 제도할 수가 있습니다.

솔직한 말로 이건 여러분의 일이에요. 억지로 작은 고동 껍질 속에 들어앉는 것도 여러분의 자유겠지만 그 껍질을 벗어날 줄 알아야 합니다. 사람이란 육칠십 년, 칠팔십 년을 산다 해도 무의미하게 삽니다. 그러니 여러분 허공을 다루어주세요. 이 허공만 다루면 다 다른 것이나 다름없습니다. 허공은 가도 가도 끝이 없습니다. 처음에는 겁도 좀 나고 나중에는…… 뭔가 끝이 있어야 하는데—이건 늘 모습놀이 하던 습성이 있어서 그래요—끝이 없습니다. 그러나 웃을 때도 있고, 되돌아서 나 자신을 겁낼 때도 있어요. 웃는 자리나 겁내는 그놈이나 역시 그놈이 그놈이지만 이런 도리를 누가 알겠습니까? 그래서 공부를 하는 도반, 허공을 다루려고 하는 도반들을 만나면 처음 만나도 수천 년 전부터 만나는 거나 다름없습니다.

*

여러분이 좁쌀 같은 지구를 바탕으로 한 여러분이라고 생각한다면 이 자리에 앉아 있지 못합니다. 이상한 거예요. 여러분이 이 말을 알아듣지 못해도 좋습니다. 나는 지구 사람이다, 나는 도리천忉利天 사람이다, 나는 사왕천四王天 사람이다, 나는 도솔천兜率天⑤ 사람이다 등이 있지만, 여러분이 인생 문제를 해결하려는 마음이 있다면 자기 자신도 모르는 사이에 지구를 여읜 몸입니다. 실로 여러분만이 아니라 일체 중생들, 말하자면 땅 위를 기어 다니는 땅강아지나 개미까지라도 지구를 바탕으로 하고 있어요. 모르는 사람은 모르니까 지구를 바탕으로 해서 생각하겠지만, 여러분은 이미 지구라는 이 좁쌀만 한 땅덩어리를 떠났습니다.

물론 지구를 바탕으로 법을 굴려야 합니다. 그래야 지구에 사는 사람들이 서로 조화가 되거든요. 그걸 내가 거부하지는 않습니다. 그러나 여러분의 입처立處는 지구를 입처로 한 것이 아닙니다. 설사 잘 모른다 할지라도 여러분은 이미 허공을 논의하고 있어요. 지구가 생긴 뒤로 숱한 성현들이 나타났지만 전부 지구를 바탕으로 하고 있습니다. 그러나 부처님은 그렇지 않습니다. 허공을 바탕으로 하고 있어요. 물론 이 몸도 허공성, 마음 씀씀이도 허공성, 지구도 허공성, 돌멩이도 허공성, 풀이나 나무도 전부 허공성이지만, 그런 의미에서 내가 말하는 것이 아닙니다. 여러분은 허공으로서의 여러분이란 말이에요. 지구를 바탕으로 한 여러분이 아닙니다. 영원한 문제를 해결하려고 하면 설사 여러분이 모른다 할지라도 허공을 바탕으로 한 겁니다. 나도 허공을 바탕으로 해서 이 관리물인 색신色身을 쓰고 있지만, 여러분과 나의 인연관계는 여러분이 실제로 허공을 바탕으로 한 '나'라는 생각을 하지 않는다 할지라도 이미 허공을 바탕으로 하고 있기 때문에 나와 인연이 맺어진 거예요. 여러분이 허공을 바탕으로 하고

---

❺ 불교의 세계관은 욕계欲界, 색계色界, 무색계無色界로 이루어졌다. 욕계에는 지옥, 아귀, 축생, 인간, 아수라 외에 도리천, 야마천夜摩天, 사왕천, 도솔천, 화락천化樂天, 타화자재천他化自在天의 여섯 천상계가 있다.

있지 않으면 오고 싶어도 자연히 오지 못하게 됩니다.

여러분의 진짜 속마음은 허공을 바탕으로 하기 때문에 누가 말하지 않아도 자연히 이 자리에 참가하게 되는 거예요. 그렇다면 여러분과 나는 어떠한 인연 관계인가? 허공을 바탕으로 한 이신동체異身同體입니다. 몸은 다를지언정 바탕은 같아요. 나의 분수로는 이 자리를 이신동체로 생각합니다. 그렇다면 아주 반가워요. 이 반가움을 웃음으로써 표현할까요, 울음으로 표현할까요.

듯

여래如來는 같을 여如자, 올 래來자로 이루어져 있습니다. 문자 그대로 번역하면 '온 듯하다'는 말이죠. 이 '여래'는 팔만대장경을 그대로 쏟아놓은 소식이지만, 이를 아는 사람은 별로 없습니다. 어째서 팔만대장경을 이 두 글자에 다 넣었겠습니까? '여래'도 두 글자, 우리말 번역인 '온 듯'도 두 글자입니다.

  가령 지구도 '온 듯'입니다. 왜냐하면 지구는 하나의 모습이기 때문이죠. 모습이 있으면 반드시 생긴 때가 있고, 앞으로 몇억 년을 더 있을지 모르겠지만 장차 없어질 겁니다. 그렇다면 '온 듯' 아닙니까? 납득이 갑니까? 지금 켜진 촛불이 다 타면 없어집니다. 그럼 촛불도 '켜진 듯'이죠. 지금 밝은 것도 '밝은 듯'입니다. 어느 것 하나 '듯' 아닌 것이 없어요. 구름이 가는 듯, 물이 흐르는 듯…… 어떻습니까? 여러분이 아무리 기쁘다 해도 하루 종일 기뻐할 수 있습니까? 24시간 계속해서 기쁘다면 나중에 미쳐버려요. 또 슬픈 일이 있어서 24시간을 울면 역시 미쳐버립니다. 이처럼 기쁜 것도 영속이 되지 않고 슬픈 것도 영속이 되지 않아요. 영속이 되면 벌써 병입니다. 그래서 '슬픈 듯'이고 '기쁜 듯'입니다. 그럼 즐거움은 무엇일까요? 기쁜 것과는 달리 그만 편안해요. 마음이 편안해서 그만 즐거울 따름입니다. 즐겁다는 표식도 없이 안심이 딱 돼요. 이건 영속성입니다. 이건 적멸성에 속하는 문제에요.

여러분이 태어난 것도 '태어난 듯'이죠. 여러분은 낳아도 낳은 것이 아니거든요. 물론 안 낳은 것도 아닙니다. 헛것이라도 낳았으니까요. 하지만 우리의 법신은 낳을 것이 없습니다. 왜냐하면 빛깔도 소리도 냄새도 없어서 낳을 것이 없기 때문이죠. 그러나 이 헛것을 나투었으니 '난 듯'이에요. 또 젊은 분들이 영원히 젊다면 '듯' 자가 붙지 않겠지만, 나이를 먹으면서 늙기 때문에 '젊은 듯'입니다.

전부 '듯'이에요. 어느 것 하나 '듯'을 떠난 것이 없어요. 죽어도 참말로 죽는 것이 아니니 '죽는 듯'입니다. 왜냐하면 죽고 나면 법신이 다른 몸을 나투기 때문이죠. 그래서 죽음이 죽음이 아니고 죽음 아닌 것도 아니라서 '죽는 듯'이라고 하는 겁니다.

그럼 여러분, 가만히 생각해보십시오. 산하대지도 '산하대지인 듯'입니다. 만약 산하대지가 '듯'이 아니고 진짜라면 하늘과 땅이 생기기 전부터 허공으로 더불어 죽 변하지 않아야 '듯' 자가 안 들어가는 거예요. 생겼다가 나중에 없어지면 '산하대지인 듯' 아닙니까? 태어난 듯, 젊은 듯, 늙은 듯, 죽는 듯…… 전부 지금 '듯' 판에서 노는 겁니다. 내가 '말하는 듯'이고, 여러분이 설법 '듣는 듯'이에요.

그렇다면 경계도 허공성이고 성품도 허공성입니다. 경계 그 자체는 전부 허공성, 즉 헛것을 나툰 것이거든요. 우리 몸뚱이도 헛것을 나툰 거란 말이죠. 그럼 이것들이 다 어디서 왔습니까? 가만히 생각해보세요. 여러분의 심성에서 온 것 아닙니까? 허공으로서인 여러분의 심성에서 말입니다. 전성체全性體에서 비로소 유정과 무정이 갈라진 것이에요. 유정물은 슬기가 있고 무정물은 슬기가 없지만 결국은 한 가지입니다. 우리도 지금 슬기 없는 것을 갖고 있어요. 머리털도 슬기가 없고, 손톱이니 살도 성품이 없으니 슬기가 없는 거예요. 다만 내가 거느리고 있기 때문에 이 몸뚱이를 유정물이라 할 따름이지 실제로는 슬기가 없고 성품이 없는 거예요.

내가 지금 설법해도 설법하는 듯이고, 내가 살아 있어도 살아 있는 듯해서 전부 '듯'에 불과합니다. 결국 우리는 모두 '듯' 속에서 놀고 있어요. 그러나 이 '듯'을 참(眞)으로 알기 때문에 여기서 생사가 결판이 나는 겁니다. 가만히 생각해보세요. 우리의 마음 씀씀이를 어떻게 가져야 합니까? 물론 그 마음 씀씀이도 허공성이라서 한 번 가져보는 '듯'하는 거예요. 여기서 여러분의 화두 '동산이 물 위로 간다(東山水上行)'❻, '다리는 흘러도 물은 흐르지 않는다(橋流水不流)'❼ 등이 깨쳐

---

❻ 운문雲門 선사에게 어떤 스님이 "어떤 것이 모든 부처의 출신처出身處입니까?" 하고 묻자, 운문이 "동산이 물 위로 간다"고 대답하였다.

❼ 선혜善慧 대사의 게송에 나온다.
"빈손은 호미를 잡고(空手把鋤頭)/ 보행엔 물소를 타네(步行騎水牛)/ 사람이 다리 위를 지나는데(人從橋上過)/ 다리는 흘러도 물은 흐르지 않네(橋流水不流)"

나갑니다. 여기다 '듯' 자 한번 놓아볼까요? 그러나 여기에 속지는 마세요. 여러분을 계발하는 입장에서 내가 하는 말이니까요. 다리는 흐르는 듯, 물은 흐르지 않는 듯. 어떻습니까? 동산은 가는 듯, 물은 그대로 있는 듯. 진리란 것이 똑바로 캐고 들어가면 그리 어렵지 않습니다. 그러나 모습놀이만 하던 우리의 분상分上에서는 처음에 납득이 잘 가지 않죠.

 이처럼 모든 것이 '듯'인데, 이 '듯'을 굴리는 놈은 누구입니까? 이건 찾아내지 못합니다. 우리가 시장에 가는 듯, 밥을 짓는 듯, 아이들을 학교에 보내는 듯. 전부 듯 아니에요? 우리가 살림살이를 이루어서 사는 듯이죠.

 솔직한 말로 사람이란 전부 '듯'입니다. 그러나 세상 사람들은 이 '듯'을 진짜로 알고 있어요. 물론 진짜가 아니라고 해서 무가치하게 취급하라는 건 아닙니다. 인연 관계로 이루어졌기 때문에 그 인연을 소중하게 취급해야 해요. 그러나 세상에 올 때는 자기 엄마 몸을 빌려서 혼자 왔습니다. 그러다가 나중에 가족의 일원이 되고, 사랑도 받고, 학교도 다니고, 마침내 성년이 되어서 결혼도 하죠. 결혼을 하면 살림도 하고 사업도 하면서 생전 보지 못하던 사람과 어울려 살아요. 이렇게 열 명, 스무 명의 친지들과 어울려 살다가 나중에 갈 때는 혼자 갑니다. 불구덩이나 흙구덩이로 혼자 가요. 올 때 혼자 왔으니 갈 때 혼자 가는 건 사실 아니겠어요? 이 과정이 전부 '듯'입니다. 이렇게 전부 '듯'이라면 어느 놈이 진짜입니까? 진짜를 찾아야 되지 않겠어요? 진짜를 찾으려면 어디서 찾아야 합니까? 두 말 할 것도 없이

나 자신에서 찾아야 하지 내 몸 밖을 향해서는 찾을 곳이 없어요.

그렇기 때문에 허공은 하나입니다. 허공이 하나라면 진리가 하나 아닙니까? 이거 참 묘한 겁니다. 허공은 하나이니 진리가 하나에요. 진리가 하나이기 때문에 자기가 배가 고프면 자기가 먹어야 해요. 내가 배고픈데 다른 사람까지 배고프지는 않으며, 내가 배부른데 다른 사람까지 배부르지는 않습니다. 또 가족을 보더라도 나를 포함한 가족이지 나를 떠나서는 있을 수가 없으니 하나 아닙니까? 그러나 나중에 갈 때는 자기 혼자 가잖아요?

그러므로 차별현상으로 일어나는 일체만법, 즉 멀고 가까운 인연관계─요즘 말로 현실이라 합니다─에 주저앉아서 야단법석을 떨지만 사실은 전부 '듯'이에요. 여러분은 이걸 깊이 생각해야 합니다. 그리고 이에 대해 확실한 답을 해야 견성을 완전히 하게 됩니다. 확실한 답을 하지 못하면 견성이 되지 않습니다. 시일이 좀 걸려요.

경계하고 내 성품이 둘이 아닙니다. 돌도 있고 나무도 있는데, 그 돌과 나무가 나하고 성품이 한가지라고 하면 의심이 나지 않습니까? 이 공부는 보통의 다른 공부와는 달리 하나의 진리를 파헤치는 겁니다. 하나의 진리를 파헤치기만 하면 생사니 복이니 따위는 다 그 속에 있어요.

그러나 오랫동안 모습놀이 하던 습성 때문에 이 말이 귀에 들어오지 않습니다. 하지만 생사문제를 해결하기 위해서는 반드시 알아야 해요. 왜냐하면 죽어도 내가 죽고 살아도 내가 살기 때문이죠. 사회에서 굉장한 일을 했더라도 결국에는 훌훌 털고 혼자 가는 것 아닙니까? 별 도리가 없습니다. 그렇기 때문에 믿어야 합니다. '나'를 믿어야 합니다. '내 성품'을 믿어야 합니다. '나'를 믿으라는 건 내 육신이 아닌 내 성품을 믿는 거예요. 여러분 가만히 생각해보세요. 자기를 믿지 않고 누구를 믿겠습니까?

그러나 자기의 망심을 믿어서는 안 됩니다. 경계에 닿질려서 일어나는 망심은 전부 헛것이니까요. 그렇게 되면 자기 꾀에 자기가 속아 넘어갑니다. 헛것이 아니라 참된 본래의 청정심을 믿어야 해요. 이 세상에서 믿을 것은 '자기'밖에 없습니다. 물론 내외간에 서로 믿고 의지하는 것도 있지만 그건 다른 문제입니다. 그건 '듯' 속에서 노는 거예요. 훌륭한 유종의 미를 거두기 위해서 서로 신뢰하는 것이지, 생사문제를 근본적으로 파헤치기 위해서는 '나'밖에 믿을 사람이 없습니다.

왜냐하면 허공이 하나이기 때문에, 즉 진리가 하나이기 때문에 그렇습니다. 그런데도 소위 종교를 믿는 세상 사람들은 가장 믿어야 될 자기의 성품, 자기 부처, 자기의 마음, 자기의 기미機微, 자기의 소식은 까맣게 망각한 채 다른 걸 믿으려 하고 있으니 될 턱이 있습니까? 안 되는 겁니다. 절대로 안 되는 거예요.

여러분, 가만히 생각해보십시오. '듯'을 누가 굴립니까? 내가 굴리지 않아요? 여러분이 굴리지 않아요? 여러분이 굴리는 그것이 바로 진짜 여러분입니다. 이걸 여러분이 여기서 파악한다면 그만 인생 문제가 해결되는 것 아닙니까? '듯'을 누가 굴리는가. 가는 듯, 오는 듯, 우는 듯, 웃는 듯, 잠을 자는 듯, 밥을 하는 듯, 친구하고 얘기를 하는 듯…… 여러분이 굴리지 않아요? 하지만 여러분이 굴려봤든 찾아내지 못합니다. 모습이 없으니까요. 허공성이니까요. 이거만 여러분이 파악한다면 설법도 더 들을 필요가 없습니다. 그만 인생 문제가 해결되는 거예요. 가령 '죽는 듯'이라면 죽는 것이 아닙니다. 여러분은 항하 모래수의 몸을 받지 않았습니까? 그럼 전생은 어떻게 됐는가? 경계에 닿질리는 마음 씀씀이를 가졌기 때문에 전생에 가졌던 눈, 귀, 코, 혀, 몸, 뜻, 즉 육근六根이 뭉개지자 그 인식도 뭉개져서 전생에 무슨 몸을 가졌는지 잊어버리는 겁니다. 까마득히 잊어버리고 있어요(그리고 잊어버리는 것이 원칙입니다). 왜냐하면 육근이 심부름만 하다가 전부 뭉개졌기 때문이죠. 그래서 눈을 떠도 보이지 않고 귀가 있어도 들리지 않죠. 평상시에는 잘 들렸지만, 그 기관이 완전히 마비돼서 활동이 없어지자 거기서 일어나는 알음알이도 완전히 없어졌어요. 그렇게 되면 알음알이로 알았던 내 전생사도 완전히 녹아버리니, 결국 모르는 것 아닙니까?

그러나 여러분이 알음알이가 아니라 청정 본심을 전생에 그대로 썼다면, 알음알이는 다 뭉개져도 청정본심은 그대로 살아 있습니다. 그때는 자신의 전생이 어떠했는지 알게 됩니다. 이거 과학적 아닙니까? 따라서 지금 여기서 이루어지는 현상, 예컨대 태양이든 지구든 우리 일상생활이든 전부 '듯'입니다. 하지만 이 '듯'에 들어앉지 말아야 합니다. '듯'을 굴릴지언정 들어앉지는 마세요.

여러분이 이 세상에 몸을 나툰 것은 이 말 한마디를 듣기 위해 몸을 나투었다고 해도 과언이 아닙니다. 이 설법이란 것도 여러분의 슬기에 따라 가치가 결정되는 거예요. 내가 지금 말한 '듯'을 여러분이 십 원으로 받아들일 수도 있고, 천 원으로 받아들일 수도 있고, 1억 원으로 받아들일 수도 있을 겁니다. 그건 슬기의 차이에 있죠.

 이 공부를 하면서 깨쳤다느니 미혹했다느니 하는 생각도 갖지 마십시오. 여러분이 미혹했더라도 미혹한 '듯'이고, 여러분이 깨쳤더라도 깨친 '듯'입니다. 그까짓 미迷한 듯, 깨친 듯에 들어앉을 필요가 뭐가 있겠습니까? 그만 그대로입니다. 그만 그대로에요. 이렇게 여러분이 알아서 달려드는 것이 그 자리에서 성불하는 소식입니다. 참말로 이 공부는 이상한 겁니다.

무엇이 나고 죽는가?

 마음 가라앉은 자리가 무엇인가? 깨치지 못하면 마음은 절대로 가라앉지 못합니다. 깨치지 못하면 항상 환상놀이, 즉 생사니 열반이니 하는 명자名字놀이에 늘 휘둘리기 때문에 마음이 들뜨기 마련입니다. 마음이 가라앉는다는 건 절대로 그 자리가 비었음을, 그리하여 진리가 하나라는 것을 딱 깨달아야 비로소 마음이 가라앉습니다. 그렇지 않으면 들뜬 마음을 가라앉히려고 아무리 천근만근 무거운 것을 갖다 놓아도 가라앉지 않아요.
 내가 『성불송成佛頌』에서 "우리 집안은 태어나고 죽는 문門과는 관계없다"고 했는데, 왜 관계가 없느냐 하면 일체가 헛것으로서 실답지 않기 때문입니다. 우리는 꼭두각시가 일어나고 꼭두각시가 멸하는 것을 생사라고 하고 있어요. 과학적으로 볼 때 우리 몸은 적혈구, 백혈구의 세포로 이루어진 하나의 가죽 주머니로서 법칙대로 변해갈 따름이라서 자체의 성품이 없으니, 그렇다면 이 몸은 환(幻: 허깨비, 꼭두각시) 덩어리 아닙니까?

　이처럼 꼭두각시이기 때문에 죽으면 불구덩이나 흙구덩이로 가는 것이지, 진짜 성품 자리는 불구덩이가 천 개 있고 흙구덩이가 만 개 있다 해도 범접을 못합니다. 원래 진짜는 변하는 법이 없어요. 가짜니까 죽지 진짜가 죽는 법이 어디 있습니까? 또 진짜라면 없던 것이 불쑥 나타나는 법이 없습니다. 그래서 나타났다 없어졌다 하는 것을 우리가 지금까지 '나'라고 아끼면서 자기도 모르는 사이에 탐착을 했어요. 그리하여 마치 진짜처럼 생각하지만, 이것이 진짜라면 왜 불구덩이를 갑니까? 설사 불구덩이 속에 있어도 불구덩이가 그 사명을 다 못할 것이고, 흙구덩이 속에 있어도 흙구덩이가 그 사명을 다하지 못할 것은 엄연한 사실 아닙니까? 가짜이기 때문에 불도 이기지 못하고 흙도 이기지 못합니다.

　이 때문에 꼭두각시가 일어나면 생겨났다 하고 꼭두각시가 멸하면 죽었다고 하는데, 여러분, 그 꼭두각시 자체가 실다운지 실답지 못한지 생각해보세요. 실답지 못한 것이 빤하지 않습니까? 실답지 못한 건 허망한 거예요. 그럼 이 허망한 것을 이미 알았다면, 어찌 허망한 것을 붙들고 내가 '죽는다', '산다' 하는 생각을 갖겠습니까? 하지만 너무나 탐착하기 때문에, 또 헛것이라도 너무나 아까워서 옳은 말이라고 인정을 하면서도 자꾸 비끄러집니다. 그러나 냉정하게 생각을 하면 참 허망하고 실답지 않은 거예요.

　이 헛것을 실제로 헛것으로 알기 위해서는 내 몸을 완전히 방하착放下着, 즉 놓아버려야 합니다. 완전히 놓아버린다고 해서 괄시한다는 말이 아니라, 헛것을 쓰긴 쓰더라도 거기에 주저앉질 않는 거예요. 완전히 놓아버리면 어떻게 되죠? 허공이 내 속에 있습니다. 이 말은 너무 커서 믿어지질 않지만, 나의 성품 속에 허공이 그대로 있어요. 이 사실이 어느 정도까지 실감이 갈 줄은 모르겠지만, 이건 절대로 과학적입니다. 내가 고동 껍질(즉, 육신; 편자 주) 속에 딱 들어앉았다면 고동 껍질이 전부 하나의 세상이겠지만, 그걸 완전히 놓아버리면 그만 그대로 허공이 내 속에 있습니다. 그런데도 내가 이 몸을 여의지 못해서 가죽 주머니 안에 딱 들어앉아버리면, 내가 허공 속에 있는 거예요. 요컨대 몸 가운데 들어앉으면 내가 허공 속에 있고, 몸을 방하착하면 나의 성품이 어디서 어디까지 '나'라 할 수 없어서 허공이 내 속에 있습니다. 이 때문에 우리의 성품이 허공을 싸고 있다고 말하는 거예요. 그러나 허공은 사물이 아니므로 말이 그러할 뿐 실제로는 싸는 것도 없고 싸여지는 것도 없이 허공 자체가 바로 '나'입니다. 다만 단도직입적으로 '허공 자체가 바로 나'라고 하면 이 가죽 주머니에 사로잡혀 있기 때문에 도저히 믿지를 못해요. 나아가 허공이라는 말도 빌려온 말입니다. 허공이란 말을 우리가 쓰지만 허공이 어디 있나요?

자기를 보는 것이
부처를 보는 것이다

참으로 부처를 친견親見하는 일은 자기를 모르고선 불가능합니다. 만약 자기를 모르고 친견했다고 한다면 이건 도깨비들이에요. 부처에게 기도를 드려서 부처가 나타났다 할지라도 파순❸의 장난입니다. 쇠로 만든 부처이든 돌로 만든 부처이든 그걸 걷어잡고 부처의 법신 자리를 보아야 합니다. 하지만 법신 자리는 모습으로 나타나는 게 아녜요. 그럼 어떻게 해야 합니까? 바로 자기를 보아야 해요. 자기를 보지 못하고 부처를 본다는 건 이치상 맞지 않습니다.

무엇보다 모든 것의 공리空理, 즉 빈 이치를 요달해야 해요. 말하자면 산하대지든 지옥이든 천당이든 일체가 공空 속에서 이루어져

---

❸ 살자殺者, 악자惡者로 번역. 욕계의 제6천을 지배하는 마왕. 수행자를 교란하고 사람의 혜명慧命을 끊는다고 한다.

변한다는 걸 실감해서 딱 알아버리면, 그때는 눈에 뵈는 것이 전부 석가모니입니다. 눈에 뵈는 것이 전부 관세음보살이고, 눈에 뵈는 것이 전부 문수보살이에요. 내 자신도 문수보살이고, 내 자신도 관세음보살입니다. 마치 부산 광안리의 물거품이 바닷물인 것과 마찬가지에요.

그러므로 무엇보다 자기 자신부터 찾아야 합니다. 자기 자신을 못 찾으면, 죽을 때 부처님이 나 대신 죽어주나요? 배고플 때 나 대신 먹어주나요? 진짜의 '나'는 빛깔도 소리도 냄새도 없는 누리의 주인공이란 걸 확연히 깨달을 때 공부도 되는 것이고 부처님 은혜도 진정으로 갚게 되는 겁니다. 그전에는 공부한다는 것이 도리어 부처님 뜻과 어긋날 수 있어요. 물론 어리석은 사람들을 위해 상像을 만들어놓고 나쁜 짓을 하지 말라는 방편을 쓰긴 썼지만, 그것도 길게 나가면 끝내 큰 병이 되는 겁니다.

번뇌 망상

이 공부는 번뇌 망상을 일으키면 안 됩니다. 번뇌도 자기가 만든 번뇌라서 없애려면 없앨 수 있지만 없애지를 못하고 있어요. 이 때문에 마음 밖으로 다른 것을 구합니다. 설사 설법을 듣고서 자기가 번뇌를 만든다고 생각해도 깨닫지를 못해요. 이거 참 이상한 겁니다. 알면서도 깨닫지를 못해요. 결국 아무리 해도 번뇌를 끊을 수 없자 몸 밖으로 부처님의 명호名號를 부른다든가 다른 신의 명호를 부르면서 뭔가를 구합니다. 이건 사도邪道에요. 자기가 일으켜놓은 번뇌를 자기가 끊을 줄 모르면 이미 사도입니다.

따라서 인생문제의 해결은 바탕만 준비되면, 그리고 그 바탕만 내가 느낄 줄 알면, 인연 관계에 되돌아 뛰어들어서 일도 하고 돈벌이도 하고 계획도 세워 실천합니다. 이렇게 하면 차차 그 업도 녹을 뿐 아니라 번뇌 망상도 저절로 없어지는데, 이런 식으로 번뇌 망상을 여읠 줄 모르고 다른 힘으로 여의려 한들 될 리가 있나요? 부처님이 만

명 있은들 그 사람을 어떻게 하겠습니까? 성신聖神이 만 명 있은들 그 사람을 어떻게 하겠습니까? 자기가 일으킨 번뇌를 어떻게 하겠습니까? 부처님이 대신 번뇌를 끊어줄 수는 없는 법이죠. 그러나 부처님께서 번뇌는 그 당처가 다 비었다, 번뇌는 다 실답지 않으니 망상을 일으키지 말라는 등의 말씀은 했습니다. 더 이상은 말이 안 돼요. 알고 일으키든 모르고 일으키든 망상은 자기 자신이 일으키는 겁니다.

하지만 사람들은 부처님의 말씀을 믿지 않아요. 부처님이 천만 명 있어도 제도하지 못하는 이유가 여기에 있습니다. 따라서 우리는 죽어도 내가 죽고 살아도 내가 산다는 걸 철저히 인식해서 태어나는 것도 하나의 인에 따른 과이고 죽는 것도 하나의 인에 따른 과라는 생각을 가져야 합니다. 모두 다 내가 일으켜서 내가 짓는다는 생각을 가지면 그 과를 위해 좋은 인을 심기 마련이거든요.

그러나 보통 사람들은 이게 잘 안 됩니다. 뻔히 알면서도 안 돼요. 내가 여기서 이런 말을 하는 것도 인이고, 여러분이 내 말을 듣는 것도 인입니다. 잘 알아들으면 알아듣는 대로 과가 나타날 것이고, 잘 알아듣지 못하면 알아듣지 못하는 대로 과가 나타날 거예요. 설법이란 꼭 같은 말을 하는 겁니다. 부처님이 팔만대장경을 설했다 해도 결국 마음 심心자 하나 설명한 거예요. 부처님은 마음 심자 하나를 정법定法으로도 설명하고 무정법으로도 설명해서 그 사람의 근기에 따라 했습니다.

그러니 여러분, 오늘은 번뇌 망상을 막 일으켜보세요. 그러다 보면 '아, 내가 참말로 번뇌 망상을 일으키는구나' 하는 걸 알게 됩니다(그러나 근기가 약한 사람들은 몰라요. 단지 갑갑할 뿐입니다). 결국 내가 번뇌 망상을 짓고 내가 없애기도 한다는 걸 알면 재미가 나요. 그때는 망상을 부려도 '이것이 망상이 아니라 진심에서 오는구나' 하는 걸 알게 됩니다. 그렇다면 그것이 그거고 그것이 그거구나(망심이 진심이고 진심이 망심이란 뜻; 편자 주), 이렇게 알아놓으면 천하에 겁날 것이 없어요. 그렇다고 해서 나쁜 일 하라는 것도 아니고 또 나쁜 인(因)을 만들 필요도 없습니다. 결국은 좋은 일을 하고 좋은 인을 심을 수가 있어요.

잘 아시겠지만 여러분에게 당당한 권리가 하나 있습니다. 태어나는 권리. 하지만 아무것도 모르는 사람들은 내가 태어났는지를 몰라요. 10여 살은 먹어야 비로소 알죠. 태어나는 줄 모르는 걸 모르는 대로 돌려버리면 우리하고 아무 상관이 없지만, 하지만 모르든 알든 간에 나는 태어날 권리가 있습니다. 왜 그런가요? 이 세상에 태어나는 건 전생에 지은 인연대로 태어나기 때문입니다. 그렇다면 지금 여러분들이 지은 그대로 후생에 또 태어날 것 아니겠어요? 다시 이 몸을 버리고 후생에 가서 태어나는 거죠. 그렇다면 여러분은 이 자리에서 현재와 과거와 미래를 알 수 있습니다. 여러분이 이 자리에 앉아서 공부하려고 애를 많이 쓰고 있으니, 그럼 전생의 인을 알 수 있지 않겠어요? 또 지금 현재 공부한다고 애를 쓰는 것이 과가 되니, 그럼 내생을 아는 것 아니겠어요? 이처럼 여러분의 과거를 알려면 지금 현재를 보면 알 수 있고, 또 미래도 지금 현재를 걷어잡고 생각하면 알 수 있습니다.

따라서 우리에게 가장 걱정되는 것은 무엇인가 하면 바로 이 몸을 버리는 겁니다. 태어나는 것도 권리이고 죽는 것도 권리인데, 이 권리의 행사를 모른 채 '아, 나는 죽는다'고만 생각해요.

다시 강조하자면 나고 죽는 것은 우리가 주동적으로 하는 겁니다. 그 이유는 여러분이 없으면 나고 죽음이 없기 때문이에요. 이 말 알겠습니까? 어째서 주동적이죠?

A: "내가 없으면 삶도 없고 죽음도 없기 때문입니다."

맞습니다. 내가 없으면 낳는 것도 없고 죽는 것도 없어요. 그렇다면 내가 주동적 아닙니까? 나고 죽는 걸 모르더라도 주동적이란 말이에요. 그런데도 세상 사람들은 수동적으로 움직입니다. 자기 나름의 전생 인연관계로 내가 태어나는 것이라서 전생에 좋은 인을 심었다면 이 세상에 와서 좋은 과보를 받고 나쁜 인도 섞여 있다면 이 세상에 와서 고생을 하는데, 이 도리를 알면 나쁜 일이 닥치더라도 전생의 인으로 받는 과라고 생각해서 인과를 곱게 받아들이는 법입니다. 그 과보를 받아들이지 않으려고 허덕거리면 도리어 그것이 인이 되어서 더 불행한 과를 가져오거든요.

이 때문에 예전 도인들은 전부 받아들입니다. 누가 욕을 해도 '아, 내가 전생에 그런 인을 지었구나' 하면서 전혀 동요가 없고, 또 고생을 하면 '아, 내가 전생에 남을 많이 괴롭혀서 이 고생을 하는구나'라고 생각해서 전부 받아들여요. 그러면 고생을 해도 도리어 재미가 나는 겁니다. 내가 아플 때 '아, 전생에 나쁜 업을 지어서 병이 났으니 이걸 받아들여 빚을 갚아야지' 하면서 그대로 받아들이면, 그것이 바로 전생의 업을 그대로 갚는 것 아닙니까? 인생살이에는 외상이 없어요.

설사 젊어서 죽는다 해도 '내가 전생에 살생을 많이 해서 젊은 나이에 병들어 죽는구나' 하면서 좋게 받아들입니다. 그렇다면 일찍 죽게 되는 것도 자기가 만든 것 아닙니까? 자기가 만들어놓고 자기만 오래 살겠다고 하면 되겠습니까?

그러므로 우리는 빚을 갚는 방향으로 나가야 합니다. 허나 세상 사람들은 빚을 갚는 방향으로 가지 않고 도리어 남한테 얻는 방향으로 가고 있어요. 그럼 그 과보가 장차 어떻게 되겠습니까? 여러분들이 생각해보세요. 이거 참으로 중대한 말입니다. 이거 절대성 자리가 짓는 대로 그렇게 되는 거예요. 기막힌 사실입니다.

우리가 몸을 버린 후엔 어디로 가든 반드시 가기 마련입니다. 마음속의 천 가지 만 가지 번뇌 망상이 굳혀지면서 그 버릇대로 가서 그에 맞는 몸뚱이를 받아요. 만약 성질이 남을 때리고 시비하길 좋아하면 그런 버릇을 쓸 수 있는 몸을 받는 겁니다. 사나운 개나 코끼리 같은…… 반면에 마음 씀씀이가 착하고 유순하면 그런 마음을 쓸 수 있는 몸을 받는 거예요. 이렇게 좋은 인을 심으면 인간계나 천상계에도 태어날 뿐 아니라 우리가 사는 세상도 평화스러울 겁니다.

겁 밖의 사람

겁劫 밖의 사람이 겁 밖의 시時, 겁 밖의 처處에서 겁 밖의 선禪을 한다. 우선 겁 밖의 사람이란 걸 한번 생각해봅시다. 나는 우리가 겁 밖의 사람이란 걸 절대로 믿습니다. 나도 겁 밖의 사람이지만 여러분도 겁 밖의 사람이에요. 죽을 수가 없으니 겁 밖의 사람 아닙니까? 태어나고 죽는 것은 전부 상대성놀이로 가짜입니다. 허나 이 상대성은 절대성 위에서 이루어지니까 진짜라고 해도 돼요. 알면 진짜라고 해도 됩니다.

사실 우리 몸뚱이를 겁 밖의 사람이라고 해도 상관없지만, 실제로는 몸뚱이 말고 그 몸뚱이를 끌고 다니는 그 자리가 진정으로 겁 밖의 사람이 아니겠습니까? 그 자리에는 시공간이 들어붙지 않아요. 따라서 겁 밖의 사람이라고 해야죠. 참으로 겁 밖의 사람이라면 겁 밖의 때, 겁 밖의 곳은 저절로 있게 마련입니다. 사실 이런 것들도 단지 말마디(言句)에 불과하지만 어쨌든 겁 밖의 사람, 겁 밖의 때, 겁 밖의 곳을 우리가 인정해서 쓰는 겁니다. 우리가 쓰는 거예요. 이것만 여러분이 납득하면 밝음이 오면 밝음을 치고 어두움이 오면 어두움을 쳐서 밝지도 않고 어둡지도 않은 자리를 드러냅니다.

참고적으로 말씀드리겠는데, 여러분이 선禪을 하다 보면 광명이 일어날 때가 있습니다. 캄캄한 밤에 불을 끄고 선을 하는데도 환하게 나타나요. 산하대지도 나타나고 태양이나 달, 별도 환하게 나타납니다. 심지어 우리 육안으로는 자세히 보이지 않는 솔잎 하나하나까지 환하게 보이는데, 이 때문에 '밝지도 않고 어둡지도 않다'고 말할 수밖에 없습니다. 밝지도 않고 어둡지도 않다는 이 풍광이 진짜에요. 그래서 새말귀에 "밝지도 않고 어둡지도 않은 바탕을 나투자"고 써놓은 겁니다.

그리하여 밝음이 오면 밝음으로 치고 어둠이 오면 어둠으로 친다는 것은 타협을 하지 않고 들어앉지 않는다는 뜻입니다. 세상의 즐거운 일에도 타협하지 않고 좋은 일에도 타협하지 않으면서 이 자리에서는 모든 걸 다 되돌려버립니다. 좋은 일은 좋은 일에 돌려버리고 나쁜 일은 나쁜 일에 돌려버려서 타협하지 않는 거예요. 이렇게 사는 것은 육신이 사는 것이 아니라 육신으로 하여금 법성신이 살아가게 함을 뜻하는 겁니다. 요컨대 법성신 놀이지 육신의 놀이가 아니에요. 육신은 먹여주는 것이 육신입니다. 나의 관리물이니까 먹여줘야 하거든요.

이처럼 색신(色身; 육신)은 먹여주는 데 그 목적이 있지만, 법성신에서는 밝음이 오면 밝은 데로 돌려버리고 어두움이 오면 어두운 데로 돌려버려서 타협을 하지 않습니다. 눈에 비친 경계에 타협하지 않는다 해서 모른 척 한다는 건 아녜요. 좋고 나쁨도 분별하고 쓸 자리가 있으면 쓸 자리도 분별하지만 거기에 들어앉지 말자는 겁니다. 산하대지를 부정하는 것이 아니라 거기에 깊이 얽혀서 이런저런 번뇌 망상을 일으키지 말자는 거예요. 이렇게 모습을 여의고 타협하지 않는 것이 법성신의 양식이고 법성신의 할 바이고 절대성의 할 바입니다.

　타협하지 않는다는 것은 경계를 대하더라도 거기에 얽히거나 들어앉지 않는 것이니, 이거야말로 법신을 위하는 거예요. 색신은 자꾸 변해서 실답지 않은 가짜이지만 법신은 변함이 없는 진짜이기 때문에 법신을 위하는 것이 영원한 법공덕을 이루는 겁니다. 가령 『금강경』을 보면 보시를 할 때 아상我相을 내지 말라고 하죠. 이는 아상을 무시하라는 것이 아니라 다만 관여하지 말라는 거예요. 아상을 내세우면 색신을 위한 보시가 되지만, 관여를 하지 않고 무심으로 한다면 법신의 공덕이 이루어집니다. 법신의 공덕은 빛깔도 소리도 냄새도 없으니, 보시의 공덕도 빛깔도 소리도 냄새도 없어야만 법신과 융합하지 않겠어요? 이처럼 법신의 공덕은 영원하지만 색신의 공덕은 그가 살아 있을 때는 대우를 받다가도 죽고 나면 점점 없어지고 맙니다.

　따라서 법신의 공덕을 지으려면 겁 밖의 사람이 되어야 하는데, 어떻게 하면 겁 밖의 사람이 될 수 있을까요? 바로 앞에서도 말했듯이 타협을 하지 않되 끌어안아야 합니다. 배척함이 없이 용도가 있으면 잘 쓰되 억지로 번뇌 망상을 일으켜 이런저런 타협을 하지 말라는 거예요. 눈, 귀, 코, 혀, 몸의 오근五根에 타협하지 않고 초연하다면 바로 그 자리가 겁 밖의 사람입니다. 그 자리가 바로 부처 자리이자 누리의 주인공 자리이고, 석가세존이 태어나자마자 '천상천하 유아독존天上天下 唯我獨尊'이라고 말한 소식입니다.

실로 우리는 이런 자리에 앉아 있어요. 우리의 본성은 바로 부처 자리입니다. 이 때문에 내가 '십자송十字頌'이란 게송을 지으면서 첫 구절에 "일체 중생은 본래 부처이다(一切衆生本來佛)"라고 한 거예요. 또 부처나 겁 밖의 사람 말고도 중생불衆生佛이란 명칭으로 설법한 적이 있습니다. 중생불이란 말은 경전에도 없지만 있고 없는 것이 무슨 상관입니까? 일체 중생이 본래 부처입니다. 석가세존도 중생으로서 부처가 됐어요. 석가세존도 성불했기 때문에 내가 하겠다는 겁니다. 만일 석가세존이 성불하지 못했다면, 그렇게 몇 겁을 닦은 분이 부처가 되지 못했다면 나는 포기하겠어요. 그러나 석가세존이 공부를 해서 대성했기 때문에 나도 자격이 있습니다. 그런데도 전부 이 점을 망각하고 있어요.

물론 자격을 갖고 있으니까 그에 대한 적당한 방편이 있어야겠죠. 하지만 방편은 수시로 있어요. 오늘 이런 말을 하는 것도 방편입니다. 겁 밖의 사람이 겁 밖의 때(時)에 겁 밖의 곳에서 겁 밖의 선禪을 한다는 것도 하나의 방편 아닙니까? 어느 것 하나 방편 아닌 것이 없어요. 버스가 가고 기차가 가는 것, 시집을 가고 장가가는 것도 전부 방편입니다. 참으로 불도佛道를 구하는 것은 가정을 갖는 거예요. 승려들이 삭발을 하는 것은 과정에 지나지 않습니다. 그래서 방편은 수천 가지에요. 다만 방편을 굴리는 걸 몰랐을 뿐이죠. 방편도 시절과 인연에 따라 달라져야 합니다. 화두를 가진 사람에게도 적어도 하루 한 번 설법을 통해 그 자리를 깨우쳐주어야 해요. 그럼 대성大成하고 안 하고는 자기 자신에게 달렸지만 백 명 중 절반은 딱지가 떨어집니다. 딱지가 떨어지면 공부는 저절로 되는데, 이건 역시 일체 중생이 본래 부처이기 때문에 그런 거예요.

하지만 종교인이면서도 모습놀이 하는 사람이 많습니다. 모습놀이에 빠져서 부처의 씨를, 깨달음의 씨를 없앤다면 죄가 많아요. 여러분 생각해보세요. 죄가 되지 않겠습니까? 참으로 겁 밖의 사람 자리에서 겁 밖의 사람이 될 종자를 끊어낸다면 어찌 되겠습니까? 참 큰 일입니다.

중생이란 상대성으로서의 중생이기 때문에 상대성을 걷어잡고 절대성으로 돌아가는 것이 불법이라고 생각합니다. 상대성은 실답지 않아서 생겼다가 없어지는 것이며, 절대성은 불변체로서 없어지려야 없어질 수 없는 우리의 실존입니다. 또 상대성놀이에서는 생사가 있고 좋고 나쁨이 있고 귀하고 천함이 있는데, 이 모든 것이 알고 보면 전부 자기가 지은 겁니다. 자기가 짓지 않았다면 누가 지었겠습니까? 여러분이 부처님 한 분씩을 다 모시고 있는데도 하나의 망념을 일으켜서 그 망념을 '나'라고 하며 모든 걸 굴리고 있어요. 이 때문에 부처님은 꼼짝없이 갇혀 있습니다. 망념이란 놈이 어찌나 센지 부처님은 고개도 못 내밀어요. 그러니 여러분 부처님을 너무 괄시하지 말고 문을 살짝 열어주세요. 부처님은 그렇게 고생을 했으면서도 미워하지 않고 고마워합니다.

자, 여러분 도道에는 승속이 없고 귀천이 없고 남녀가 없는데, 이 도를 어떻게 이루어야 합니까? 나는 도를 이루기 위해서는 바탕부터 준비해야 된다고 생각합니다. 바탕은 어떻게 준비해야 하나요? 우선 누리가 생긴 도리를 알아야 합니다. 누리가 생긴 도리는 절대성 자리인 허공을 알면 어렵지 않습니다. 태양도 허공성, 지구도 허공성, 별도 허공성, 나무도 허공성, 돌도 허공성, 물도 허공성, 흙도 허공성, 나아가 우리의 몸도 허공성, 머리털도 허공성, 뼈도 허공성, 세포도 허공성이니, 이처럼 일체만법이 허공성임을 안다면 바탕을 마련하는 것이 그리 어렵지 않습니다. 가령 땅에 샘을 팔 때 허공이 한쪽에 기다리고 있다가 샘을 다 판 후에 쏙 들어간 것이 아니라 일 미터를 파든 몇십 미터를 파든 그대로 허공이 나오는데, 바로 허공성이기 때문에 그런 결과가 나오는 것 아닙니까? 그렇다면 '나'도 '허공으로서의 나'입니다. 이 허공성을 예전에는 견성을 해야 알았습니다.

마음에 점 찍을 자리가 없다

우리의 본래 성품은 원래 말쑥한 자리라서 분별이 있을 수 없어요. 분별이 없으면 염라대왕도 찾지 못하고, 신장神將도 보지 못합니다. 그래서 화두(새말귀)를 가지면 항상 '내'(본래의 성품: 편자 주)가 일한다, '내'가 지금 걸어간다, '내'가 얘기한다, '내'가 밥을 먹는다는 식으로 해나가야 해요. 처음에는 잘 되지 않지만 나중에는 차차 됩니다. 왜냐하면 우리의 본래 성품이 실다운 것도 아니고 실답지 않은 것도 아니기 때문이에요. 왜 실답지 않습니까? 무슨 모습이 있어야 실답죠. 그렇지 않습니까? 모습이 있어야 실다운데, 모습이 없으니 실답지 않단 말입니다. 그렇다고 실답지 않은 것도 아닙니다. 왜냐하면 보고, 듣고, 말하고, 오고 가고, 이리 뛰고, 저리 뛰기 때문이에요. 그러니 실답지 않은 것도 아니란 말입니다.

 무엇보다 이 말쑥한 자리를 인식하는 것이 대도大道입니다. 이 말쑥한 자리는 절대성 자리인데, 그 자리에 턱 앉으면 상대성이야 마음대로 할 수 있습니다. 그러니 이 말쑥한 자리를 그대로 인정하는 것이 천하의 대도에요. 부처님도 과거에 그렇게 공부를 했고, 조사님들도 과거에 그렇게 공부를 했고, 현대의 지식인들도 이렇게 공부해야 하고, 미래의 학인들도 이렇게 공부를 해야 하지, 자기는 제쳐놓고 다른 법을 구한다면 자기 자신도 구하지 못할 뿐만 아니라 중생 제도는 있을 수 없는 겁니다.

이 말이 참 간단한 것 같죠? 말쑥한 자리. 즉 마음. 부처님의 49년 설법도 마음 심心자 하나 갖고 하시지 않았어요? 이런 저런 방편을 쓰다가 때로는 신통까지 나타냈지만 결국 "난 한마디도 말한 것이 없다"고 하셨어요. 말하자면 마음에 하나도 걸지 않았습니다. 왜 걸지 않았냐고요? 마음에 걸 자리가 있어야 걸죠. 만약 부처님 마음에 어떤 것이 있었다면 걸렸을지도 모르지만 걸려고 해야 걸 자리가 없습니다. 하지만 중생들은 마음이란 걸 생각해서 마음이란 모습을 두기 때문에 거기에 걸립니다. 시공간이 들어붙어요.

여러분, 이 불법이 얼마나 과학적입니까! 내가 과학이라고 할 때는 꼭 맞다는 뜻입니다. 부처님이 49년을 설법했다 해도 그 말쑥한 자리─여러분도 이 자리는 걷어잡지 못합니다─의 어디에다 점을 찍죠? 49년을 설법했으면 마음에 점을 딱 찍어야 하는데 어디다 찍습니까? 마음에 점을 찍지 못하는 건 마음에 머물지 않는다는 말입니다. 이거 과학적 아닙니까? 관념이 아니에요. 이거 알고 보면 참 눈물 나고, 겁나고, 재밌습니다. 마음에 점 하나 찍을 자리가 없어요! 그래서 그 말쑥한 마음 씀씀이는 그만 온 누리의 마음 씀씀이를 그대로 쓰는 겁니다.

여러분, 이제 알겠죠? 부처님은 "내가 49년을 설법했어도 한 글자도 설한 것이 없느니라"고 하셨는데, 그 다음에 나오는 조사들의 말씀이 멋집니다. 부처님 제자가 아니면 그런 말씀 못해요. 조사들은 "부처님의 49년 설법은 거북 털과 토끼 뿔이 허공에 꽉 찬 것"이라고 말씀했습니다. 이 표현이 얼마나 좋습니까! 자, 내가 했다는 점을 딱 찍어야 하는데 점 찍을 자리가 없단 말입니다. 점 찍을 자리가 있다면 그건 정법定法 아닙니까?

　내가 오늘 저녁에 설법하지 않았습니까? 내가 설법을 했다고 하면, 내가 어디다 점을 찍죠? 점 찍을 데가 없는데도 불구하고 내가 환幻의 마음, 꼭두각시의 마음을 일으켜서 꼭두각시 점을 찍은 것 아닙니까? 그러니까 그 자리에 꼭두각시 마음을 일으켜서 꼭두각시 점을 찍어놓으면 어떻게 되죠? 만약 그렇다면 내 설법은 전부 거짓입니다. 도깨비놀음이에요. 파순이 설법입니다. 점이 없어야 합니다. 설법을 한다는 개념이 전혀 없어야 해요. 왜냐하면 점 찍을 곳이 없기 때문입니다. 여러분, 이제 알겠죠? 여러분들도 점 찍을 곳이 없어요. 여러분이 내 말을 들을 때 들음 없이 들으라고 하는 말이 그 말입니다. 들음 없이 듣지 않고 '내가 들었다'고 하면, 이미 나라는 걸 인정해서 마음에 어떤 모습을 만들어 점을 하나 딱 찍은 겁니다. 또 들음 없이 듣는다고 해서 멍텅구리처럼 한쪽 귀로 듣고 한쪽 귀로 흘리라는 말은 아닙니다.

　어쨌든 무형무색의 말쑥한 그 자리에 점을 찍지 말아야 합니다. 무형무색인 그 자리에 점을 찍을 수 없는데, 공연히 우리가 없는 것을 만들어서 없는 점을 찍는다면 허깨비놀음 아닙니까? 따라서 실답다, 허망하다, 참이다, 거짓이다 하는 것도 전부 환幻의 말마디인데, 걷어잡을 수 없는 마음을 만들어서 '이건 참이다', '이건 거짓이다' 하면서 점을 찍는다면 바로 곡두놀음 아닙니까? 우리가 과학적으로 생각해볼 때 전부 곡두놀음에 지나지 못하다는 걸 알고도 남음이 있지 않습니까? 그래서 여기도 들어앉지 말라, 저기도 들어앉지 말라고 하는 겁니다. 우리가 이 사실을 완전히 파악하면 '죽는다'는 것도 점이 찍히지 않습니다. 이 사실을 알면 생사의 성품이 일여一如하지 않습니까? 상대성놀음 아닙니까? 거짓 아닙니까? 이 사실을 알면 이 자리에서 죽는다 해도 그 '죽는다'는 점을 찍지 않습니다. 만약 '내가 죽는다'고 하면 점이 하나 찍히는 것 아닙니까? 점이 하나 찍히면 그 마음 자리는 어두운 겁니다. 대수롭지 않은 조그만 점만 찍어놓아도 온누리가 전부 어두워집니다. 이거 참 묘해요. 조그만 점만 찍으면 여기만 어둡고 다른 데는 환해야 할 텐데, 우리의 성품 자리는 그렇지 않습니다. 이 점이 조그만 점인데 끝이 없는 허공과 똑같은 점이 됩니다. 여기에 겨자씨 하나에 삼천대천세계가 들어가는 소식이 결부됩니다.

  점을 찍지 않는 건 어디에도 머물지 않는다는 뜻입니다. 하지만 우리가 상대성놀이를 하는데 머물지 않을 수 있나요? 보지 않을 수 있나요? 듣지 않을 수 있나요? 능히 보고, 능히 듣고, 능히 이리저리 굴리지만 머물지 말라는 뜻입니다. 머물면 내 마음에 점을 하나 찍어놓은 거예요.

법은 본래 생겨나지 않는다

법은 본래 생겨나지 않습니다. 하지만 글자만 알아서는 그 뜻을 이해하지 못해요. '법은 본래 생겨나지 않는다'를 알기 위해서는 먼저 법이 무엇인지부터 이해해야 합니다. 도대체 법을 어떻게 설명해야 할까요? 설명이 되지 않습니다. 법은 설명이 되는 것이 아녜요. 법의 성품, 즉 법성法性은 원적圓寂합니다. 원적이란 빛깔도 소리도 냄새도 없는 거예요. 그러면서도 산하대지가 여기서 나오는 겁니다.

법성이 원적하니 비롯도 없고 마침도 없습니다(無始無終). 그리고 "허공이 기미幾微를 나투면 성품이요, 성품이 기미를 거두어버리면 허공이다"라고 말한 적이 있는데, 법성의 원적한 자리를 이 말과 대조해서 한번 생각해보세요. 다시 한 번 말하지만, '허공에'가 아니고 '허공이'입니다. 허공이 기미를 나투면 성품이요, 성품이 기미를 거두어버리면 허공입니다. 여러분, 이 말을 간단하게 듣지 말아요. 이거 굉장한 말입니다.

이걸 생각하면서 법의 성품에 대해 알아봅시다. 법의 성품은 언제 생겼다거나 언제 없어진다는 것이 없습니다. 만약 언제 생겼다고 하면 반드시 언제 없어진다는 말이 성립되지만, 법의 성품은 생긴 때가 없어요. 그래서 '그만 그대로'라고 말하고, '비롯도 없고 마침도 없다(無始無終)'고 말합니다. 그 다음에 지리智理는 허공입니다. 지극한 철(智)의 도리는 허공처럼 비었어요. 법의 성품은 두렷하면서도 적적해서 비롯도 없고 마침도 없으며, 철의 도리는 바로 허공이라서 인因도 없고 과果도 없습니다. 인과라든가 비롯(始)과 마침(終) 따위는 제2의 문제, 상대성에 속하는 문제입니다. 하지만 법의 성품이나 철의 도리는 절대성에 속하는 문제에요. 이 절대성을 이理라고도 하고 체성면體性面이라고도 하는데, 말하자면 여러분의 살림살이입니다. 이 절대성 자리에는 생멸이 없습니다. 모습을 떠난 자리니까요. 생겨나고 멸하는 것의 앞소식이 절대성이며 생멸도 이 절대성에서 나온 겁니다.

이 절대성 자리는 아무것도 없는 해말쑥한 하나의 생명체로서 비롯도 없고 마침도 없고 인도 없고 과도 없는 자리인데, 여기서 한 생각을 일으켜서 정情을 두고 뜻을 두고 생각을 두고 헤아림을 두기 때문에 명자名字가 생기는 겁니다. 바로 이걸 법이라고 하는 거예요. 생사라 하는 것도 명자이고, 남자다 여자다 하는 것도 명자이고, 하늘이다 땅이다 하는 것도 명자이고, 좋다 나쁘다 하는 것도 명자입니다.

이 명자가 법의 바탕인데, '법은 본래 생겨나는 것이 아닙니다.' 본래 생겨나는 것이 아니니 죽는 것도 아니죠. 그럼 어째서 사람 따위가 생겨났다 죽었다 하죠? 어째서 꽃이 피었다 졌다 하죠? 어째서 지구가 생겨났다가 지구가 없어지는 것이죠? 이것이 문제입니다. 원래 이 자리는 나는 것도 없고 죽는 것도 없는데, 그러면 났다 죽었다 하는 건 무엇입니까? 헛것입니다. 명자입니다. 그럼 명자는 어디서 생기죠? 뜻을 두고 생각을 두는 데서 생깁니다. 그래서 늘 하는 말이지만, 한 생각을 일으켜 좋다 나쁘다는 생각을 두는 데서 무명이 이루어집니다. 그리고 이 무명에서 숱한 명자가 막 쏟아지고 유정과 무정이 쏟아집니다. 그러나 그 바탕은 절대성 자리에요. 여기가 좀 어려운 점입니다.

왜 어려운가? 말마디만 아는 것이 아니라 바로 이 자리에 들어앉아야 하기 때문입니다. 그래야만 확실히 알게 됩니다. 그럼 이 자리에 들어앉으려면 어떻게 해야 하나요? 정情이 끊어져야 합니다. 다시 말하자면 식識이 끊어지고 정이 끊어져야 해요. 여러분이 참선하는 것도 이 경지에 이르기 위해 참선하는 거예요. 지금 여러분이 좋다 나쁘다 생각하는 것이 전부 명자입니다. 원래 이 자리는 명자가 없지만 정을 두고 분별하는 데서 숱한 명자가 나와요. 여러분은 바로 이걸 알아야 합니다. 이것만 알면 문제는 저절로 해결이 됩니다.

따라서 생겨났다고 하는 것도 전부 명자입니다. 생겨났다 하더라도 이 절대성 자리가 나타나는 건 아니거든요. 뭐가 나타나겠습니까? 이 절대성 자리에는 아무것도 없어서 인도 없고 과도 없습니다. 나중에 명자를 나투어서 인과를 쓰는 거예요. 절에서 『인과경』을 사람들이 많이 읽는데, 그건 권도權道지 참다운 도는 아닙니다. 그거 실다운 것 아니에요. 인과라는 건 전부 권도입니다.

시공간

대도를 성취하려면 허공을 걷어잡아야 합니다. 그리고 허공 자체에는 늦고 빠름이 없는데, 빠르고 늦다는 생각을 갖는 우리가 어찌 빠르고 느림이 없는 그 당처를 맛볼 수 있겠습니까? 이 때문에 허공을 걷어잡기 위해서는 빠르고 늦음이 없는 마음가짐을 가져야만 허공을 직접 접할 수 있어요. 혹시라도 마음이 바쁘면 그 바쁨이 가로막아서 몇천만 년을 가도 본래의 소식, 즉 의젓해서 움직이지 않는 여여부동如如不動의 자리를 걷어잡을 수 없습니다.

이 허공 속에 벌어진 모습(우리 몸뚱이도 모습입니다)은 자체성이 없습니다. 그래서 제멋대로 굴러가지만 그 모습을 굴리는 자리는 자체성이 없는 하나의 슬기 자리에요. 이 슬기 자리는 그야말로 거래가 끊어졌고, 거래가 끊어졌기 때문에 시공이 끊어졌고, 시공이 끊어졌기 때문에 노소가 없고, 노소가 없으니 생사가 없고, 생사가 없으니 천당과 지옥이 무너지는 소식입니다. 생사나 노소, 천당과 지옥은 모습을 두고 하는 말이니까요.

이 슬기 자리, 즉 법신 자리는 아주 해말쑥한 자리가 그대로 의젓하지만 빛깔도 소리도 냄새도 없어요. 빛깔도 소리도 냄새도 없는 이 자리에서 어떻게 살림살이가 이루어지느냐 하면 바로 헛것(즉, 가짜)을 나툼으로써 이루어집니다. 가짜 색신을 나투고 가짜 극락세계를 나투고 가짜 지옥을 나투지만 한 번 들어가놓으면 그게 가짠지 알아지나요? 중생들은 극락세계에 가도 진짜로 알고, 지옥에 떨어져도 진짜로 알고, 내 몸뚱이를 놓고도 진짜로 알지만, 그러나 이 도리를 참으로 알면 지옥이라 해서 싫어할 필요도 없고 극락이라 해서 좋아할 필요도 없습니다. 벌써 싫어하고 좋아하는 것 자체가 하나의 번뇌에요.

따라서 지옥도 마음대로 굴려서 쓸 줄 알아야 하고 극락세계도 쓸 줄 알아야 합니다. 지옥을 쓸 줄 모르는 사람이 극락세계를 어떻게 쓸 겁니까? 지옥을 쓸 줄 알고 극락을 쓸 줄 아는 사람은 어떤 사람인가요? 빠르다 늦다, 좋다 나쁘다는 관념이 끊어진 자리에 앉아서 되돌아 빠르고 늦음, 좋고 나쁨, 생과 사를 쓰는 사람입니다. 이건 전부 가짜니까요. 하지만 가짜를 쓰는 건 좋지만 가짜의 앞소식에 진짜가 있다는 걸 절대로 잊지 말아야 합니다.

이 시공간이 끊어진 절대의 소식을 여러분이 갖고 있습니다. 여러분이 이 절대의 소식을 갖고 있지 않으면 이 몸뚱이를 나투지 못해요. 그런데 답답하게도 여기서 설법을 들을 땐 긍정하다가도 문밖에만 나가면 이 몸뚱이에 치우쳐서 꼼짝달싹 못하고 있습니다. 이 버릇을 어떻게 버릴 수 있을까요? 가장 먼저 모습놀이를 하지 말아야 합니다. 모습놀이를 하면 시공간이 살아나고, 시공간이 살아나면 자연히 빠르고 늦음이 있을 것 아니겠습니까? 모습놀이를 하지 않기 위해서는 육신의 모습놀이부터 하지 말아야 합니다. 물론 육신을 내 관리물로서 잘 보살펴야 하지만……

*

다시 말해 이 몸뚱이가 아플 때 몸뚱이 자체는 느낌이 없기 때문에 아픈 줄을 모르고 법신이 그걸 압니다. 하지만 법신이 아파서 아픈 것은 아니에요. 이거 참 묘한 도리입니다. 이 몸뚱이가 세파에 시달려서 괴로워도 몸뚱이는 느낌이 없으니까 괴로운지 뭔지 자기가 아나요? 괴롭다고 아는 것은 법신이 알아요. 하지만 법신이 알지언정 법신 자체가 괴로운 것은 아닙니다. 법신 자체에는 괴롭다거나 즐겁다는 것이 들어붙을 자리가 없어요.

그러므로 우리가 이 도리를 안다면 어떻게 해야 합니까? 법신에 주저앉아도 안 됩니다. 법신에만 주저앉으면 그만 한쪽에 치우친 것이라서 희론戲論이 되기 때문이죠. 또 색신에만 들어앉아도 한쪽에 치우친 것이라서 희론이 됩니다. 그럼 마음가짐을 어떻게 가져야 하나요? 산하대지를 보되 산하대지라는 꿈(혹은 그림자)으로 인정하는 겁니다. 꿈은 헛것이지만 꿈을 인정하지 않는 법은 없어요. 그림자는 헛것이지만 그림자 자체는 인정해야 합니다. 법신의 전체 성품의 그림자거든요. 산하대지든 천당이나 지옥이든 다 그림자입니다. 그림자는 인정할지언정 그 성품이 적멸하다면, 이건 우리가 그림자를 그대로 알아서 잘 쓰는 겁니다.

여러분이 몸을 굴리는 그 슬기 자리, 그 시공간이 딱 끊어진 자리를 알면 춤출 겁니다. 춤춰도 좋으니, 이럴 때 춤 한번 추세요. 참으로 여러분은 시공간이 끊어진 그 자리에 앉아 있습니다. 하늘과 땅이 생기기 전의 자리에 지금 앉아 있어요. 그리고 태양이나 지구가 뭉개진 후라도 여러분의 그 자리는 그대로 있어요. 물론 여러분의 몸뚱이는 그렇지 못하지만 걱정할 것은 전혀 없습니다. 몸뚱이 자체에 자체성이 없는데 그까짓 거 무슨 상관있나요? 자체성이 없기 때문에 불 속에 집어넣어도 그만이고 흙 속에 집어넣어도 그만입니다. 여러분의 몸뚱이에 생사가 있다 할지라도 자체성 없는 놈이 생사가 열 번 아니라 천 번, 만 번 있은들 무슨 상관있나요? 그까짓 거 자기가 가는 대로 가면 그만 아닙니까? 자체성이 가는 건 아니거든요. 이 몸을 끌고 다니는 '나(법신)'는 불속이나 흙 속으로 가지 않습니다. 이거 사실을 말하는 거지 관념으로 말하는 게 아니에요. 이 사실을 여러분은 과학적으로 알아야 합니다.

이렇게 알면 생사 문제가 여기서 해결되는 것 아닙니까? 우리가 생사 문제 하나 해결하면 그만이지 더 이상 뭘 할 겁니까? 물론 법을 잘 굴리는 것도 좋지만 그건 차후 문제로 합시다.

그러나 여러분들이 공부를 이렇게 닦지 않고 어떤 훌륭한 신이나 부처님에 의지해서 '나'를 내세운다면 어찌 됩니까? 모습놀이밖에 더 됩니까? 물론 팔만대장경에서도 부처에게 귀의하라, 부처를 믿으라고 하지만 다른 부처(他佛)를 믿으라는 말이 어디 있습니까? 이 부처(佛)란 글자는 타불이 아니라 자불自佛을 말합니다. 반야경을 읽든 천수경을 읽든 팔만대장경 어느 구석에 남의 부처에게 의지하란 말이 있습니까? 부처님께서는 이 말 한마디 가르치기 위해 이 세상에 오셨습니다. 부처를 믿으라는 말은 많지만 어디까지나 자불을 뜻하는 겁니다. 왜냐하면 부처님의 법성신 자리와 중생의 법성신 자리가 둘이 아니고 하나이기 때문이에요.

물론 법성신 자리에서 한 가닥 여김(念)을 일으켜 각자 노는 것은 다르지만, 그러나 타이어에 구멍이 크게 뚫어지면 큰 소리가 나고 적게 뚫어지면 적은 소리 나더라도 타이어 안의 공기는 하나가 아닙니까? 이처럼 부처님께서는 타불을 말한 바가 없으니 우리는 절대로 타불에 의지하지 말아야 합니다. 왜냐하면 석가모니불은 내 자성으로서의 석가모니불이니까요. 내 자성이 없는데 석가모니불이 어디 있습니까? 설혹 있다고 한들 나와 무슨 관계가 있나요. 아미타불도 내 자성으로서의 아미타불이 아니라면 설혹 있다고 한들 무슨 소용이 있습니까? 관세음보살은 내 자성으로서의 관세음보살이고, 문수보살, 보현보살, 대세지보살 등 모든 보살이 내 자성으로서의 보살입니다. 이거 의심하지 마세요. 이걸 여러분이 의심한다면 내 말을 곧이듣지 않은 겁니다.

여러분이 살면 얼마나 더 살 겁니까. 앞으로 백 년 더 살 겁니까? 좋아요. 앞으로 천 년 더 살아도 좋습니다. 천 년이란 것이 무엇입니까? 솔직한 말로 역시 순간일 뿐입니다. 나중에 목숨 거둘 때는 만 년을 산 사람이나 일 년을 산 사람이나 한 달을 산 사람이나 마찬가지에요. 그러니 우리가 어찌 이 문제를 소홀히 하겠습니까? 어쨌든 여러분이 육신을 끌고 다니는 그 슬기 자리는 굉장한 자리입니다. 부처님도 이 자리는 말 못해요. 말을 하면 어그러지기 때문이죠. 하지만 사생육도四生六道❾가 전부 이 자리에 앉아 있어요. 자기가 껍데기를 나투어서, 즉 탈을 나투어서 탈의 심부름 한다고 이러쿵저러쿵 해서 그렇지─물론 그건 업연관계로 왔지만─탈만 싹 벗어버리면, 그 자리는 빛깔도 소리도 냄새도 없는 자리입니다. 다른 것은 아무것도 없어요. 그러니 우리 영리하게 삽시다. 어리석게 살지 맙시다. 죽어도 내가 죽고 살아도 내가 사는데 어리석게 살 필요가 있습니까!

   그렇다면 진짜 여러분의 슬기 자리, 이 자리를 여러분 스스로 존경하세요. 여러분 스스로의 그 자리는 바로 훌륭한 부처입니다. 그런데 여러분의 부처가 남의 부처한테 가서 꾸벅꾸벅 절을 한다고요? 택도 없는 소리입니다. 물론 하게 되면 친구 간에도 절을 하니까 절을 하지 말라는 건 아닙니다. 다만 진짜 알뜰한 내 부처는 거름통 속에 집어 던지고 그만 이 색신을 다른 데 의지하는 방식이라면 어떻게 됩니까? 그건 자살 행위입니다. 있을 수 없는 일이에요. 그러므로 오

---

❾ 사생은 생명이 생겨나는 네 가지 형태로서 태생胎生, 난생卵生, 화생化生, 습생濕生이고, 육도는 지옥, 아귀, 축생, 아수라, 인간, 천상의 여섯 갈래로 윤회하는 세계를 말한다.

직 여러분의 법신 자리를 잊지 않으면서 하나씩 하나씩 행을 해나갑시다. 행을 하면 저절로 대도를 성취해요. 요즘에는 대도를 성취하는 것이 문제가 아닙니다. 어떻게나 지식이 발달했는지 척척 알아들어요. 그러니 이 기회에 대도를 성취합시다. 이 기회를 놓치면 참으로 후회막급입니다.

타협하지 말라

처음에는 망상을 일으키지 않겠다고 해야 합니다. 하지만 결국 그만 그대로 청정본심이고, 그만 그대로 해말쑥한 자리이고, 그만 그대로 빛깔도 소리도 냄새도 없는 허공이고, 그만 그대로 텅 빈 자리라면 망상을 일으키지 않겠다는 생각 자체가 이미 망상입니다. 청정본심에서는 무엇을 보아도 보는 데 들어앉지 않는 거예요. 말하자면 눈을 써서 보긴 보지만 그 눈과 타협을 하는 것이 아닙니다. 눈에 좋은 것도 비치고 나쁜 것도 비치지만, 원래 좋고 나쁜 것의 성품이 하나이기 때문에 좋다고 해서 거기에 들어앉는 것이 아니며 나쁘다고 해서 그걸 배척하는 것도 아닙니다.

또 소리를 듣긴 들어도 귀와 타협하는 법이 아니에요. 귀와 타협을 하면 좋은 소리에는 좋다고 애착하며 나쁜 소리에는 주먹을 쥐고 싸우려 합니다. 하지만 이 모든 것이 곡두놀이인데, 곡두놀이를 보고 좋다 나쁘다 하는 것이 이미 하나의 망상 아닙니까? 어쨌든 모든 것이 굴려지는 그 경계에 그대로 내버려두란 말입니다. 간섭하지 말고 그냥 그대로 놓아두면 자연히 모든 것이 정화가 됩니다. 미운 것도 놓아버려서 미운 데 들어앉지 말고, 또 나쁜 것이든 좋은 것이든, 천당이든 지옥이든, 생生이든 사死이든 다 놓아버리고 관심을 갖지 마십시오. 생이든 사이든, 지옥이든 천당이든 관심을 갖지 않는 그 자리는 이미 하늘과 땅을 앞한 그 자리입니다. 이거 구체적으로 말하자면…… 지금 '구체적으로 말하자면'이라는 말을 했는데, '구'까지는 바로 청정본심의 자리이지만 '체적'부터는 이미 망상으로 들어갑니다(이 말도 나중엔 여러분이 알게 됩니다).

하지만 부처님들은 그렇지 않아서 '구체적'이란 말 전부가 본심입니다. 반면에 중생은 '구'까지는 진심이지만 '체적'부터는 망상으로 들어가기 때문에 공부를 해서 모든 걸 놓는 습관을 들여야 합니다. 모든 걸 놓으면 천당과 지옥이 의지할 곳이 없어요. 사실 천당이든 지옥이든 인연을 지어서 가는 것 아닙니까? 좋은 인연을 지으면 천당에 가지만 그 인연이 다하면 다시 세간으로 나오고, 세간에 나와서 다시 나쁜 인연을 지으면 지옥에도 가지만 그 인연이 다하면 다시 세간으로 나오죠. 왜냐하면 천당과 지옥은 상대성이고 상대성은 변하기 때문입니다.

그러나 우리가 일체를 놓으면 천당이니 지옥이니 하는 인연이 끊어집니다. 인연이 끊어졌다면 천당 이상의 천당이에요. 우리가 천당을 추구하고 지옥을 싫어한다면 싫어하는 인연 만들고 좋아하는 인연 만드는 건데, 좋아하는 인연을 만들다 보면 반드시 싫어하는 인연도 따르기 마련입니다. 그렇다면 천당이든 지옥이든 밉다 곱다 관심을 두지 않고서 보면, 천당과 지옥의 인연은 그대로 싹 없어지는 거예요. 그렇게 되면 난 천당과 지옥 위에 앉게 되어서 지옥도 굴리고 천당도 굴릴 수 있습니다. 재미있지 않습니까? 천당만 좋다고 거기 딱 들어앉으면 결국 과보가 다하면 다시 나와야 하니, 그것이야말로 어리석은 짓이죠.

일체를 놓으려면 무엇보다 타협을 하지 말아야 합니다. 그러나 눈과 타협을 하지 않는다고 해서 아이들의 나쁜 짓도 방관하란 뜻은 아니에요. 다만 아이의 나쁜 짓을 타이르는 말을 할지언정 거기에 쏙 들어앉지 말라는 겁니다. 만약 거기에 들어앉는 습관을 기르면 나중에 죽을 때도 육신에 들어앉아서 '아이고, 나는 죽는다'고 말해요. 사실 빛깔도 소리도 냄새도 없는 자리가 죽을 리 없지만 죽는 데 들어앉습니다. 그러니 여러분 가만히 생각해보세요. 이거 과학 이상의 과학입니다. 여러분이 일체만법에 들어앉지 않으면 되돌아서 일체만법을 쓰는 법이에요. 눈과 타협을 하지 않고 귀와 타협을 하지 않으면서도 되돌아서 전부 끌어안는 법입니다. 끌어안을지언정 타협하지는 않아요.

이처럼 눈과 귀와 타협하지 않는 방향으로 나가면 공부가 저절로 이루어지는 법입니다. 그렇게 되면 죽음이 달려들어도 타협하지 않아요. 물론 이건(육신) 없어집니다. 하지만 흘연독립(屹然獨立; 우뚝 홀로 선)한 그 자리는 환하게 그대로 있는 법이에요. 반면에 타협을 하면 이 몸과 동일시하기 때문에 죽는 것이 아닌데도 죽는 것처럼 생각합니다. 그러니 답답한 일 아닙니까? 그러나 타협을 하지 않으면서도 세간을 끌어안는 방향으로 나가면 생사 문제가 달라붙지 못하는 겁니다. 천당과 지옥이 어찌 감히 우리 앞에 와서 얼씬거리겠어요? 염라대왕도 우리를 찾지 못한다는 이유가 여기 있습니다. 공부하는 사람은 염라대왕도 못 찾는 법이거든요.

예컨대 조주 스님은 천신들이 그를 보호하고 있으면서도 찾지 못했습니다. 조주의 마음이 항상 타협하지 않았기 때문이에요. 타협을 하면 신장神將들이 환하게 아는데 타협을 하지 않으니 찾을 수가 있어야죠. 하지만 어느 날 조주 스님이 부엌 앞을 지나다가 쌀 몇 알이 떨어진 걸 보고 "누가 이랬냐!"고 화를 냈습니다. 화를 내는 바람에 신장들이 찾아내서 "아이고, 스님 여기 계셨군요"라고 했다는 겁니다. 이처럼 여러분이 타협을 하지 않으면 천당과 지옥이 범접하지 못해요. 생사가 범접하지 못합니다.

삼매 – 비명비암 非明非暗

(강론) 월상月上 보살이 말했다.

"어둠은 밝음으로 더불어 둘이라 하나, 어둠도 없고 밝음도 없으면 곧 둘 있음이 없습니다. 왜 그런가? 마치 멸진정滅盡定에 들어가면 어둠도 없고 밝음도 없듯이 온갖 법의 모습도 또한 마찬가지이니, 그 가운데에 평등하게 드는 것이 바로 둘 아닌 법문에 듦입니다."

– 『유마경대강론』 제9 불이법문不二法門 중에서

여러분이 어두운 걸 어둠으로 삼고 밝은 걸 밝음으로 삼으면 법이 두 개입니다. 따라서 우리는 우선 이 밝음과 어둠, 즉 명암明暗을 깨뜨려야 합니다. 어떻게 깨뜨릴까요? 우선 성품을 봐야 합니다. 어둡고 밝은 성품은 꼭 하나이지 둘이 있을 수 없어요. 그러면 어두운 것도 가짜이고 밝은 것도 가짜인데, 이 가짜놀음을 하지 않으려면 어떤 수단과 방편을 써야 할까요?

어두울 땐 밝은 걸 생각하고 밝을 땐 어두운 걸 생각해야 합니다. 어둠도 하나의 가짜인 모습이고 밝음도 하나의 가짜인 모습이니, 어두울 때 밝음을 생각하고 밝을 때 어둠을 생각하는 것은 밝음과 어둠에 머물지 않아서 결국 모습놀이를 하지 않겠다는 뜻입니다. 이런 식으로 잘 들어가면 어둠도 아니고 밝음도 아닌 경지가 나타나는데, 그렇다면 참으로 어떨 때 이 '어둡지도 않고 밝지도 않은' 비명비암非明非暗이 나타날까요? 바로 멸진정滅盡定에 들어가야 합니다. 이 멸진정은 마음이 가라앉은 자리인데, 이 완전히 가라앉은 자리가 어둠도 아니고 밝음도 아닌 소식이에요. 그러나 어둠도 아니고 밝음도 아닌 이 소식은 눈에 보이지 않아서 우리가 얻으려 해도 도저히 얻지를 못합니다. 이거 아주 주의해서 들어야 해요. 여러분, 만약 눈에 보인다면 하나의 모습입니다. 어두운 것도 하나의 모습이고 눈에 환히 보이는 것도 모습이지만, 이 어둡지도 않고 밝지도 않음은 절대로 모습을 뜻하는 것이 아니에요. 이걸 설명하려고 해도 솔직한 말로 설명이 되지 않습니다.

비유하자면 명경明鏡과 같습니다. 명경을 깨끗이 닦아놓으면 명경은 너무나 투명해서 눈에 보이지 않습니다. 명경인지 아닌지도 몰라요. 유리를 투명하게 잘 닦아놓으면, 새가 유리를 허공처럼 알아서 도망가다가 유리와 부딪치는 수가 있습니다. 그래서 예전에 내가 유리를 하나 깬 일이 있어요. 이처럼 너무나 투명하면 눈에 보이지 않지만, 거기에 집이 비치고 얼굴이 비치고 산하대지가 선명히 비치기 때문에 '이게 유리구나'라고 우리가 알 수 있습니다.

삼매에 들어가면 자는 거나 한가지에요. 그러나 반드시 자는 것도 아닙니다. 자는 건지 안 자는 건지 몰라요. 그래서 예전에 조주 스님은 앉아서 꾸뻑꾸뻑 조는 걸 그렇게 좋아했다고 합니다. 그분은 자기가 직접 체험해서 그렇거든요. 꾸뻑꾸뻑 졸지만 그게 조는 것이 아니에요. 하지만 평상시의 분별을 일으키는 마음도 아닙니다. 꾸벅꾸벅 졸면서 멸진정에 들어가는 것이 가장 가까운 도리일 겁니다.

따라서 공부하는 사람들은 존다고 해서 진짜 조는 것이 아닙니다. 참선 공부 많이 한 사람들은 앉아서도 자요. 참말로 자는 겁니다. 그러나 꾸벅꾸벅 조는 것은 자도 자는 것이 아니에요. 정신이 있거든요. 그렇다면 자는 것도 아니고 안 자는 것도 아닙니다. 벌써 잔다, 안 잔다 하는 것도 하나의 상대성 아닙니까? 그렇기 때문에 자는 것도 아니고 안 자는 것도 아닌 그 자리에 있어야만 비로소 완전히 마음이 가라앉은 자리이고, 그 자리야만 색깔이 뵈는 겁니다.

이때 색깔이 보이면 '비암비명'으로 알아야 해요. 거울에 산하대지가 비추면 거울임을 아는 것처럼 색깔이 티끌 하나 없이 환하게 그대로 나타납니다. 불빛이 있으면 불빛이 그대로 보이고, 꽃이 있으면 노란색, 흰색, 자주색, 푸른색이 그대로 나타나는데, 이것이 밝지도 않고 어둡지도 않은 그 장면입니다. 여러분, 이건 아주 깊이 알아들어야 합니다. 그렇지 않고 '밝지도 않고 어둡지도 않음'을 보려고 하면, 그건 하나의 모습을 보려는 것이라서 절대로 볼 수가 없습니다.

내가 『선시집』에서 부처님이 성도成道하시는 장면을 "보리수 아래 새벽별이 귀먹었던가(菩提樹下曉星聾)"라고 읊은 적이 있습니다. 새벽별이 찬란하다거나 밝다거나 하지 않고 귀먹은 양 밝았다고 했어요. 귀 먹은 양 밝았으니 어두운 것도 아니고 밝은 것도 아닙니다. 말하자면 '찬란하다', '밝다'. '어둡다' 등 어떤 모습에도 들어앉지 말아야 해요. '밝지도 않고 어둡지도 않은' 뭔가를 보려고 한다면 큰 망상입니다.

선을 하는 자리에서는 산신이 나타나든 산하대지가 나타나든 모두 망상입니다. 모습이란 모습은 전부 망상이에요. 물론 망상 중에는 좋은 것도 있고 나쁜 것도 있지만, 그걸 하나의 방편이자 하나의 과정으로 볼지언정 좋다고 해서 앞으로 내가 보아야겠다는 생각은 일으키지 말아야 합니다. 다만 공부하는 과정에서 '이러이러한 현상이 있다', '이러이러한 현상이 있으니 내 마음이 이만큼 가라앉았다', 때로는 '밝지도 어둡지 않은' 광경도 나타났다고 하면서 그냥 마음에 점을 찍어둘 일이지, 그런데 치우쳐서 앞으로 다시 보아야겠다고 하면 큰일입니다.

다시 말하겠습니다. 깨끗한 거울은 내가 볼 수 없으니까 찾으려야 찾을 수가 없지만, 산하대지가 그대로 비치면 바로 거울이라고 압니다. 이와 마찬가지로 비몽사몽간에 멸진정에 들어서 어떤 색깔이 보인다면, 바로 '밝지도 않고 어둡지도 않은' 그 자리이기 때문에 그런 색깔이 보인다고 생각하면 됩니다. 절대로 '밝지도 않고 어둡지도 않은' 그 자리를 보려고 해서는 안 돼요. 설사 볼 수 있다고 해도 도리어 해롭습니다. 그건 모습놀이기 때문이죠. 모습을 진짜로 알고 상대성을 절대성으로 알고 달려드는 것이나 마찬가지 아닙니까? 모습놀이를 절대성인 양 생각하면 공부가 되지 않습니다.

그리고 이 공부는 억지로 하는 법이 아닙니다. 물론 처음에는 억지로 하지 말라고 해도 욕심이 있어서 억지로 해요. 하지만 차차 마음이 가라앉으면 억지로 되지 않습니다. 항상 흐르는 물처럼 마음을 가져야 해요. 이렇게 마음을 가지면 나중에는 저절로 지혜가 납니다. '나는 이 정도가 되었으니 이제는 이런 방편을 써야겠다', '먼저는 이러한 마음 씀씀이를 가졌는데 이제는 이런 마음 씀씀이를 가져야겠다'—이런 식으로 공부하는 방법이 스스로 나타나서 그걸 결정해 알게 됩니다. 사람이 원래 슬기라서 그래요. 우리는 영지靈智, 즉 신령스러운 슬기를 다 갖고 있습니다. 다만 가려져 있어서 모를 뿐이죠.

공적체空寂體란 무엇인가?

(강론) 밝음과 어둠의 실다운 성품은 안 밝음 안 어둠이니 공적체 중인 멸진정에서만 찾아볼 수 있는 소식이다.

— 『유마경대강론』 제9 불이법문 중에서

비어 있음이 공적체 아닙니까? 말로 하면 간단하고 쉽습니다. 실로 우리는 공적체 중에 있지 않습니까? 실로 우리는 법신 속에 있지 않습니까? 법신이 이 가죽 주머니를 끌고 다녀요. 이 입을 놀려서 얘기하는 것도 공적체가 하는 겁니다. 허공이 한다고 해도 괜찮아요. 왜냐하면 이 말 하겠다, 저 말 하겠다고 하는 그 당처는 빛깔도 소리도 아무것도 없기 때문입니다.

사적事的으로 보아도 우리는 공적체(즉, 허공) 속에 있어요. 집도 공적체 속에 있고, 이 땅덩어리도 공적체 속에 있지 않습니까? 허공 속에 있지 않아요? 사적으로 아무것도 없음을 공적체라고 하거든요.

또 이적理的으로도 한번 살펴봅시다. 회사 가서 일하는 것, 장사하는 것, 친구를 만나는 것, 찻집에 가는 것 등이 모두 우리 성품 자리가 이 가죽 주머니를 끌고 다니는 것 아닙니까? 그 성품 자리가 공적체 아니에요? 그러니 사적으로도 허공 속에 있고 이적으로도 법신이 끌고 다니고 있습니다. 공적체는 비어서 적적寂寂한 바탕인데, 이 공적체를 우리가 늘 쓰고 있어요. 지금도 여러분은 쓰고 있습니다. 지금 말을 누가 듣고 있죠? 이 가죽 주머니인 귀가 듣고 있는 것이 아닙니다. 귀가 무슨 성품이 있나요? 하나의 기관일 뿐이죠. 공적체가 이 귀를 통해서 듣고 있는 겁니다.

이처럼 아침저녁으로 공적체를 쓰고 있지만 우리는 그걸 모를 따름입니다. 다만 모를 따름이에요. 설사 술 먹고 지랄하는 사람이 있다 할지라도 공적체가 그 몸뚱이를 시켜서 지랄하는 겁니다. 그 사람이 공적성이 없다면 어찌 술 먹고 지랄할 수 있겠습니까? 공부하는 것도 역시 공적체 그놈입니다. 공적한 우리 성품 자리, 우리 법신 자리 그놈이에요. 그러니까 한 날 한시도, 단 일 초 동안이라도 우리는 여읠 때가 없습니다. 그러면서도 우리는 전부 여의고 있어요. 왜죠? 공적체를 매일 쓰고 있으면서도 사량분별을 하기 때문입니다. 이걸 할까 저걸 할까, 이건 밉고 저건 좋다, 이런 식으로 사량분별을 하기 때문에 공적체는 흔적이 없고(그렇지 않아도 원래 흔적 없는 자리인데) 사량분별의 먹구름이 꽉 끼어 있어서 공적체를 놓치는 겁니다.

하지만 그렇다고 해서 공적체가 도망간 것도 아닙니다. 그만 그 자리에 있으면서 그런 거예요. 맑은 물에다 진흙을 퍼 넣은 거나 마찬가지입니다. 맑은 물에 진흙을 퍼 넣어도 진흙은 진흙이고 물은 물이죠. 그 진흙을 곱게 가라앉혀서 싹 끄집어내면 그만 맑은 물입니다. 물론 진흙이 있다면 맑은 물이 되지 못하죠. 그러나 물의 성품은 물이므로 진흙이 있다고 해서 물 아닌 건 아닙니다. 마찬가지로 사량분별로 공적체가 가려졌다고 해서 공적체가 없는 건 아니에요.

따라서 우리는 싸우면서도 공적성이란 말입니다. 무엇을 해도 공적성이란 말예요. 일체가 공적성인데 다만 우리가 느낄 줄 모르고 있어요. 느낄 줄 모르는 것은 분별 때문에 그렇단 말입니다. 그럼 이때 어떻게 마음 씀씀이를 가져야 할까요? 분별은 모두 망상이고 망상의 당처는 다 비었다는 걸 알아야 합니다. 망상의 당처가 빈 걸 딱 알아버리면 망상이 바로 공적체입니다. 그러면 공적체와 망상이 둘입니까? 물거품하고 물하고 둘입니까? 하나에요. 괜히 우리가 이건 물거품이다, 이건 물이다 분별할 뿐이지 어찌 그것이 둘이겠습니까.

하지만 사량분별로 인해 공적성을 쓰지 못하면 그만 죽는 거나 같아요. 죽을 것도 없지만 죽는 거나 마찬가지입니다. 이걸 깊이 알아야 해요. 이걸 깊이 알아서 늘 공적성을 잊지 않는다면 그만 그대로 멸진정입니다. 이 사량분별의 망념을 없애려면 어떻게 해야 합니까? 독으로 독을 없애듯이, 망념으로 망념을 없앨 줄 알아야 합니다. 망념으로 망념을 없애나가면 어떻게 됩니까? 망념이 없어져요. 나중에는 망념이 되돌아서 진객이 됩니다. 그러므로 망념의 당처가 공함을 알아서 망념도 공적체의 그림자인 걸 철저히 느끼면 공적체 찾을 필요가 없어요. 왜 찾습니까? 그만 그대로인데. 공적체를 다른 데서 찾는 거라면 수고가 들어요. 하지만 망념으로 망념을 제할 줄 알면, 나중에는 되돌아서 망념 그 자체가 공적체가 됩니다.

　이 공적성이 바로 부처입니다. 이 공적성을 여의고 어디 가서 부처를 찾겠습니까? 나의 공적성을 인정하면 남의 부처도 인정하게 됩니다. 나의 공적성을 모르고 남의 공적성을 찾으려면 어떻게 찾겠습니까? 나의 공적성도 찾아내지 못하는데 남의 것은 어떻게 찾아내죠? 그래서 한 사람의 도인이 나면 억만 사람이 함께 일시에 성불하는 도리가 여기 있습니다. 무슨 말이냐고요? 한 사람이 도를 깨치면 모든 사람에게 공적성이 있다는 걸 인정합니다. 왜냐하면 일체 중생과 나는 그 당처가 하나이기 때문이죠. 하나인데도 공연히 나는 성불 못했다고 생각할 따름이에요. 다른 거 아무것도 없습니다. 그렇기 때문에 『금강경강송』에서 "외로운 봉우리 정상에 홀로 앉아서 만 사람을 밟아 죽이라"고 한 거예요. 솔직한 말로 밟아 죽인들 무슨 상관이 있습니까? 허깨비를 밟아 죽인들 무슨 죄가 있겠어요? 보통 사람들이 그러면 죄가 되요. 큰일 납니다, 큰일 나. 하지만 도인들은 밟아 죽여도 까딱없습니다. 왜냐하면 다 공한 줄 알아서 머물지 않거든요.

　이 공적성이 비암비명의 자리입니다. 이 자리에 슬기가 있으면, 그것이 부처입니다. 슬기가 부처에요. 공적체에서 슬기를 나투어서 그 슬기의 방편을 굴릴 줄 알아야 부처거든요. 오늘 이 설법만 하더라도 누리의 뼈입니다. 말하자면 허공의 뼈에요. 허공의 뼈를 탁 추려내면 허공이 와르르 무너지는데, 이게 무슨 소식입니까? 허공에 아무것도 없는데, 어떻게 허공이 와르르 무너질까요? 허공이 무너지는 건 허공이라는 명자도 없어진다는 뜻입니다. 명자놀이에 얽매이지 않는 단 말이죠. 하지만 쓸 때는 허공이 내려앉는다느니 허공이 무너진다느니 말하는 겁니다. 허공이라고 우리가 말하는 것은 명자놀이 아닙니까? 우리가 부처라고 말하는 것도 명자놀이 아닙니까? 중생이라고 말하는 것도 명자놀이 아닙니까? 보리 열반이니 천당 지옥이니 전부 명자놀이 아닙니까? 그 명자에 들어앉지 말자는 겁니다. 명자를 두드려 부수자는 거예요.

이 때문에 밝은 곳을 향해서 밝은 걸 치니 밝은 묶임이 풀리면서 참말로 밝은 것이 나오고, 법처法處를 향해서 법을 치니 법의 묶임이 풀리면서 진법眞法이 나오고, 도처道處를 향해서 도를 치니 도의 묶임이 풀리면서 참된 도에 앉게 됩니다. 이렇게 되면 부처 없는 곳을 향해 높은 자리에 앉아서 착한 일로는 삼악도三惡道의 중생을 제도하고 악한 것으로 시방의 성현을 제도합니다. 우리는 시방의 성현을 제도할 줄 몰라요. 시방의 성현이 어떤 사람들입니까? 선이라 해서 거기에 딱 들어앉은 사람들이에요. 상대성으로 말입니다. 그러므로 우리는 악을 쓸 줄 알아야 합니다. 하지만 아무나 악을 쓸 수 있나요? 악을 쓸 줄 아는 사람은 선도 씁니다. 선으로써 삼악도의 중생을 건집니다. 그럼 악을 가지고는 누구를 건지느냐. 시방의 성현을 제도해야 합니다. 솔직한 말로 악을 굴릴 줄 모르면 한쪽에 치우친 겁니다. 좋은 일 하는 게 어려운가? 나쁜 일 하지 않고 좋은 일 하면 되는 것 아닙니까? 내 마음 씀씀이에 있는 것 아녜요? 누군들 못 하겠습니까. 하지만 지옥에 떨어지는 건 어렵습니다. 겁이 나거든요. 허나 화탕火

湯 지옥인들 들어가지 말라는 법이 어디 있습니까. 지옥에 들어감으로써 그곳에 연꽃이 피거든요.

(강론) 이 소식처인지라 육근六根이 망하고 심상心想이 녹아서 낮과 밤이 엇갈려도 어둠과 밝음의 다름을 깨닫지 못함이나, 만약 허명虛明의 기상氣象인 영광靈光이 홀로 비추면 고금을 꿰뚫어서 삼세를 무너뜨리니…….

허명虛明이 바로 '밝지도 않고 어둡지도 않은' 그 소식입니다. 이 밝지도 않고 어둡지도 않은 소식에는 시공간이 들어붙지 않아요. 왜냐하면 모습이 없기 때문이죠. 모습이 있으면 시공간이 들어붙습니다. 언제 밝고 언제 어두워졌다고 하니까 시공간이 들어붙잖아요? 하지만 밝지도 않고 어둡지도 않다면 어떻게 시공간이 들어붙겠습니까. 시공간이 들어붙지 않으면 노소가 들어붙지 않고, 노소가 들어붙지 않으면 생사가 들어붙지 않고, 생사가 들어붙지 않으면 천당과 지옥이 뭉개지는 소식입니다.

이 자리에서는 영광靈光, 즉 신령한 빛이 홀로 드러납니다. 이 신령한 빛이 말하자면 밝지도 않고 어둡지도 않은 자리, 우리가 찾으려야 찾을 수 없는 그 자리를 뜻하는 거예요. 이 신령한 빛은 고금을 꿰뚫고 있습니다. 고금을 꿰뚫는다는 건 고금이 붙을 수 없다는 뜻이에요. 여러분은 자신이 수억 년 전의 마음을 갖고 있음을 알고 있죠? 또 앞으로 몇천억 년이 다할 때까지의 마음도 갖고 있음을 알고 있어요. 다만 경계대로 움직이는 마음은 망심일 뿐이지만 경계대로 움직이는 망심의 전 소식은 수억 년 전의 마음이든 수억 년 후의 마음이든 하나입니다. 이건 아주 중요한 얘기에요. 천억 년 전의 마음이든 천억 년 후의 마음이든, 삼세가 몽땅 무너진 다음의 마음이든 꼭 한 가지입니다.

그럼 삼세를 무너뜨리면 어떻게 되죠? 사실 삼세가 실제로 있는 것도 아닙니다. 물론 이 가죽 주머니는 삼세가 있어요. 어머니 뱃속에서 나오기 전에는 과거, 뱃속에서 나온 지금은 현재, 가죽 주머니가 없어지면 미래니까 삼세가 있습니다. 그러나 이 삼세는 평생의 삼세가 아니라 십 년도 과거 현재 미래가 있고, 한 달도 과거 현재 미래가 있고, 한 시간도 과거 현재 미래가 있고, 일 분도 아까워 지금과 나중이 있고, 일 초 동안에도 아까워 지금과 나중이 있고, 아무리 짧은 시간에도 아까워 지금과 나중이 있잖아요? 이런 식으로 가다 보면 과거 현재 미래는 없으면서 있고 있으면서 없는 것과 같지 않습니까? 그렇다면 이놈의 과거 현재 미래를 끌어 잡을 수가 있습니까? 끌어 잡을 수가 없어요. 끌어 잡을 수가 없으면 없는 거나 마찬가지에요. 하지만 없으면서도 과거 현재 미래라는 말은 있으니 없지도 않아요. 없지도 않고 있지도 않으니, 이것이 공도 아니고 유도 아닙니다. 말하자면 '색이 바로 공이고, 공이 바로 색(色卽是空 空卽是色)'이라는 이치와 마찬가지입니다.

밝고 어두운 가운데 밝음에도 들어앉지 말고 어둠에도 들어앉지 않으면 평등성이 나옵니다. 평등성을 발견하면 우리는 성불할 수가 있습니다. 자, 노래 한번 읽어보지.

(강론) 밝고 어둠 다 없앰이 이것 바로 진여라서
넓을세라 하늘땅이 나누어진 앞일러라.
일만 법이 일로 좇아 한결같이 감이러니
뫼는 높고 물은 기니 구름 절로 흐르구나.

좋다. 만법이 절대 평등성에서 이렇게 한결같이 가거든. 그 때문에 산은 높고 물은 흘러요. 그리고 구름마저 흘러가니 그 경치가 얼마나 좋습니까. 하지만 이 좋은 경치를 어떤 사람들은 도리어 괴롭게 보고 있어요. 어떤 사람은 달을 보면 글이 나오고 시가 나오지만, 어떤 사람은 달을 보고 엉엉 울기도 합니다. 그렇다고 달이 두 개인가요? 하나죠. 하나의 달을 보고 웃는 사람과 우는 사람이 있는데, 그건 자기 마음 씀씀이가 다르기 때문이에요. 자, 우리의 멸진정 자리, 밝지도 않고 어둡지도 않은 자리죠? 어쨌든 이 밝지도 않고 어둡지도 않은 자리를 보려고 해서는 안 됩니다.

슬기눈

 공성空性도 볼 수 없지만, 허망해서 실답지 못한 법도 볼 수 없습니다. 허망한 법은 보면 보는 대로 늘 변해서 걷어잡을 수 없는 환상이니까요. 그런데도 세상 사람들은 이 환상을 탐착하고 있습니다. 우선 이 몸을 탐착해요. 하지만 이 몸을 걷어잡지는 못하죠. 시시각각 변하다가 나중에 불구덩이나 흙구덩이로 가는데 어떻게 걷어잡습니까? 이처럼 걷어잡을 수 없는 것을 걷어잡으려고 하니 어리석은 짓 아니에요? 도깨비놀음 아닙니까?

 내 눈에 보이는 것은 늘 변해서 그 성품이 비어 있고, 또 내가 지금 보고 있는 것도 빈 것의 놀음입니다. 그렇다면 보이는 놈도 공성이고 보고 있는 놈 역시 공성이라서 양자를 갈라놓을 수 없어요. 억지로 둘로 갈라놓으려 해도 할 수 없습니다.

 그래서 예전에 홀연히 짝(내 몸뚱이)을 잃어버리니 누리에 나 혼자뿐이라는 설법을 하지 않았습니까? 이 보이지 않는 걸 볼 줄 아는 것이 슬기눈(慧眼)이에요. 모습 있는 것을 보는 것은 살눈(肉眼)이고, 담장 밖까지 투과해 보는 것은 하늘눈(天眼)이고, 그 다음 반야의 성품을 보는 것이 슬기눈입니다. 반야의 성품이라고 해봤든 아무것도 없지 않아요? 그만 빈 거 아닙니까? 그런데 우리가 빈 걸 쓰고 있어요. (대중을 향해) 지금 뭘 보고 있죠? 지금 내 말 듣고 있죠? 그 빈 놈이 보고 들어요. 물론 이 귀를 통하고 이 눈을 통했지만 보고 듣는 놈은 그 빈 놈이에요. 납득이 갑니까? 우리가 이걸 쓰고 있으면서도 지금까지 몰랐던 겁니다.

또 듣는 놈과 보는 놈이라고 해서 입을 벌리면 둘이지만, 보는 놈도 듣는 놈도 모습이 없는 공성이므로 하나지 뭡니까? 무슨 모습이 있어야 네 성품은 이렇고 내 성품은 이렇다 해서 둘로 딱 갈라놓을 것 아닙니까. 이 때문에 절대 평등선상에서 유정有情, 무정無情으로 갈리는 차별상이 이루어졌고 말하는 거예요. 우리가 이것만 확실히 파악하면 생사 문제를 걱정할 것이 없습니다. 솔직히 극락을 짓든 지옥을 짓든 내 취향대로 가는 거예요. 극락이 어디 하나뿐입니까? 어떤 사람은 이런 극락을 지었다면, 나는 또 다른 극락을 짓는 겁니다. 그 이유는 극락도 법을 굴리는 상대성이기 때문이에요. 천하의 모래알을 다 모아도 꼭 같은 것이 없는 것처럼 다른 사람이 이런 극락을 지으면 나는 다른 극락을 짓는 겁니다. 다른 사람이 지은 그대로 짓겠다는 게 말이 되나요? 또 그럴 필요도 없습니다.

보이지 않는 걸 보는 슬기눈은 바로 봄이 없으면서 보지 않음이 없는 겁니다. 그럼 여러분은 (슬기눈이 갖추어졌으니) 삼천대천세계를 그대로 들여다보고 있지 않습니까? 여러분이 모를 따름이에요. 여러분이 삼천대천세계를 모습을 지어서 보면 그건 도깨비놀음입니다. 또 모습을 안 짓는 것도 도깨비놀음이에요. 그럼 어떻게 보는 겁니까? 난 모르겠어요. 하하하. 여러분이 이 도리를 알면 천당도 우리가 들여다보고 있고 지옥도 우리가 들여다보고 있고 욕계, 색계, 무색계 전부 우리가 들여다보고 있지 않습니까? 여기서 주의할 점은 어떤 모습을 하나라도 갖추어서 보면 그건 도깨비놀음이란 겁니다. 또 모습 없이 본다고 하면 혼미한 상태에 빠져서 돌이나 나무나 마찬가지에요. 이 대목이 좀 어렵습니다. 높은 고개에요.

그래서 내가 『유마경강송』에서 "눈을 가리고 귀를 막고 입을 봉한 채 외골수로 달리는 억센 놈이라야 둘 아닌 법문(不二法門)에 들게 되리라"고 말하면서 이렇게 게송을 붙였습니다.

문구文句이라 말마디라 다만 이름자(名字)에 불과하니
실다움은 도리이요 '것' 나툼은 헛것이로다.
슬기눈은 봄이 없이 보지 않음 없음일새
큰 세계는 한 마리의 말이므로 볼지니라.

참과 거짓

산과 들, 사람이나 돌처럼 지구상에 나타난 것이든 우주 공간에 나타난 것이든 전부가 실답지 않습니다. 그런데 이 실답지 않은 것이 어디서 왔나요? 실다운 데서 왔습니다. 그래서 이걸 소위 참인 거짓이라고 했어요. 왜냐하면 헛것이지만 실다운 데서 왔기 때문입니다. 헛것이라도 실다운 데서 왔으니 인정하지 않을 수 없단 말이에요.

 또 참은 우리의 평등성상으로 슬기눈으로만 볼 수 있을 뿐 모습이 없기 때문에 살눈(肉眼)으로는 보이지 않습니다. 하지만 일체만법인 상대성이 참인 절대성에서 왔기 때문에 참인 거짓이라고 하는 거예요. 우리의 색신은 가짜이지만 진짜인 법신에서 왔기 때문에 참인 거짓입니다. 그러나 이 색신만 들여다봐선 법신이 보이지 않아요. 법신이 보이지 않지만 안 보이는 그것이 있단 말입니다. 슬기 눈으로 보면 있어요. 그렇다면 (색신의 입장에서) 거짓인 참입니다. ❿ 그렇다면 '참인 거짓'이나 '거짓인 참' 가운데 어느 쪽에 들어앉아야 합니까? 들어앉을 곳이 없어요. 참은 거짓을 빌어 세워지고 거짓은 참으로부터 나오니까요.

그렇다면 또 참은 참이 아니고 거짓은 거짓이 아닙니다. 뿐만 아니라 참 아님도 아니고 거짓 아님도 아니라는 말도 할 수 있게 돼요. 그럼 참인 거짓과 거짓인 참과 참 아님도 아님과 거짓 아님도 아님이 얼마나 거리가 있습니까? 거리가 없어요. 이런 말을 하는 이유는 참에도 들어앉지 않고 거짓에도 들어앉지 않기 위해섭니다. 이처럼 어디에도 들어앉지 않아야 궁극적으로 올바른 참입니다. 이 공부를 지어나가면서 색신을 방하착하고 말쑥한 법신만 찾으려고 한들 되겠습니까? 안 돼요. 법신에는 눈이 없고 코가 없고 입이 없고 귀가 없으니, 천상 헛것이라도 색신을 빌려야만 색신을 통해서 법신을 볼 수 있습니다. 가짜를 걷어잡고 진짜로 돌아가는 이유가 여기에 있어요.

이처럼 참에도 거짓에도 들어앉지 않는다면 결국 참과 거짓이 둘이 아닌 하나란 결론이 납니다. 이렇게 생각하면 거짓이니 참이니 하는 것이 전부 나한테서 녹아나버려요. 녹아나면 진짜 그것이 뚜렷하게 나타납니다. 그것을 꼭 사람에게만 비유해서는 안 돼요. 난로면 난로라든지, 수박이면 수박이라든지, 능금이면 능금이라든지 그것이 뚜

---

⑩ 백봉거사는 저서인 『절대성과 상대성』에서 이렇게 말씀하셨다.
"법성신法性身 분상에서 색상신色相身을 끌어 잡는 것으로 '참인 거짓'이라고도 이른다면, 색상신 분상에서 법성신을 끌어 잡는 것으로 '거짓인 참'이라 이르겠으니, 이에 진상眞相의 나툼이 바로 가상假相인 줄로 안다면 이것을 '참인 참'이라 이르겠으나 다 이 방편어方便語로서의 말잔치라 하여두자."

렷하게 나타납니다. '아, 이게 공성이구나' 하는 생각이 머리에 떠올라요. 그 모습을 통해서 성품이 그대로 납득이 가는데, 이것이 혜안(慧眼; 슬기눈)입니다. 혜안은 봄이 없으면서 보지 않음이 없어요.

참과 거짓이 둘이 아니란 말은 실답고 실답지 않은 것이 둘이 아니라는 뜻입니다. 따라서 실다움에도 들어앉지 않고 실답지 않음에도 들어앉지 않는다면 실다운 절대성 자리도 걷어잡을 수 없는데 어찌 실답지 않은 환상을 걷어잡을 수 있겠습니까! 어쨌든 이쪽에도 치우치지 않고 저쪽에도 치우치지 않아야 진짜 그놈의 모습, 다시 말해서 밝지도 않고 어둡지도 않은 비명비암非明非暗이 나타납니다.

내가 오늘 저녁에 하는 말은 여러분이 앞으로 법을 굴리는 데 방편을 제시하는 거예요. 참과 거짓, 참인 거짓, 거짓인 참, 거짓이 아님도 아니고 참이 아님도 아니다…… 이게 법을 굴리는 소식입니다. 이 중 어디에도 딱 들어앉지 마세요. 이건 무유정법無有定法, 즉 정해진 법이 없습니다. 어떤 말도 진짜를 그대로 들내지 못하기 때문에 정해진 법이 없어요. 그 당처當處를 딱 끄집어서 언구言句로 나타낼 수 없기 때문에 갖가지 방편이 나오는 겁니다. 우리의 실다운 성품을 이거라고 딱 정해놓는다면 그건 사도邪道에요. 나중에 가서는 모르는 겁니다. 그만 그대로에요. 우리의 본성인 말쑥한 자리는 이러쿵저러쿵 말을 할 수 없습니다. 그만큼 소소영령昭昭靈靈해서 어떻게 말을 붙여 볼 도리가 없어요. 우리의 성품만이 아니라 우리의 몸을 비롯한 일체 세계가 전부 그렇지 않습니까? 욕계 색계 무색계도 참인 거짓이요, 거짓인 참이요, 참인 거짓도 아니요…….

결론적으로 우리는 전부 방하착해서 절대로 언구에 결박되지 말아야 합니다. 일체를 방하착해서 자기의 성품을 완전히 파악하는 것이 절대의 대도에요. 이 대도를 모르면 신통이나 술법에 휩쓸릴 수 있습니다. 옛날에 황벽 선사가 강을 건너는데, 어린 아이들이 발목만 담그고 쪼르르 건너갔어요. 황벽 선사는 '아, 얼마 깊지 않구나' 하면서 건너다가 그만 푹 빠져버렸습니다. 어린이로 화한 나한羅漢들에게 속았던 거예요. 황벽은 나중에 강에 올라서 이렇게 말했습니다.

"이놈들, 너희가 신통은 나보다 낫겠지만 대도야 감히 나를 당하겠느냐!"

또 어느 선사는 하늘세계의 공양, 즉 천공天供을 받으면서 수행을 했지만, 이 역시 환상놀이로서 지엽적이고 말단적인 일에 불과합니다. 이 나한의 신통이나 선사의 천공은 사도邪道예요. 그런데도 이런 걸 배우려는 사람이 있는데 그건 몰라서 그런 겁니다. 나중에 내가 완전히 방하착할 수 있다면 천 배, 만 배, 억 배로 신력神力을 발휘할 수 있어요.

조주 화상의 일화를 소개하죠. 진정으로 견성을 하면 신장들이 보호하게 되어 있습니다. 과학적으로 그렇게 되어 있어요. 그래서 신장들이 조주를 보호하려는데 당최 조주 화상이 보이지 않는 겁니다. 조주 화상이 어떤 마음을 일으켜야 보일 텐데, 즉 착하다 나쁘다, 싫다 좋다는 마음을 일으켜야 하는데 일절 마음을 일으키지 않거든요. 그만 그대로 허공 같은 마음을 굴리고 있을 따름입니다. 그러니 신장들이 찾으려야 찾을 수가 없단 말이죠.

그런데 어느 날 조주 화상이 부엌 앞을 지나다가 수채 구멍에 밥알 두어 개가 떨어진 걸 보고서 화를 내며 야단쳤어요.

"어느 놈이 이런 짓을 했냐!"

불가佛家에선 밥알 하나가 떨어지면 옥황상제가 그 밥알이 다 썩을 때까지 기다린다는 말이 있습니다. 그만큼 소중하게 생각하고 있어요. 그래서 조주가 항상 말쑥한 자리만 딱 지니고 있다가 화를 내자, 문득 화라는 그 물결이 넘쳐흘렀습니다. 신장들이 그 모습을 보고 절을 했습니다.

"아이고, 화상께서 여기 계셨군요. 우리가 몇십 년을 찾았는데도 뵙지 못했는데 오늘에야 뵙는군요."

여러분 가만히 생각해보세요. 실답다거나 실답지 않다는데 주저앉지 않으면 염라대왕이 우릴 알아보지 못하지만, 그러나 탐욕, 성냄, 어리석음을 일으키거나 갖가지 사량분별로 번뇌 망상을 일으키면 그땐 그걸 보고서 달려드는 겁니다. 우리가 화두를 갖는 것도 이 번뇌 망상을 없애기 위해서에요. 화두가 딱 잡히면 다른 생각이 나지 않기 때문이죠.

유위법과 무위법

유위법에 다한 법이 없고, 무위법에 머무는 법이 없습니다. 어느 것이 옳은가 하면, 무위법, 즉 절대성이 옳아요. 하지만 절대성인 무위법이 옳다고 해서 그것만 딱 지키고 있다면 어떻게 됩니까? 죽어버리는 겁니다. 밥을 못 먹습니다. 밥을 먹는 건 유위법입니다. 숟가락으로 밥을 떠서 입에다 집어넣는 것은 유위법이에요. 아울러 무위법을 놓치지 않아야 해요. 허나 놓치지 않으면서도 거기에 머무는 법이 없어야 합니다. 그러면 유위법에 다하는 법이 없어요. 하지만 유위법이라고 해서 전적으로 거기에 들어앉지도 말아야 합니다. 결국 무위법은 절대성이고 유위법은 상대성인데, 절대성에만 들어앉아도 상대성을 나투지 못해요. 이 절대성은 상대성을 나툼으로써만 절대성의 살림살이가 이루어지고, 상대성은 절대성이 있음으로써만 꽃을 피우고 살림살이가 이루어집니다.

　물론 상대성은 거짓이고 절대성은 참입니다. 유위법은 거짓이고 무위법은 참입니다. 참은 참이지만 참이 있음으로써 거짓이 있는 것이고, 거짓이 있음으로써 참의 살림살이인 거짓이 이루어집니다. 그러니 가만히 생각해보십시오. 이걸 뭐라고 말해야 합니까? 그래서 내가 『절대성과 상대성』에다 '참인 거짓'이고 '거짓인 참'이라고 표현했습니다. 참이 있음으로써 거짓이 있고 거짓이 있음으로써 참이 있는 것 아닙니까?

상대성인 유위법은 거짓입니다. 거짓은 거짓이지만, 이 거짓이 없으면 참의 꽃은 피우지 못하는 거예요. 우리가 절대성 자리에 있으면서도 공덕을 짓는 이유가 여기 있습니다. 육바라밀을 닦는 이유가 여기 있어요.

결국 이렇게 따져 들어가면, 유위법과 무위법이 둘이면서 둘이 아니고, 절대성과 상대성이 둘이면서 하나이고 하나이면서 둘이라는 이론이 서지 않겠습니까? 그렇다면 우리는 늘 절대성 자리를 놓치지 않으면서 상대성을 그대로 굴려야 합니다. 물론 상대성은 거짓이지만 그대로 굴릴 줄 알아야 해요. 이렇게만 우리가 행을 해나가면 성불은 보증수표입니다. 그렇게 알아두십시오.

이처럼 유위를 굴리면서도 무위를 여의지 않고, 무위를 여의지 않으면서도 유위를 굴리는 것이 참된 공덕행을 이루는 상승도입니다. 언제라도 무위법에 앉아서 유위를 굴리세요.

선지식은 어떻게 만나는가?

선지식을 친견하려면 마음 안에서 찾아야 합니다. 선지식을 찾는데 마음 안에서 찾아야 한다고 하니 이상스럽지 않습니까? 선지식을 만나야겠다고 간절히 생각하는 거예요. 간절히 생각을 하면 늦고 빠름이 있을지언정 인연이 닿으면 만나게 됩니다. 그러나 인연이 닿지 않으면 선지식과 함께 한 이불 속에서 잠을 잔다 해도 모릅니다. 이거 참 이상한 거예요. 어쨌든 간절하면 자연히 만나게 됩니다.

예불과 경전 독송으로
수행하는 것은 어떠한가?

예불과 경전 독송은 다 법 중의 방편으로 불자佛子의 소중한 일과임에는 틀림이 없습니다. 그러나 계율, 선정, 지혜의 삼학三學을 닦지 않고 마음과 몸 밖을 향해서 내세의 안주처나 현세의 복록 따위를 얻기 위한 생각으로 예불을 하거나 경전 독송을 한다면 어찌 사도나 외도의 짓거리와 다르겠습니까! 그런 생각으로 예불을 하거나 경전 독송을 한다면 자기 부처를 죽이는 겁니다. 중생들은 자기 부처를 매일 죽이고 있으면서도 몰라요. 여러분은 누리의 주인공인데 누리의 주인공 자리에 있지 못하고 자기 부처를 죽인다면 되겠습니까?

새말귀

인과 – 빚 갚기

 인과의 당처는 비었습니다. 인과만 아니라 탐냄, 성냄, 어리석음의 당처도 비었고 자비심의 당처도 비었고, 자기 몸을 비롯해 일체만법의 당처가 다 비었어요. 물론 당처는 비었다 해도 상대성인 모습을 나투어서 법을 굴려야 하는데, 법을 굴릴 때는 좋은 것을 나투어야 합니다.
 그리고 인과의 당처가 비긴 했지만 모습의 세계에서는 인을 심으면 반드시 과가 있는 거예요. 마치 괴로운 꿈을 꾸면 꿈속에서는 반드시 괴로움을 당하는 것과 같습니다. 부처의 당처는 비지 않은 줄 아십니까? 환하게 텅 비었어요. 중생의 당처는 비지 않은 줄 아나요? 텅 비었습니다. 이처럼 당처가 다 비었지만 헛것인 모습을 나투어서 웃고 울고 하는 거예요. 이 점을 안다면 남하고 멱살 잡고 싸우는 것도 하나의 법을 굴리는 것이고 남에게 좋은 일을 하는 것도 법을 굴리는 겁니다. 설사 인과가 비었다 해도 헛것으로서의 인과는 나타나는 것이므로 부처님도 인과 과를 굴리고 우리도 인과 과를 굴리고 있습니다.

따라서 우리가 한 생각을 가지면 씨가 반드시 심어집니다. 이건 참 반가운 일이에요. 나쁜 씨를 심으면 나쁜 과가 나고 좋은 씨를 심으면 좋은 과가 나는데 털끝만큼도 틀리지 않습니다. 설사 우리가 고생을 한다 해도 털끝만큼도 틀리지 않기 때문에 이 법이 소중한 것이지 내가 나쁜 생각을 했는데도 좋은 결과가 나왔다면 그런 법은 있으나 마나예요. 이 누리의 법칙이야말로 서릿발 같습니다. 서릿발 같아도 그 당처는 다 비었지만요.

인과는 말하자면 모습이 있기 때문에 있는 겁니다. 인이 심어지고 과가 나타나는 모습놀이가 없다면 인과는 붙을 곳이 없어요. 사람의 몸이든 산하대지든 지구든 다 모습놀이를 하고 있습니다. 사실은 모습놀이 해야 해요. 절대성 자리만 있으면 그까짓 게 무슨 소용이 있습니까? 그래서 모습놀이를 해야 하는데, 모습놀이는 어디까지나 하나의 곡두놀이고 꿈이에요. 꿈을 꿔야 하지만 꿈은 꿈 아닙니까? 설사 좋은 꿈을 꿨다 해도 꿈은 꿈입니다.

어쨌든 모습놀이는 절대성의 살림살이를 이루어줍니다. 따라서 인과니 뭐니 이름자(名字)가 있는 것은 모두 모습놀이에요. 이 모습놀이에서는, 즉 이 꿈 세상에서는 절대로 인과를 무시하지 못하는 법입니다. 우리의 현재 몸은 어머니가 낳은 이래로 인이 과가 되고 과가 인이 되는 일을 거듭해서 이루어진 거예요. 지금의 몸은 과이지만 인이 없는 몸이 지금 이 자리에 어찌 있겠습니까? 그러므로 인과는 참 정직한 겁니다. 사사로운 정이 없어요. 또 사사로운 정을 둘 필요도 없습니다. 세상에 태어나서 절대성 자리는 모른 채 세상을 원망하는 사람이 있는데 이건 미련해서 그렇습니다. 스스로 괴로움을 만들었는데 누굴 원망합니까? 대체로 불교를 믿어도 의타적으로 쏠린 사람들은 원망이 많습니다. '내가 이렇게까지 했는데 어째서 부처님이 도와주지 않는가' 하는 식이거든요. 왜 부처님이 도와주지 않습니까! 사람들 전부 복福 속에 있어요. 그러나 의타적으로 쏠린 사람들은 열이면 열, 백이면 백 '부처님도 무심하다', '하느님도 무심하다'는 식으로 나옵니다.

그러나 인과의 도리를 누리의 진리대로 알면 좋은 과든 나쁜 과든 내가 인을 심어서 스스로 초래하는 거예요. 아주 훌륭한 몸을 받아도 스스로 초래한 과이고, 뱀이나 지렁이 같은 몸을 받아도 스스로 초래한 과입니다. 결코 부처님이나 하느님이 만든 게 아니라 전부 스스로 만든 거예요. 스스로 만들기 때문에 이 공부가 필요한 겁니다. 나쁜 몸을 받아서 온갖 고생을 하는 것이 스스로 지어서 스스로 받는 거라면 누구를 원망하겠습니까? 자기밖에 원망할 데가 없잖아요? 물론 자기를 원망해도 안 되지만 부처님을 원망하겠습니까, 세상 사람을 원망하겠습니까?

그러나 이 도리를 아는 사람은 도리어 웃습니다. 왜 웃을까요? 내가 고생을 하는 건 과果인데, 이 과는 내가 인을 심어서 초래했기 때문이에요. 그럼 이 도리를 알아서 내가 빚을 갚는 겁니다. 세상에 빚 갚는 것처럼 좋은 것이 없어요. 고생을 하는 현실을 내 자신이 만들었기 때문에 그 과를 그대로 받으면 빚을 갚는 겁니다. 이건 머리털 하나 틀리지 않아요. 그러나 불교를 수십 년 믿는 사람도 이 도리를 모르고 자꾸 의타적으로 쏠립니다. 아니면 "세상을 살면서 죄 지은 일도 없는데 왜 이렇게 고생하느냐"고 하면서 부처님이나 하느님을 탓해요.

공성空性 중에는
생사와 열반이 붙지 않는다

공성 안에서는 생사의 성품도 비었고 열반의 성품도 비었습니다. 그런데 우리 다시 한 번 잔소리 해봅시다. 비었다고 말하면 그만 싱거워서 잘 납득이 안 가요. 납득이 안 가는데, 지금 내가 말하는 것은 무엇이죠? 이거 빈 것이 말하는 겁니다. 물론 빈 것이 이 입을 통해서, 내 혀를 통해서 마치 손가락을 까딱까딱하듯 혀를 놀려서 말할 따름입니다. 실은 빈 것이 이렇게 말하겠다, 저렇게 말하겠다 해서 말하는 거예요. 세상 사람들은 모두 이 도리를 쓰고 있습니다. 하지만 이 빈 것이 혀를 굴리고 입을 놀리면서 말하는 줄은 까마득히 몰라요.

내 말 자체도 비었으니, 열반이라고 비지 말란 법이 어디 있으며 생사라고 그 당처가 비지 말라는 법이 어디 있습니까. 이 비어 있음을 아는 것이 공리空理, 즉 빈 이치에 요달하는 거예요. 우리가 어떤 공부를 하더라도 빈 이치만 확연히 요달하면 그때는 다른 공부할 것이 별로 없습니다. 무엇을 공부합니까? 공부할 것이 없어요.

우리 공부는 상대성의 사물을 전부 꼭두각시로 보고서 빈 데로 돌아갑니다. 그렇기 때문에 우리가 빈 입장에서 턱 보면 내가 말하는 것도 빈 것이고 여러분이 내 말을 듣는 것도 빈 거예요. 두뇌가 듣는 것이 아닙니다. 뇌라는 기관을 통해 듣는 놈이(빈 놈이) 들어요. 이걸 알아버리면, 즉 이 빈 자리를 알면 어찌 됩니까? 여기서 한 느낌이 턱 오면 삼천대천세계가 빈 거 하나뿐입니다.

물론 여기서 산하대지를 비롯한 모든 것이 일어났지만 그게 전부 빈 성품이니, 마치 물 위의 거품처럼 볼지언정(거품이라고 해서 물 아닌 것도 아니지만) 그 가짜에 속아 넘어가지는 말아야 해요. 문제는 이걸 내 몸에서 찾아야 하는 겁니다. 지금 내가 말하는 것은 입이 말하는 게 아니에요. 물론 입을 빌어 소리를 내긴 하지만, 그 말을 시키는 것은 바로 무념無念 무색無色인 허공이 시키고 있는 것 아닙니까?

허공이 시키고 있는 것을 확연히 알아버리면 그만 그대로 공리에 통달하는 겁니다. 그리고 공리에 통달하면 본래의 고향에 돌아간 거나 마찬가지죠. 본래의 고향에 돌아가서 손을 이용하기도 하고, 발을 놀려 오가기도 하고, 혓바닥을 굴려서 이런저런 얘기도 하고, 귀를 통해 이런 말을 듣기도 하고, 눈을 통해 보기도 할 따름입니다.

그런데도 세상 사람들은 눈이 본다, 귀가 듣는다, 입이 말한다고 해요. 물론 눈이란 기관을 통하고, 귀라는 기관을 통하고, 입이란 기관을 통하긴 하지만, 실제로 말을 하고 보고 듣는 것은 바로 이 빈 자리입니다.

공空, 무상無相, 무작無作

공空도 없어요. 공이 있다면 공이 아닙니다. 만약 빈 것이 있다면 공이 아닌 것 아닙니까? 이거 참 어려운 대목입니다. 비었다고 딱 인정을 하면 빈 것은 있죠. 그럼 빈 것이 있는데 어찌 공이냐 말입니다. 이 때문에 원래는 공도 없지만, 그러면서도 공이라고 하는 겁니다. 바로 '듯'이란 소식이에요.

무상은 모습이 없다는 말입니다. 비었으니 모습이 있을 수 있나요? 비지 않았으면 모습이 있는데, 비었기 때문에 모습이 없거든요. 이거 당연한 이치 아닙니까? 또 모습이 없기 때문에 지음(作)이 없잖아요? 지음이 있다면 유위법 아닙니까? 모습을 이리 옮기고 저리 옮기는 것이 지음 아닙니까? 그런데 공이기 때문에 모습이 없고, 모습이 없기 때문에 지음이 없습니다.

따라서 이 자리는 공이란 말도 사그라진 자리지만, 그러나 어쩔 수 없이 공이라고 말하는 겁니다. 무상이란 말도 사그라진 자리지만, 그러나 무상이란 말을 안 쓸 수가 없어요. 무작이란 말도 합당치 않은 말이지만, 그러나 무작이란 말을 안 쓸 도리가 없습니다. 이 때문에 이 공은 공을 뛰어넘은 공이라고 말하는 거예요. 공이라고 인정을 딱 하면 그건 공이 아닙니다. 공이 있기 때문에 공이 아니란 말이에요. 알겠죠?

'공'이라 하면, 세상 사람들은 아무것도 없다, 형체가 없다는 식으로 인정하고 맙니다. 하지만 그러면 이미 공이라는 명자가 있게 되기 때문에 공이 아닙니다.

A군: "그럼 둘이 되는 거죠."

공에 들어앉으니 둘이지. 나도 부득이 공을 뛰어넘은 공이라고 하는데, 공이라는 것도 없는 공이란 뜻입니다. 하지만 공이라고 말하지 않을 도리가 없어요. 과학적으로…… 다만 공이란 것도 뛰어넘은 공이란 말입니다. 모습 없음(無相)도 뛰어넘은 모습 없음이에요. 만약 모습이 없다고 인정하면, '모습이 없다'는 모습이 있는 것 아닙니까? 어때요? 가만히 생각해보세요. '모습이 없다'고 하면 말마디가 생기지 않았습니까? '모습이 없다'는 모습이 하나 있잖아요?

또 지음이 없다(無作)고 하면 말이 다 된 겁니까? 아닙니다. 설법을 그렇게 하다간 큰일 나요. 지음이 없다고 하면, '지음이 없다'는 말마디가 하나 딱 생기지 않아요? 그럼 지음이 있는 것 아닙니까? 이거 단단히 알아야 합니다. 이 때문에 공도 뛰어넘은 공, 무상도 뛰어넘은 무상, 무작도 뛰어넘은 무작으로 알아야 합니다. 우리의 성품 자리는 공도 없고, 무상도 없고, 무작도 없어요.

무상이 옳다고 해서 딱 주저앉아버리면, 무상이라는 하나의 물건이 있지 않아요? 하나의 말마디가 있지 않습니까? 무상이란 말마디에 들어앉아버린다 말입니다……. 또 무작이라 하면 무작이란 말마디에 딱 주저앉아요. 하지만 이런 식으로 설법하면 사람 죽이는 거예요. 무無라 하면, 그 무도 없어야 진짜 무가 됩니다. 그런데도 세상 사람들은 대부분 여기 걸려들고 있어요. 물론 공부를 많이 한 사람들이야 걸려들겠습니까? 그러나 대부분 걸려들고 있어요. '공은 공이다'에 그대로 걸려듭니다. 그러면 어떻게 되죠? 도깨비밖에 더 됩니까?

삼계를 노리개 거리로 삼아라

(강론) 이렇듯 불가사의한 해탈법에 머무는 보살이라면 모든 법을 굴리는 데 걸림이 없기 때문에 능히 신통으로 불신佛身을 짓기도 하고 혹은 벽지불신, 성문신, 범천왕신, 제석신, 전륜성왕신도 나투기도 한다.
- 『유마경대강론』 제6 부사의품不思議品 중의 내용을 갖고 법문하신 것임_(편자 주)

중생이 보살이 되고 보살이 중생이 되고, 부처가 미혹하면 중생이 되고 중생이 깨치면 부처가 되는 것이 다 마음 씀씀이 하나의 가짐새입니다. 다시 말해서 내가 그대로 슬기 자리에 들어앉느냐 들어앉지 못하느냐에 달렸어요.

슬기 자리에 앉으면 어떤 정한 법도 없기 때문에 신통으로 부처의 몸도 나투고, 벽지불의 몸도 나투고, 성문의 몸도 나투고, 연각의 몸도 나투고, 제석천의 몸도 나투고, 전륜성왕의 몸도 나투고, 중생의 몸도 나투고, 축생의 몸도 나투는 거예요.

그러나 뭔가 마음속에 하나라도 있으면, 즉 머리털만큼이라도 뭔가 있으면, 한계가 딱 있어서 부처 몸은 나투지 못합니다. 나툴 수가 없어요. 하지만 딱 깨놓고 그 자리, 그 소소영령한 자리—아니, 자리가 아니니 이젠 자리란 말도 뺍시다. 그만 소소영령하면 인연에 따라서 환신幻身을 나투게 되므로 부처 몸이든 벽지불 몸이든 뭐든지 나툴 수가 있어요. 그리고 이렇게 되기 위해서는 일체 경계에 머물지 않아야 합니다. 자기 몸뚱이에도 머물지 않고 전부 방하착放下着해야만 차차 들어갈 수 있는 거예요.

(강론) 뿐이냐. 더욱이나 시방 세계에 있는 중생의 크고 작은 소리를 다 변화시켜서 부처님의 목소리를 짓되, 무상無常, 고苦, 공空, 무아無我의 소식과 부처님이 설하시는 갖가지 법을 널리 얻어듣게 함이니, 이는 다 모든 시방 세계로 하여금 노리개 거리로 삼음을 밝히심이라 하겠다.

'시방 세계에 있는 중생의 크고 작은 소리를 다 변화시키는' 것은 중생과 한 몸이기 때문에 할 수 있는 겁니다. 본래의 슬기를 우리가 쓴다면 이렇게 할 수 있어요.

소리란 것이 따로 있나요? 다 자기가 만들어내는 겁니다. 그 소리를 다 변화시켜서 부처님의 소리로 만든다는 말이에요. 이 부처님의 목소리와 무상, 고, 공, 무아는 법공法空 자리에 앉으면 그대로 다 해결이 됩니다. 이런 것들은 모두 우리 슬기의 노리개에 지나지 않는 거예요. 우리가 분별상分別相을 갖지 않고 본바탕으로 돌아간다면 부처님 바탕이나 우리의 바탕이 꼭 한가지입니다. 왜냐하면 모습이 없기 때문이죠. 이 모습만 완전히 놓아버릴 수 있다면, 그대로 모습을 둔 채로 모두 슬기 놀음에 지나지 않음을 알 수 있어요. 그러면 삼라만상이 전부 우리의 슬기 놀음이나 마찬가지입니다.

(강송) 참으로 드높은 고개로다. 이 고개를 뛰어넘을 자 뉘리요? 오직 무심無心 무연無緣으로 달리는 발가숭이가 아니면 어찌 이 삼계를 노리개 거리로 삼을까 보냐.

이 슬기 자리에 앉는 것을 '참으로 드높은 고개'라고 말했지만, 알고 보면 그리 쉽지도 않지만 그리 어렵지도 않아요. 다만 무심無心이어야 하는데, 무심이라고 해서 마음 없음을 말한 것은 아닙니다. 정념正念을 말하는 거예요. 마음을 없애는 거라고 오해하면 큰일 납니다. 정념, 정심을 갖는 것이고, 직심直心을 갖는 거예요. 무심, 무념이면 인연에 끄달리지 않습니다. 부처님은 인연에 끄달리지 않아요. 중생들은 인연에 끄달리죠. 그러니 우리가 모습놀이를 하지 않으면 무연無緣이 됩니다. 무연 도인이 되는 거예요. 왜냐하면 이 모습이란 전부 인연으로 이루어지기 때문이죠.

하지만 모습을 딱 여의어버리고 법공法空 자리에 앉아버리면 인연이 들어붙을 자리가 없어요. 인연이 어떻게 들어붙습니까? 반대로 우리가 모습을 인정하면, 즉 무언가 하나를 인정하면 백 가지 허깨비가 막 날뜁니다. 반면에 완전히 모습을 놓아버리면, 그땐 인연이 있다 해도 어찌할 수가 없습니다. 완전히 놓아버리면 마음대로 하는 거예요. 그때는 여김(念) 하나로 이렇게 해도 되고 저렇게 해도 됩니다. 그러나 머리털만큼이라도 하나 걸려 있으면 마음대로 되지 않습니다. 머리털 하나가 온 누리에요. 말이 머리털 하나이지, 그 머리털 하나라도 있으면 천지가 그만 머리털 하나에 칭칭 감겨버려요. 그 슬기가 그만 감겨버립니다. 그래서 자유롭게 쓰지 못하는 겁니다.

무엇이 모습을 여의는 겁니까? 배고프면 배고픈 줄 알아야 합니다. 허나 배고픈 줄 알면서도 그 당처가 공한 줄 알면 모습을 여의는 거예요. 육신이 있으면 고통을 받아요. 허나 고통 받는 그 당처가 공한 자리라고 알면 여의는 겁니다. 즉 이 몸을 여일 뿐이지 몸을 버리란 말은 아니거든요. 몸뚱이에 들어앉지 말라는 것이지 버리라는 것은 아닙니다.

여러분, 우리가 욕계, 색계, 무색계의 삼계든 장엄불토든 노리개 거리로 삼으려고 하면 어떻게 해야 합니까? 우리가 거기에 들어앉아 버리면 그만 거기의 지배를 받아요. '나'이다, '내 모습'이다, '나'란 것이 있다, 삼계가 있다, 장엄불토가 있다고 하면 그만 거기에 속해버려요. 거기의 일부가 돼요. 내가 노리개 거리가 돼버립니다. 하지만 완전히 모습을 여의면 그 전부가 내 노리갯감 아닙니까? 내가 모습으로서 나툰 것이거든요.

이 때문에 모든 걸 완전히 놓으라는 겁니다. 완전히 놓으라고 해서 당장 이 몸을 죽이라는 말이 아니에요. 그대로 굴리면서 '나'라는 걸 놓고 '무아인 나'의 입장에 서라는 말입니다. 완전히 무아인 입장에서면 마음과 뜻과 알음알이 세 가지를 다 놓아버린단 말이죠. 이때도 성품은 안 놓아집니다. 그렇다면 인연이 있기로서니 인연이 날 어떻게 할 겁니까. 천당이 있기로서니 천당이 날 어떻게 할 것이며, 욕계가 있기로서니 욕계가 날 어쩔 겁니까? 다만 내가 굴릴 따름이죠. 따라서 완전히 놓아버린 발가숭이가 되지 않으면 어찌 이 삼계를 노리개 거리로 삼을 수 있겠습니까?

업을 녹이려면(1)

선업과 악업은 서로 상쇄가 안 됩니다. 상쇄가 되지 않기 때문에 좋은 거예요. 만약 악한 일을 조금 하고 선한 일을 많이 했다고 해서 악한 일이 상쇄된다면, 그것은 법이 아닙니다. 따라서 차별 현상의 놀이이긴 하지만, 악한 일을 한 사람은 악한 과보를 받는 것이 당연히 옳고 또 좋은 일을 많이 한 사람은 좋은 과보를 받는 것이 당연히 옳습니다. 어쩌다 실수로 악한 일을 저질렀다면 그 과보를 받아야 할 뿐 아니라 기꺼이 받아들여야 해요. 그래야 선한 일을 하면 선한 과보도 기꺼이 받아들일 수 있습니다.

누리의 대도大道가 차별 현상으로 나투긴 하지만 분명한 겁니다. 그러므로 어쩌다 잘못 알아서 악한 일을 자신도 모르게 저질렀다 해도 그걸 곱게 받아들이세요. 절대로 불평하지 마십시오. 달게 받아들이면 그 과보는 없어지게 됩니다.

우리 중생은 전부 업 덩어리입니다. 업 덩어리 아닌 사람들이 없어요. 그래서 업만 녹이면 그만 모든 것이 그대로 참 공덕뿐입니다. 업을 완전히 녹이면 그야말로 대도인이 되는 건 문제도 아니고 우리 인생관도 싹 달라져요. 전부 업연 관계로 말이죠. 그러나 사람들은 이 업을 녹이지 못하고 있어요. 왜냐하면 한쪽으로는 좋은 일 따위로 업을 녹이면서도 또 한쪽으로는 자꾸 만들고 하는 통에 업이 영원히 끝나지 않기 때문이죠. 그래서 윤회에 들어가는 겁니다.

그럼 이 업을 어떻게 녹여야 하나요? 자기가 알든 모르든 스스로 지어놓은 업을 어떻게 녹여야 합니까? 모습놀이를 하면 업이 녹지 않습니다.

예를 하나 들어보죠. 중국에 육국六國의 재상을 했던 사람이 있습니다. 원래 이 사람의 관상은 너무나 못생겨서 빌어먹을 상相이었어요. 부모도 없고 형제도 없고 친구도 없고 처자도 없고 그야말로 집도 절도 없는 사람이었죠. 그야말로 거지 중에도 상거지예요. 자기 스스로도 압니다. 물에 세수할 때 얼굴을 비쳐보면 어디 복 한 점 붙은 데가 없이 아주 빈티 나게 생겼어요.

당시 관상을 잘 보는 유명한 학자가 있었습니다. 못생긴 거지는 '내 팔자가 정말 이렇다면 그 학자에게 평생의 운명을 물어본 후에 나쁘다면 결정을 해야겠다(즉, 죽겠다)'는 생각을 했어요. 물론 죽어봤자 아깝다고 할 사람도 없습니다. 게다가 자기 자신도 이 못난 몸뚱이를 끌고 다니는 것이 달갑지 않았죠. 그래서 그 사람을 찾아가서 인사를 하고 말했습니다.

"제 관상을 좀 봐주십시오."

그 학자가 대답했습니다.

"뭐 하나 볼 것이 없으니 그만 가게나."

"예, 그러죠. 저도 잘 압니다. 이 세상에 태어나서 부모가 누군지도 모르고 처자도 없고 집도 절도 없는 사람인데, 오늘은 제가 크게 결심을 하고 왔습니다. 그 말씀 한마디라도 여간 고맙지 않습니다."

못생긴 거지는 지위가 높은 학자가 자기처럼 천한 사람에게 말 한마디 해주는 것도 친절을 다한 것이라 생각했습니다. 그런데 거지가 어찌하여 그곳에 가서 자기 운명을 한번 판단해보겠다는 생각을 가졌는지는 모르죠. 일반 거지와 조금 다르다면 자기 운명을 한번 판단해보겠다는 생각이 있고 없는 차이일 뿐 다른 거지와 꼭 마찬가지였으니까요.

하지만 이 거지 따위도 전부 업연 관계입니다. 업연은 과거에 자기가 지은 대로라서 하나도 속이지 않아요. 지은 대로 그대로 이루어집니다. 흔히 우리가 하는 말로 부처님이 그렇게 만든 것도 아니고 하느님이 그렇게 만든 것도 아니에요. 전부 자기 마음 씀씀이대로 하다가 천애의 고아가 된 겁니다. 물론 관상을 보는 학자든 관상을 보러 간 거지든 이런 도리는 모르죠. 하지만 못생긴 거지는 '아무것도 볼 것이 없다'는 그 말도 친절로 생각해서 고마운 마음으로 절을 하고 나왔습니다.

밖으로 나오자 파란 주머니 하나가 땅에 떨어진 것이 보였어요. 예전에 파란 주머니는 돈 주머니입니다. 못생긴 거지가 발로 탁 차보니까 은전인지 동전인지 돈이 들어 있었어요. 거지가 밖으로 나올 때는 자기 몸뚱이가 너무나 귀찮아서 없애려고 했습니다. 워낙 못생긴 탓에 이 못난 몸뚱이를 갖고는 밥 한 술 얻어먹기도 힘들고 농사일에도 써주지도 않았거든요. 자기 스스로 몸뚱이를 부인하고 있는 판이니 모든 게 허망합니다. 그저 이 몸뚱이만 없애버리면 가장 편하겠어요. 이렇게 자기 한탄을 하면서 일체를 허망하게 생각했습니다. 즉 '내게는 아무것도 없다'는 생각이 딱 들어선 것이죠.

바로 그때 푸른 주머니를 보았습니다. 언뜻 '이걸 잃어버린 사람은 얼마나 허망하겠는가!' 하면서 딱 밟았어요. 딱 밟고 선 채 일체가 허망하다(불교식으로 말하자면 전부가 텅 빈 거다)는 생각을 하고 있는데, 잠시 후 어떤 늙은이가 지팡이를 짚고 여기저기 살피면서 오고 있었어요. 거지가 노인에게 물었습니다.

"노인께서는 뭘 찾고 있소?"

흉악하게 못생긴 놈이 뭘 찾느냐고 묻자 노인은 퉁명스럽게 대답했습니다.

"자네가 알 것 없네."

그래도 거지는 거듭 물었습니다.

"아니, 뭘 찾습니까?"

"주머니를 찾네."

"안에 뭐가 들었죠?"

"돈이 들었네. 그런데 왜 묻는가?"

"혹시 이 주머니 아닙니까?"

"아이고, 맞네. 정말 고맙네."

세상에 고맙단 말은 태어나서 그 노인에게 처음 들었습니다. 당시 거지에게는 일체가 텅 비었기 때문에 자비심이 발동한 거예요. 생전 고맙다는 대우를 처음 받아보자, 언뜻 자기도 모르는 사이에 그 학자에게 다시 한 번 가보겠다는 생각이 들어서 찾아갔습니다.

한 시간 전에 왔던 거지가 다시 대문을 열고 들어오자, 관상을 보는 학자가 갑자기 뛰어내려오면서 손을 잡고 말했습니다.

"올라갑시다. 이게 어쩐 일입니까? 아까는 천하에 외로운 사람으로 뭐 하나 볼 것이 없었는데, 지금은 그렇게 귀할 수가 없는 상相이오."

이렇게 탄복을 하면서 앞으로 육국의 재상을 할 거라고 말했습니다. 거지는 돈 주머니 밟기 전까지는 자기 몸뚱이를 포함해 일체를 포기했어요. 돈이든 무엇이든 애착이 붙을 데가 없을 정도로 마음이 텅 비워졌습니다. 마음이 비워지니까 자비심이 생긴 것 아니겠습니까? 자기도 모르게 그 주머니를 밟은 것은 자비심입니다. 아무것도 걸릴 것도 없고 후회할 것도 없으니까 마음이 텅 비고, 마음이 텅 비니까 자비심이 솟아나서 주머니를 밟은 거예요.

이 일화에서 보았듯이, 업이 녹으려면 마음이 비워져야 해요. 마음을 비우지 못하면 업은 절대로 녹지 않습니다. 수미산 같은 업이 있어도 공리空理, 즉 빈 이치를 요달하면 자그마한 불씨 하나로 수미산 같은 업을 녹일 수가 있어요. 전부 불사를 수가 있습니다. 하지만 공리를 요달하지 못하면 불가능합니다. 왜 그럴까요? 업 자체가 비었기 때문입니다. 업의 당처當處가 비었고, 인연의 당처도 비었으니, 이 빈 것을 딱 알아서 행으로 옮기면 업은 자연히 녹기 마련입니다. 그렇지 않고 모습놀이를 하면 한편에선 업이 녹아도 다른 편에선 업이 생깁니다. 마치 흘러가는 물처럼 앞의 물은 흘러가고 뒤의 물은 흘러오는 것과 같아요. 그럼 가도 가도 업은 녹지 않습니다.

업을 녹이려면(2)

아상我相 인상人相 중생상衆生相 수자상壽者相이 붙을 자리가 없으면 자비심은 저절로 나옵니다. 그러나 '나'라는 걸 딱 걷어잡으면 남도 인정하기 마련인데, 이런 식으로 얼붙어서 모습놀이를 하면 업은 도저히 녹지 않습니다. 반면에 부처님 말씀처럼 수미산 같은 업이 있을지라도 업의 당처가 비었음을 안다면 라이터 불 하나로도 그 업을 태울 수 있어요. 불법을 공부하는 사람이라면 자기 업은 자기가 녹일 줄 알아야 합니다. 그렇지 않으면 인생 문제가 해결될 수 없어요. 우리 스스로 업을 녹이지 못한다면, 설사 팔만대장경을 삶아먹더라도 인생 문제는 해결될 수 없습니다. 그러나 참된 공부로 업이 완전히 녹아버리면 그만 해말쑥한 자리인데, 이 해말쑥한 자리가 바로 부처 자리에요. 그러므로 우리는 어쨌든 업을 녹이는 방향으로 나갑시다. 업을 녹이는 방향은 늘 말하듯이 공리空理, 즉 빈 이치를 요달하는 겁니다. 공리를 요달한 후에 이러쿵저러쿵 하는 것은 전부 법을 굴리는 하나의 방편이에요. 공리란 무엇입니까? 우주와 산하대지를 이루는 티끌의 당처가 비었고, 마찬가지로 우리가 사람 몸을 받고서 좋다, 나쁘다 하면서 질투하고 시기하는 것이 전부 비었다는 뜻입니다. 그 당처가 빈 거예요. 산하대지가 비었기 때문에 그림자처럼 나타나는 것이고, 우리 자신도 비었기에 이런 생각 저런 생각도 해보고 장난도 해보는 건데, 솔직히 공리를 요달하면 책도 볼 필요가 없고 설법도 들을 필요가 없습니다.

공리를 요달한들 무슨 재미가 있을까요? 재미없는 게 아닙니다. 오히려 공리를 알면 느낌이 없는 이 몸을 갖고 장사도 하고 농사도 짓고…… 뭘 해도 재미가 있습니다. 이 공부는 공리를 요달하여 이 인간사회에서 참으로 멋지게 재미를 보자는 거예요. 그러나 공리를 모르면 천 년을 공부해도 인생 문제가 해결되지 않습니다.

공리를 요달한 사람은 보면서도 보는 바가 없고 들으면서도 듣는 바가 없습니다. 무엇을 보든 거기에 들어앉지 않아요. 그러나 보통 사람들은 무엇을 보면 거기에 들어앉아버립니다. 모습에 그만 들어앉아요. 쇠로 만들었든 돌로 만들었든 불상을 보면 치마 불교라고 해서 굽신굽신 절이나 하는데, 이런 사람들은 그 부처와 자신을 딱 둘로 보고서 '잘 되게 해달라'고 빌고 있습니다. 바로 이것이 모습놀이에요. 이 모습놀이는 어떤 결과를 가져옵니까? 자꾸 모습만 굳어져요. 이거 참 기막힙니다. 모습이 비었다는 걸 알아야 하는데 자꾸 모습만 굳어져요. 저 모습(불상)이 굳어지니 이 모습(나 자신)도 굳어집니다. 어떻습니까?

그래서 우리는 불상을 걷어잡고 진불眞佛을 알아야 합니다. 이를 위해서는 무엇보다도 당처가 비었다는 걸 알아야 해요. 하나의 슬기가 유정과 무정을 나투어서 별별 법을 굴려도 그 당처는 비었다는 사실부터 알고 들어가야 하는데, 이걸 모르고 모습놀이에 빠지는 바람에 '나'가 굳어지고 있고 '나'가 굳어지니 상대도 굳어져요. 상황이 이럴진대 업이 녹을 수 있나요? 업의 당처가 빈 걸 알아서 그대로 빈 걸 굴릴 줄 알면 되는데, 그와는 달리 자꾸 모습을 포개고 포개고 포개고 포개면서 모습놀이를 하고 있습니다. 이 변하는 모습에 들어앉지 말아야 해요. 업의 당처가 빈 걸 알아서 그렇게 행동을 하면, 다시 말해서 무슨 일을 하든(심지어 화투를 치거나 술을 마실 때에도) 그 당처가 비었음을 안다면, 이것이 대도로 가는 길입니다. 이 말이 지극히 간단해서 싱거운 것 같지만 절대로 그렇지 않아요.

어쨌든 우리는 업을 녹이는 방향으로 갑시다. 잘 살아도 업이고 못 살아도 업인데, 이 업이 그대로 녹기 시작하면 단숨에 녹습니다. 가령 지금 현재 우리 얼굴이 못났다고 합시다. 그러나 업이 딱 녹기 시작하면 그 얼굴 그대로 좋게 보여요. 얼굴을 탓하면서 신세한탄을 하기보다는 그 마음 자리가 비었다는 사실을 사실대로 딱 느껴서 행동한다면, 설사 얼굴이 못났다 해도 그 얼굴이 잘난 것처럼 보입니다.

또 보아도 보는 바가 없이 보고 들어도 듣는 바가 없이 듣기 위해서는 그 당처가 비었다는 사실을 뼈저리게 알아야 합니다. 정말로 보아도 보는 바가 없이 보고 들어도 듣는 바가 없이 듣는다면 무슨 놈의 모습놀이를 하겠습니까. 이런 사람은 모습놀이를 하라고 해도 하지 않습니다. 가령 절에 가서 장엄한 불상을 볼 때도 봄이 없이 보기 때문에 모습놀이가 되지 않아요. 사실 그 당처가 비었다는 걸 보통 사람들은 느끼지 못합니다. 그 말 자체를 몰라요. 하지만 나에겐 더 이상 말할 재주가 없습니다.

어쨌든 보지 않고 듣지 않는 것이 바로 반야이고 열반입니다. 물론 보지 않고 듣지 않는 것은 소경이나 귀머거리를 말하는 것이 아니라 보면서도 보는 바가 없고 들어도 듣는 바가 없는 걸 말해요. 그러면서 깨끗한 그 슬기 자리는 언제나 있는데, 그 자리가 열반입니다. 부처님은 늘 이 자리를 놓치지 않아요. 아마 주무실 때도 놓치지 않았을 겁니다. 이처럼 보아도 봄이 없이 보고 들어도 들음 없이 듣는 것이 열반이에요. 또 선정에 들 때도 선을 한다는 생각(禪想)이 있지 말아야 하니, 선정에 앉아도 선정이 아니고 졸아도 졸음이 아닌 것이 삼매입니다. 이렇게만 될 수 있다면 그 후에는 행을 할 따름이죠. 사실 그 당처를 딱 알아버리면 무슨 공부를 할 겁니까. 그대로 죽 닦아 나갈 뿐이에요. 마침내 심경일여(心境一如), 즉 마음과 경계가 한결같아지는 경지에 이르면 온 우주가 내 몸으로 생각됩니다. 사실 우리가 지금 이 몸을 '나'라고 하는 것도 생각뿐이에요. 빛깔도 소리도 냄새도 없는 슬기 자리가 그렇게 생각하는 것이지 몸뚱이 자체는 '나'라는 느낌이 없습니다. 그러니 오늘밤 우리는 업을 녹이는 방향으로 나갑시다. 또 업을 녹이면 공부도 잘 됩니다. 또 공부를 잘 하면 업도 녹아져요. 다시 강조하지만 업을 녹이려면 공리를 통달해서 절대로 모습놀이를 하지 말아야 합니다.

여러분의 몸은
여러분의 몸이 아니다-흐리멍덩

부처님께서 도솔천을 여의지 않고 이미 왕궁에 났다는 말은 저 부산 광안리 앞바다의 물결이 태평양을 여의지 않은 것과 같습니다. 가만히 생각해보면 이건 누구라도 마찬가지에요. 여러분의 몸도 허공으로서의 여러분입니다. 다만 색신에 딱 들어앉기 때문에 허공을 잊은 것이죠. 마찬가지로 허공으로서의 석가세존이기 때문에 도솔천을 여의지 않고 한 여김(念)을 정반왕궁에 나투었는데, 세상 사람들은 이걸 그만 태어났다고만 생각해요. 마찬가지로 허공에서 물거품이 이루어지듯이 한 가닥의 여김을 나투었기 때문에 여러분의 몸이 이루어진 겁니다. 그렇다면 여러분의 몸은 여러분의 몸이 아니라고 할 수 있습니다.

 실로 여러분의 몸은 여러분의 몸이 아닙니다. 지금 여러분의 몸이 진짜 여러분의 몸이라면, 여러분이 한 살, 두 살 먹었을 때, 혹은 열 살, 스무 살 먹었을 때의 몸은 여러분 몸이 아니겠네요? 여러분의 몸이라고 한들 이미 그 몸은 없어졌어요. 없어졌다면 지금 있는 몸도 여러분 몸이 아니겠죠? 또 과거는 묻지 말고 지금의 내 몸이 진짜라고 합시다. 그럼 십 년 후에도 이 몸이 그대로 있을까요? 십 년 후에 있는 몸은 가짜 몸인가요? 이십 년 후나 삼십 년 후에도 이 몸은 있을 거 아니겠어요? 하지만 삼십 년 후에는 지금 몸은 없을 거예요. 그럼 어느 때 몸이 진짜입니까? 한 살 먹을 때 몸이 내 몸인지, 열 살 때 몸이 내 몸인지, 서른 살 마흔 살 먹을 때 몸이 내 몸인지, 나중에 불구덩이나 흙구덩이 속으로 들어갈 때의 몸이 내 몸인지…… (그러므로 몸은 가짜입니다).

이 몸은 부처님이든 중생이든 똑같습니다. 그래서 석가세존께서 도솔천, 즉 빛깔도 소리도 냄새도 없는 의젓한(如如) 자리를 여의지 않고—빛깔도 소리도 냄새도 없으니 여의려야 여읠 것도 없죠—그대로 정반왕궁에 한 가닥의 여김(念)을 나투어서 육신을 이루었을 뿐이에요. 육신을 이루었다 해도 그 육신이 진짜 석가세존의 몸은 아닙니다. 앞에서 말했듯이 여러분의 몸이 여러분의 진짜 몸이 아닌 것과 마찬가지에요. 지금 여러분의 몸이 여러분의 몸이 아니란 걸 인식합니까? 인식해야 합니다. 이건 의학적으로도 그렇고 과학적으로도 그래요.

석가세존이 정반왕궁에 도솔천을 여의지 않았다면, 사왕천도 여의지 않았고 마야천도 여의지 않았고 욕계, 색계, 무색계도 여의지 않은 거죠. 말하자면 허공을 여의지 않은 겁니다. 마치 광안리 앞바다의 물거품이 태평양을 여의지 않은 것처럼 석가세존은 허공을 여의지 않은 거예요. 광안리 앞바다라는 이름자(名字)는 우리가 지은 거지

물자체物自體가 지은 건 아닙니다. 물자체는 여기가 광안리 앞바다라는 생각이 없어요⋯⋯ 가만히 생각해보세요. 그래서 석가세존도 흐리멍덩하게⋯⋯ 여기 있는 겁니다.

이 흐리멍덩, 이게 참 어렵습니다. 사실 이 흐리멍덩 하나만 해결되면『선문염송』전부를 읽은 거나 마찬가집니다. 역대 조사들이 흐리멍덩하게 이 세상에 살다가 흐리멍덩하게 가셨단 말입니다. 달마대사가 서쪽에서 온 뜻은 무엇인가? 청정심을 가르치러 오셨습니다. 이 청정심에 더 보탤 것도 없고 덜 것도 없는데, 아무리 청정심이라고 해도 알아듣지를 못해요. 만 명이 있으면 만 명이 모르고 십만 명이 있으면 십만 명이 모르고 천만 명이 있으면 천만 명이 모릅니다. 자기가 쓰면서도 자기가 모르고 있어요. 모르기 때문에 조사들은 여러분들이 쓰고 있는 그 마음 자리를 알려주기 위해 달마가 서쪽에서 온 뜻을 물으면 '호떡'이나 '마삼근' '마른 똥막대기' '판치생모(板齒生毛; 판대기 이에서 털이 난다)'로 대답했습니다. 아니, 도대체 마음을 물었는데 '판대기 이에서 털이 난다'는 게 말이 됩니까? 하지만 이 소식을 모르고는 자기가 쓰고 있는 마음 자리를 도저히 모릅니다. 열 번 죽어도 몰라요.

이렇게 어렵기 때문에 달마대사가 서쪽에서 오신 뜻이 무엇인지에 대해 나는 "흐리멍덩한 사람이 흐리멍덩한 일을 묻는다"고 대답했습니다. 석가세존이 흐리멍덩하게 오셨지 뭡니까. 이미 석가세존 육신 자체가 흐리멍덩한 겁니다. 그 양반도 한 살부터 팔십 세까지 사시지 않았어요? 그게 흐리멍덩한 것 아닙니까? 또렷하다면 한 살 때의 몸 그대로 있어야 하는데, 그렇지 않으니 흐리멍덩한 것 아닙니까? 흐리멍덩하기 때문에 소년 시기를 지내고 청년 시기를 지내고 나중에는 장가도 들고…… 흐리멍덩하기 때문에 자꾸 변하거든요. 몸 자체가. 나중에는 성城을 넘어서 출가를 하고…… 이렇게 일평생 흐리멍덩하게 지냈어요. 육신 이거는 육신에 맡겨버렸습니다. 물론 육신에 자체성이 없다는 건 사실이지만, 꽃이 피면 피는 대로…… (맡겨버렸어요). 만약 또렷하다면 꽃이 생긴 대로 천 년이든 만 년이든 또렷하게 있어야 하지 않겠습니까? 하지만 그 꽃이 아침에 다르고 저녁에 다르다면 흐리멍덩한 거지 뭡니까? 여러분도 흐리멍덩입니다. 여러분도 한 살 때의 몸, 두 살 때, 열 살 때, 스무 살 때의 몸이 있나요? 또 지금 앉아 있는 그 몸이 십 년이나 이십 년 뒤에 그대로 있나요? 그렇지 않다면 흐리멍덩이지 뭡니까? 그런데 흐리멍덩은 또렷함 속에서 흐리멍덩함이 이루어져요.

부처를 해방시킵시다

중생을 면하지 못하는 것은 자기가 게을러서 면하지 못하는 겁니다. 부처가 되는 것도 내가 되지 남이 되나요? 지옥에 떨어지는 것도 내가 잘못해서 떨어지지 다른 사람이 들어가나요. 축생의 과보를 받는 것도 내가 잘못해서 축생이 되는 것 아닙니까? 그렇다면 누리의 주인공이 되는 것도 내가 잘 해서 내가 누리의 주인공이 되는 것 아닙니까? 나라는 존재는 소위 누리의 주인공이라는 데 절대의 의미가 있어요. 안 되는 것이 없습니다. 축생이 되려면 축생이 되고, 지옥에 가려면 지옥에 가고, 부처가 되려면 부처도 되니, 이 정도면 누리의 주인공으로 훌륭하지 않습니까!

 이 누리의 주인공을 사람마다 다 갖추었습니다. 하지만 어떤 사람들은 깜빡 잊고서 이 몸에 들어붙었어요. 이 몸을 '나'라고 하면서 그 안에 들어앉았습니다. 사실상 몸 안의 세포들은 일 초도 쉬지 않고 자꾸 변하는데도 그 안에 딱 들어앉았으니, 이건 여러분의 누리의 주인공, 여러분의 부처를 여러분이 죽이는 거예요. 도대체 여러분의 부처가 무슨 죄가 있어서 여러분이 죽입니까? 부처를 죽이는 죄는 무섭습니다. 여러분의 몸을 끌고 다니는 그 부처 자리는 죄가 없건만 여러분이 어쩌다 잘못한 탓으로 여러분 자신이 되돌아서 여러분의 부처를 죽이는 거예요.

그러니 오늘 저녁부터는 내 부처를 구하러 나갑시다. 부처를 죽이지 말고 구합시다. 왜 대답이 없습니까? 부처 죽이지 맙시다. 부처를 죽이면 그만큼 고생할 것은 사실 아니겠어요? 그러므로 오늘 저녁에는 여러분이 늘 갖고 있는 부처를 해방시키도록 합시다. 여러분이 너무나 미혹해서 가죽 주머니 속에 가두어놓았으니, 이 부처가 얼마나 고생을 했겠습니까? 오늘부터 우리가 부처를 해방시킵시다. 중생이 해방되는 것이 아닙니다. 부처가 해방을 만나야 합니다. 알겠습니까?

여러분은 내 설법에 납득은 해도 확신은 들지 않죠? 그래서 걸려들지 않는데, 이 걸려들지 않는 것은 색신 관계입니다. 하지만 색신 관계는 어디까지나 상대성에 속하면서 변한다는 사실을 그대로 안다면 저절로 누리의 주인공이란 확신이 듭니다. 누리의 주인공인 절대성 자리는 절대로 불변이고 상대성 자리는 절대로 변하는 거예요. 절대적인 불변과 절대적인 변함, 이 두 가지가 이름자는 둘이지만 상대성은 절대성의 뒷받침이 없으면 성립하지 않습니다. 상대성은 절대성의 작용이고 놀이라서 이름은 둘이라도 나뉘는 것이 아녜요.

가령 상대성인 생사를 생각해봅시다. 장차 우리는 죽을 것 아닙니까? 그럼 상대성은 간다고 생각해야 됩니다. 상대성은 자체성이 없고 변하는 거니까요. 절대성 위에 나투었을지라도 없어지기 때문에 죽는 것이 원통합니다. 하지만 태어날 때도 허공성인 절대에 속한 문제이고 지금도 마찬가지로 허공성인데, 왜 이제 와서 죽는 걸 원통하게 생각할까요? 이렇게 생각하면 원통하게 생각하는 그 자체가 싱겁습니다. 그냥 상대성 놀이로 몸을 나투었으니 이제 가는 것은 당연하다고 생각하면, 죽음이 눈앞에 닥쳐도 전혀 공포가 없어요. 있을 턱이 없습니다. 공포도 억지로 자기가 일으켜서 있는 것이지 자기가 일으키지 않으면 없어요. 잘 죽을 줄 아는 사람이 되었다는 말이 여기서 나오는 겁니다. 잘 죽을 줄 아는 사람은 누리의 주인공인 자리에 앉아야 그런 놀이를 할 수 있어요. 그에게 죽음은 죽음이 아니니까요. 내가 지은 십물계十勿戒에서 "비록 생사를 쓰더라도 더러운 행은 하지 말라"고 했는데, 한시라도 더 살려고 아등바등하는 것도 다 더러운 행입니다. 다시 말해서 대도에 어긋난 짓이에요. 실제로 죽는다고 해도 내 인과의 업에 따라 다른 세계에 생生을 받아서 인생놀이를 다시 시작합니다. 그래서 인간이란 참 재미있어요. 이런 짓도 해보고 저런 짓도 해보니까요. 가장 어려운 것이 남자 몸은 여자 몸 받기 어렵고 여자 몸은 남자 몸 받기 어려운 건데, 하지만 남자라는 생각도 여자라는 생각도 가질 필요가 없습니다. 나중에 절대성 자리를 완전히 파악하면 거기엔 남자도 없고 여자도 없으니까요. 그 자리는 남자 여자의 구별이 없는 비남비녀非男非女의 자리입니다. 여러분은 남자도 아니기 때문에 남자로 난 것이고 여자도 아니기 때문에 여자로 난 거예요.

이 누리의 주인공 자리를 다른 말로 하면 뭐라고 할 수 있겠습니까? 난 겁劫 밖의 사람이라고 말합니다. 겁 밖의 사람이라는 표현도 모순된 말이지만 달리 표현할 길이 없어요. '겁'을 '오래되었다'는 뜻으로도 쓰는 것 같은데, 그것보다는 시공간에 얽매이지 않는 걸 겁이라고 보십시오. 여러분은 겁 밖의 사람입니다. 여러분이 죽을 수만 있다면 겁 밖의 사람이 못 됩니다. 왜 죽을 수 없을까요? 여러분이 죽을 수 있다면 지금이 있을 수 없기 때문이에요. 여러분은 지금 살아 있습니다. 그렇다면 먼저도 살아 있었고 나중도 살아 있을 거예요. 다만 죽었다 살았다 하는 말마디만 자꾸 바뀔 따름이지 참으로 주인공 자리는 바뀌지 않습니다. 이 때문에 여러분은 겁 밖의 사람인 거예요. 즉, 나고 죽는 생사가 끊어졌기 때문에 겁 밖의 사람이라고 하는 겁니다. 여러분, 생사가 끊어졌다는 이 말이 납득이 갑니까? 생사는 상대성입니다. 일체만법이 굴리어지는 것이 모두 상대성놀이에요. 하지만 이 상대성놀이는—여기서 우리가 속아 넘어가는데—나의 성품이 깃들어 있기 때문에 아는 것이지 성품을 싹 빼버리면 전혀 모릅니다. 그러나 우리 성품이 깃들어 있는 동안에는 손을 이리저리 하고자 하면 그렇게 하고, 어디 가고 싶으면 가고, 물건을 사고 싶으면 마음대로 사는데, 다만 이걸(즉, 색신) '나'라고 착각을 해요. 하지만 이 몸이 내가 아니기 때문에 살아가는 겁니다. 자꾸 변하기 때문에 사는 거예요. 자꾸 변하다가 나중에는 몰록 없어지기 때문에 아껴서 잘 써야 합니다.

그럼 이 몸이 내가 아니라면 무엇이 '나'일까요? 몸에 깃든 성품입니다. 이 몸만 버리고 성품은 성품대로 따로 자기 할 일을 하는데, 이것이 바로 겁 밖의 사람이에요. 그럼 여기서 우리는 어떻게 해야 합니까? 겁 밖의 사람임을 우리가 깨달을 수 있는 어떤 방법을 강구하는 것이 공부입니다. 보통은 자꾸 변하는 이 몸을 '나'라고 하기 때문에 겁 밖의 사람을 몰라요. 이 겁 밖의 사람이란 말이 기상천외하고 너무 황당해서 느낌이 오지 않을지도 모르지만, 그렇게 생각하는 것도 몸을 '나'라고 하는 습성 때문에 오는 겁니다. 따라서 누리의 주인공이라고 해도 좋긴 하지만, 또 한편 겁 밖의 사람이 겁 밖의 때(時)에 겁 밖의 곳에서 겁 밖의 일을 한다고 생각합시다. 여러분이 겁 밖의 사람인 건 틀림없어요.

부처님의 사업장

중생이다, 부처다 하는 이름 밑에서 우리 한번 놀아봅시다. 먼저 부처가 높은지 중생이 높은지 한번 따져보죠. 부처라는 이 명자名字를 인격화시켜서 거기에 얽매인 사람들이 있는데, 이런 사람은 만년 공부해도 되지 않습니다. 물론 아예 공부하지 않는 사람보다는 나을지는 모르지만……

나는 부처님보다 중생이 더 높다고 생각합니다. 왜냐하면 중생은 부처님의 사업장이기 때문이에요. 아니, 팔만대장경이 어디서 나왔습니까? 중생이 없으면 팔만대장경이 어떻게 나옵니까? 중생이 팔만 가지 번뇌를 갖고 있어서 팔만대장경이 나온 거예요. 부처님께서 중생들의 팔만사천 가지 번뇌를 한 대목 한 대목 들어서 부수었기 때문에 팔만사천법문이 있는 겁니다. 문제는 하나뿐이지만 이 하나가 팔만사천으로 나뉘어졌죠. 나무는 하나뿐인데 나뭇잎이 팔만사천으로 나뉘어졌듯이.

말하자면 중생이 있기 때문에 팔만사천법문을 설했으니, 중생이 없다면 법문을 설할 필요가 없는 겁니다. 가만히 보니 우리가 굉장해요. 중생인 우리가 부처님으로 하여금 팔만사천법문을 하게 했으니 얼마나 우리가 훌륭합니까? 부처님은 법문을 하지 않을 수가 없어요. 왜냐하면 그 뿌리가 하나이기 때문입니다. (여러분, 부처 잘 굴려야 해요. 부처를 잘 굴리지 못하면 참으로 부처님에게 은혜 갚지 못하는 겁니다.) 부처님은 중생이란 사업장에서 팔만사천의 방편을 갖고 사업을 해요. 만약 중생이 없다면 부처님은 실직자가 됩니다. 여러분, 실직자는 좀 곤란하죠?

내가 이런 말을 한 이유는 부처라는 그런 껍데기 속에서 벗어나자는 뜻에서 비유로 말한 거예요. 우리가 부처님으로 하여금 팔만사천법문 설하게 했으니, 우리가 부처님에게 일자리를 제공했습니다. 부처님은 중생제도가 사업이거든요. 그렇다면 우리가 얼마나 훌륭합니까? 참으로 부처님이 우리에게 고맙다고 해야 합니다. 솔직히 부처님은 다른 사람의 부처가 아니라 내 부처에요.

내가 공연히 혓바닥을 놀려 말재주를 부리는 것이 아닙니다. 부처님은 중생을 제도하는 것이 사업이므로 우리가 사업주에요. 또 부처님은 사장님이고 우리는 주주입니다. 그렇다면 주주와 사업주는 동등한 인격 아닙니까? 주주가 똘똘 뭉쳐서 사장 쫓아내면, 부처님이 내게 와서 취직 부탁할지도 모르죠. 하하하.

그러니 우리는 이제 중생이란 이름자에서 탈피합시다. 부처는 탈피하는 것이 부처에요. 여러분이 중생을 탈피하면 그대로 깨친 분입니다. 그러면 여러분도 이 사업장을 잘 끌어가려고 애쓸 거예요······.
이 문제는 차치하고 어쨌든 탈피하는 방향으로 나가야 합니다. 실제로 우리는 부처님과 결코 남이 아녜요. 사실 체성면으로 보든 상대성으로 보든 하나이기 때문에 부처님을 대할 때는 당당한 자신감을 갖고 대해야지, "아이고, 부처님은 높고 나는 낮다"고 한다면 부처님께서는 "이놈아, 넌 주주인데······ 그 따위야" 하면서 발로 차버립니다. 당당하면서도 예의는 예의대로 갖추어서 대해야지 절대로 자기를 비하하지 마세요. 우리가 뭐 부처님 물건을 훔쳤나요? 부처님도 우리를 극히 존중하고 있습니다. 우리가 사업주이기 때문에 존중하는 거예요.

만약 여러분이 사업주로서 행위를 잘하지 못하면 쫓아낸다는 말도 있습니다. 쫓아내는데 어디로 쫓아내는지는 모르겠어요. 극락세계로 쫓아내지는 않겠죠. 아마 지옥으로 보낼 겁니다. 그러니 여러분은 사업주로서 욕심내지 말고 그저 정당한 생각을 갖고 부처님에게 맡기세요. 맡겨드리면 부처님께서 그 사업을 착착 잘 합니다. 부처님은 회사의 사장님이고 우리는 주주이니, 주주와 사장님이 다를 리가 있나요? 꼭 같은 한집안이지. 이렇게 알아야지 절대로 부처님의 종으로 스스로를 비하하지 말아야 합니다.

그리고 이제 부처님의 은혜를 갚아야 되지 않겠습니까? 어떻게 하면 은혜를 갚죠? 여러분이 견성성불見性成佛해야 비로소 부처님의 은혜를 갚는 겁니다. 그 이전까지는 부처님을 지금까지 울렸고 지금도 울리고 있고 내일도 울릴지 모릅니다. 속으로 울리고 있어요. 부처님을 울린 이 은혜를 어떻게 갚아야 할까요? 우리는 부처님을 울린 그 은혜를 갚도록 노력합시다. 노력이라고 해도 별다른 것이 없어요. 사업주인 주주로서 단단한 마음가짐으로 자기 본분을 지킬 뿐 부처님을 번거롭게 하지 않는다면, 이 주주는 단 하나의 주도 잃지 않고 그대로 부처님 은혜를 갚을 수 있습니다. 여러분도 부처님 은혜를 갚도록 하세요. 부처님 울리지 않도록 하는 것이 은혜 갚는 겁니다. 그러니 이제부터 울리지 맙시다.

중생불

나 같은 중생이 어떻게 부처가 되겠느냐고 하면서 스스로를 낮추고 무능하게 생각하는 사람이 있습니다. 이 중생이란 말마디에 딱 부착되어 있으면 공부가 되지 않는 법이니, 반드시 내가 부처라고 생각하고 공부해야 합니다. 공연히 스스로를 모욕하고 천대하고 업신여기는, 그런 사고방식으로 무슨 공부를 한단 말입니까?

그러므로 무엇보다 중요한 말인데, 스스로 중생이라고 생각한다면 공부하지 마세요. 우리가 중생이란 말을 듣지만 그 뿌리는 부처입니다. 부처가 부처 공부하는 것이지 돌멩이가 부처 공부를 하나요? 나무토막이 부처 공부하나요? 우리가 부처이기 때문에 부처 공부하는 겁니다. 부처이기 때문에 생각을 잘못 가져서 모습놀이에 빠졌을지언정 지금은 이 모습이 전부 헛되다는 걸 알았어요. 알았으면 그뿐 아닙니까? 알았으면 벌써 중생의 지견知見이 아니고 부처의 지견입니다. 그러니 돌멩이가 부처 공부하는 것도 아니고 나무가 하는 것도 아니니, 부처 공부는 누가 하는 겁니까? 사람이 공부해요. 부처가 부처 공부하는 겁니다.

스스로 부처가 아니라고 생각하면 여러분은 이 공부하지 마세요. 이 공부를 해보았자 되지 않습니다. 차라리 다른 일을 하는 것이 나아요. 단지 미혹하긴 했을지언정 실제로 부처이기 때문에 부처 공부를 하는 거예요. 이렇게 생각하면 여러분의 마음가짐이 달라집니다. 그럴 거 아니겠어요? 부처가 아니면 부처 공부 안 되는 겁니다. 미혹한 부처라도 좋아요. 미혹한 부처라도 부처는 부처입니다. 과실이 덜 익었다고 해서 과실이 아닙니까? 완전히 익어야만 과실인가요? 부처가 부처 공부하는 겁니다.

언구(言句 ; 말마디)

말마디는 성품이 없어서 그냥 말마디뿐입니다. 하물며 내가 말마디를 말해도 마음에 점을 찍지 않았다면 무슨 실리實理가 있겠습니까. 전부 말마디뿐이에요. 그래서 많은 사람들이 도의 본래 뜻을 잘 모른 채 부처님 이름을 부릅니다. 부처님 명호名號 좋아요. 또 경전에도 부처님 명호를 부르라고 했습니다. 하지만 그건 하근기의 중생을 위한 거예요. 하근기의 중생을 위함이 나쁘다는 말이 아닙니다. 다만 참으로 생사 문제를 해결하겠다는 사람의 입장에서는 달라야 해요. 전부 말마디 아닙니까? 부처님 이름도 말마디 아닙니까? 극락세계든 지옥세계든 전부 말마디 아닙니까?

물론 말마디를 걷어잡고 이理로 들어가는 겁니다. 말마디를 걷어잡고, 즉 부처님의 명호를 걷어잡고 이理로 들어간다는 건 상당히 공부가 된 사람들에게나 해당되는 문제에요. 보통 사람들은 부처님 이름을 걷어잡고 이理로 들어간다는 말을 이해하지 못합니다. 그런 사람들을 위해선 어쨌든 부처님 명호를 부르게 해야 합니다. 하하하. 어쩔 도리가 없어요. 일단은 선근을 심도록 할 수밖에는 도리가 없어요. 그러나 지금 여기서 설법하는 건 참으로 그런 문제 밖입니다. 이 설법은 정말 무서운 설법입니다. 여러분만 듣는 줄 압니까? 온갖 불보살들이 지금 여기서 듣고 있어요. 아수라阿修羅나 신장들도 이 설법 듣고 있어요. 원래 설법 자리는 그런 겁니다. 우리 눈에는 몇 명이 듣는다고 하죠? 아니, 전부 듣고 있습니다. 이 설법을…….

삼매정중

눈과 타협을 하지 않고 귀와 타협을 하지 않고 혀와 타협을 하지 않으면, 다시 말해서 경계에 대해 좋고 나쁨을 알아도 거기에 타협을 하지 않고, 또 어떤 소리를 들어서 좋다, 나쁘다 생각하면서도 거기에 타협을 하지 않고, 혀로 맛을 보아서 쓰고 단 것을 알아도 거기에 타협하지 않으면, 그것이 바로 삼매입니다. 타협을 하지 않으면 어떻게 됩니까? 바로 내가 늘 말하는 밝은 것도 아니고 어두운 것도 아닌 법신 자리입니다.

타협을 하지 않고 나의 본래 마음, 즉 의식 이전의 마음인 진심 자리를 딱 갖고 있으면 그러한 환경이 그대로 들고 일어납니다. 생각이 턱 가라앉은 다음에 빛깔도 소리도 냄새도 없는 그 자체를 내가 보겠다는 생각을 일으키면, 단하 선사가 말하듯이 푸르스름한 그 광경이 확 나타나는 거예요. 나는 밝지도 않고 어둡지도 않다고 말하지만, 단하 선사가 말한 푸르스름한 것이 이 밝지도 않고 어둡지도 않은 자리와 꼭 같습니다.

하지만 이건 적멸 삼매정중이라야 됩니다. 삼매정중 상태에서 한 생각을 일으켜 눈과 귀, 나아가 육근과 타협하지 않으면 석가여래를 뵈고자 하면 석가여래를 뵐 수 있고, 내 모습을 보고자 하면 이 모습 그대로 나타나고, 산하대지를 보고자 하면 산하대지도 나타나는 거예요. 따라서 삼매정중이란 말은 쉽지만 눈이나 귀나 혓바닥이나 어떤 몸뚱이를 바탕으로 해서 나온 거라면 그건 삼매정중이 아닙니다.

그럼 어떻게 하면 되나요? 보림保任❶을 하는 겁니다. 우선 나 자신을 볼 줄 알고 내 집안의 아들과 딸을 볼 줄 알아야 해요. 물론 그 몸뚱어리 자체는 자체성이 없음을 알고 있지만, 빛깔도 소리도 냄새도 없는 그 법신 자리가 있기 때문에 걸어 다니기도 하고 밥도 하고 청소도 한다는 생각을 딱 갖고서 색신을 색신으로 보지 마세요(색신을 색신으로 보지 않아도 색신은 그대로 있어요). 색신을 색신으로 보지 말고 색신을 바로 법신으로 보는 겁니다. 여러분이 이렇게 보림을 해나가면 내가 지금 이 자리에서 말한 것이 딱딱 들어맞으면서 결국 여러분 스스로 '아! 이렇구나' 하고 느낄 겁니다.

그때는 또 어떻게 될까요? 그때는 그 법신 자리가 완전한 '나'입니다. 그 자리가 '나'이니까 평상시 내 몸이라고 생각하던 여김(念)은 멀리 가버리고 진신眞身인 '나'가 나타나죠. 하지만 세상 사람들은 이 색

---

❶ 온전하게 보호하여 잘 간직함. 보호임지保護任持의 준말.

신을 나라고 하는 통에 그 관념을 참 없애기 어렵습니다. 물론 색신을 색신으로 보지 않는다고 해서 색신을 부인하는 건 아니에요. 색신을 소중히 생각하지만, 색신을 색신으로 보지 않고 그대로 법신으로 보는 겁니다(여러분은 이렇게 보는 습관을 들여야 해요).

색신을 법신으로 보기 때문에 색신에 치우치는 것은 아니지만, 법신에만 들어앉아도 병입니다. 따라서 색신과 법신이 둘이 아니어야 색신과 법신이 하나로서 딱 이루어져요. 이 삼매정중에서 한 생각을 일으켜본다면 능히 보리라고 했는데, 삼매정중에서 한 생각을 일으키면 참으로 이목구비하고 타협하지 않습니다. 꿈에서 보는 건 망상이지만 삼매정중에서는 보고자 하는 대로 나타납니다. 빛깔을 보겠다고 하면 빛깔이 나타나고, 부처님을 보겠다고 하면 돌이나 쇠로 만든 불상이 나타나요. 그것이 옳든 그르든 간에 나타납니다.

이처럼 여러분이 참으로 삼매정중에 들어갈 수 있다면 그대로 봅니다. 나중에 가서 이 마음 그대로 굴리게 되면, 그 사람이 지금 아프면 아픈 얼굴도 보이고, 무슨 옷을 입었는지 그 모습까지 보입니다. 자기 자신도 모르게 자꾸 상상이 끼어들기 때문에 상상대로 나투는 거예요.

그럼 삼매정중에서 어떻게 하면 삼매를 이룩할 수 있을까요? 삼매는 앞에서 말했듯이 타협을 안 하는 겁니다. 눈하고 타협을 하지 않고, 귀하고 타협을 하지 않고, 코하고 타협을 하지 않고…… 이렇게 타협을 하지 않으면, 타협하지 않는 그 자리는 있거든요. 그 자리는 빛깔도 소리도 냄새도 없는 의젓한 하나의 슬기 자리지만 모습이 없습니다. 이 슬기 자리가 우뚝스레 저절로 느껴지는 법이에요. 눈에 보이는 법이 아니라서 아무것도 없지만 저절로 느껴집니다. 느껴졌다고 하지만 이러저러하다고 말도 못하는 거예요. 여기서 한 생각을 턱 일으켜 모습놀이를 하는데, 천 가지 만 가지로 변하는 모습에 치우치기 때문에 보지 못했다는 결론이 나는 겁니다. 그러나 삼매정중에서는 눈이든 귀든…… 전혀 타협을 하지 않으니 치우칠 것이 없습니다. 하나도 치우칠 것이 없어요. 치우칠 것이 없기 때문에 거기서 한 생각을 일으키면 마음대로 모습놀이도 할 수 있는 겁니다.

또 사실상 우리는 모습놀이도 해야 합니다. 모습놀이를 하지 않으면 그 정밀한 자리, 즉 빛깔도 소리도 냄새도 없는 그 자리는 있으나 마나라고 생각합니다. 있으나 마나에요. 따라서 그 자리에서 한 생각을 일으켜 모습놀이를 하는 것이 가장 중요합니다. 다만 모습놀이를 하는 건 좋은데, 이 모습놀이 자체에 동화해서 타협을 하기 때문에 도깨비가 되는 거예요. 그 순수한 자리가 타협해서 되겠습니까? 타협해서는 안 됩니다. 삼매정중에서 한 생각을 일으킬 때는 눈이나 귀, 혀 등과 타협하지 않을 뿐 아니라 심의식(즉, 마음)과도 타협을 하지 않습니다. 그 자리에는 마음이니 뭐니 하는 것도 다 없어요.

그러나 공부하는 사람이 모습놀이에 치우치다가 몸을 버릴 때 혼미하면 어떻게 할 겁니까? 혼미할 때 이 몸이 열 개 있은들 무슨 소용 있으며, 자식이 만 명 있은들 무슨 소용 있으며, 부처님이 수억만 명이 있은들 무슨 소용 있나요? 부처님이 인도를 해도 통하지 않습니다. 그래서 '살아도 내가 살고 죽어도 내가 죽는다'고 말하는 것 아닙니까? 물론 죽는 것이 죽는 게 아니고, 낳는 것이 낳는 게 아니라는 것도 여러분은 압니다. 여러분의 법신 자리가 어떻게 죽고 낳는단 말입니까? 뭣이 있어야 낳았다 죽었다 하죠. 빛깔도 소리도 냄새도 없는데 어떻게 낳았다 죽었다 하나요? 설사 여러분의 몸뚱이가 죽었다고 해도 그건 헛것이 나타났다 없어지는 것뿐입니다. 이 색신은 허망한 거예요. 그 자리는 몸을 한 번 딱 버리면 그만 잊어버립니다. 몸을 버려도 그대로 환하게 알면 자식도 좀 도와주고 미운 놈에게 해코지라도 해보겠지만, 그렇게 되지 않고 다 잊어버려요. 말이야 바른 말이지 잊어버리는 것이 좋습니다. 하하하. 아무튼 삼매정중에서 한 생각을 일으킬 줄 모르면 백이면 백, 만이면 만 전부 혼미해버립니다. 삼매정중에서 한 여김(念)을 일으키는 것은 꿈속에서 꿈꾸는 줄 아는 것과 같습니다. 꿈을 꾸는 줄 알면 꿈은 더 이상 꿈이 아니죠. 삼매정중을 어렵게 생각하지 마세요. 마음을 고요하고 적적하게 하겠다는 생각도 하지 마세요. 그런 생각 자체가 번뇌니까요. 그만 그대로 눈, 귀, 코, 혀와 타협을 하지 않으면, 다시 말해서 눈에 비쳐도 보기만 할 뿐 거기 들어앉지 않고, 귀로 들어도 들은 그대로 알 뿐 좋다거나 나쁘다는 감정을 일으키지 않아서…… 그대로 가라앉은 마음이 뚜렷하게 나타나면 그때가 삼매정중입니다.

화두에 대해

 새말귀와 거사불교에 대해 얘기를 하겠습니다. 거사불교가 승가의 불교와 뭘 따로 하자는 건 아니에요. 다만 대중을 본위로 한 수단과 방편을 세워보자는 겁니다.
 여러분은 지금 생사 문제 하나를 해결하기 위해 여기 왔습니다. 이미 왔다면 어떤 방편이든 걷어잡아야 해요. 물론 방편 자체가 구경위究竟位는 아니지만 방편을 잘 굴림으로써 도를 이룰 수 있으니, 방편이란 여간 중요한 것이 아닙니다. 방편에는 경을 읽는 것도 방편, 예불하는 것도 방편, 화두를 갖는 것도 방편으로서 어떤 방편이든 좋지만 무엇보다도 먼저 빈 이치, 즉 공리空理를 요달하지 않으면 안 됩니다. 경을 읽어도 빈 이치를 바탕으로 해야 하고, 예불을 하여도 빈 이치를 바탕으로 해야 하고, 참선을 해도 빈 이치를 바탕으로 해야 한다는 걸 잊지 말아야 해요. 만약 공리를 요달하지 못하면 백 가지 방편도 소용이 없습니다. 결국 사도邪道로 떨어져요. 공리에 요달하지 못하면 팔만대장경을 외운다 해도 그건 팔만대장경이 사도가 되는 겁니다. 왜냐하면 궁극의 목적이 글자에 있지 않기 때문이죠. 물론 그 글자를 길잡이로 삼기는 하지만…… 그러나 공리에 요달하면 아리랑 타령을 부르는 소리에도 깨치는 법이고, 닭이 꼬꼬댁 하고 우는 소리에도 깨칩니다. 그럼 닭 우는 소리와 팔만대장경이 같습니까, 다릅니까? 공리에 요달하면 팔만대장경도 닭이 꼬꼬댁 하고 우는 소리나 마찬가지이고, 공리에 요달하지 못하면 염불을 해도 소용이 없어요. 왜냐하면 다른 지견이 생기면서 자기 생각을 갖다가 합리화시키기 때문이죠. 이것이 바로 사도입니다.

공리에 들어가기 위해서는 선을 바탕으로 하는 것이 가장 빠릅니다. 또 선을 하려면 화두를 가져야 해요. 이 화두에 대해 여러분에게 오늘 한마디 하겠습니다.

지금까지 승가에서 내려온 선지식들은 대체로 화두를 가졌어요. 화두가 생긴 지 아마 천 년은 넘을 겁니다. 물론 공부하는 입장에서는 어느 것 하나 화두 아닌 것이 없어요. 산하대지가 전부 화두죠…….

하지만 화두란 일단 말귀(言句)입니다. 우리말로 말귀에요. 본래의 성품 자리, 즉 여러분의 무정물인 몸뚱이를 끌고 다니는 본래의 그 자리를 밝혀내는 데는 화두가 아주 중요한 법이란 걸 알아야 합니다. 그러나 이 화두는 시종일관 한결같이 들어야 해요. 밥 먹을 때는 물론 똥 눌 때도 화두를 놓치지 말라고 합니다. 이 말이 옳은 말이에요. 화두는 시종여일하게 가져야 하며, 이렇게 할 수만 있으면 화두 방편은 구경위究竟位로 들어가는 지름길이라고 할 수 있습니다.

하지만 변소에 갈 때도 놓치지 말아야 한다고 한 말에 대해 난 반대입니다(물론 나도 화두를 갖고 공부한 사람이지만 말입니다). 절의 스님들은 의식주를 걱정하지 않고 24시간 한결같이 화두를 가질 수 있지만, 그러나 일반 사회의 사람들은 그렇게 가질 수 없습니다. 우선 시간이 없어요. 자, 부모는 자식들 키워야지, 사업해야지, 학생들은 공부해야지, 청년들은 군복무 해야지…… 게다가 요즘은 도시에 자동차까지 많아서 순일하게 화두만 생각하다간 사고 나기 십상입니다.

따라서 변소에 갈 때도 화두를 놓치지 말라는 방편이 좋긴 하지만 요즘 시대에는 맞지 않습니다. 그래서 내가 선언합니다. 선언한다고 해서 화두 방편을 비방하는 것은 아니에요. 다만 좋은 방편이긴 하지만 요즘 세태에는 맞지 않는다는 말입니다. 공장에 가는 사람도 생사 문제를 해결해야 하고, 배를 타는 사람도 생사 문제를 해결해야 하고, 국제 시장에서 장사하는 사람도 생사 문제를 해결해야 하고, 나아가 자동차 운전기사도 생사 문제를 해결할 권리가 있습니다. 하지만 이 사람들이 예전 식으로 화두를 가질 수 있습니까? 가질 수 없어요. 그럼 이 문제를 누가 책임져야 합니까?

선지식이 책임져야 합니다. 선지식이 책임지지 못하면 누가 집니까? 부처님이 져야 해요. 결국 부처님이 책임을 져야 하는데, 이 부처님은 어떤 부처님입니까? 바로 여러분의 몸뚱이를 끌고 다니는 부처님이 책임을 져야 해요. 왜냐하면 죽어도 여러분이 죽고 살아도 여러분이 살기 때문입니다. 여러분은 저마다 한 분의 부처님을 다 갖고 있으니, 그 부처님이 책임을 질 수밖에 도리가 없어요. 죽어도 내가 죽고 살아도 내가 사는데 이 책임을 누구한테 맡기겠습니까. 결국 여러분의 부처님이 책임을 지고 이 문제를 해결해야 합니다.

그렇다면 이 문제를 해결하기 위해 핸들을 돌리는 운전수도 운전을 하면서 가질 수 있는 화두를 만들어야 하고, 주판을 튀기며 장사를 하면서도 놓치지 않을 수 있는 화두를 만들어야 합니다. 처음에 이런 말 하면 알아듣지 못해요. 게다가 비방하는 사람도 많을 것이고, 특히 불교학자 층에서 더 많을 겁니다. 그러나 죽고 사는 문제를 책임지고 해결하기 위해서는 비방을 두려워해선 안 됩니다.

그러면 우리는 어찌 해야 할까요? 우리는 먹성과 입성을 걱정하는 사람이고 사는 집을 걱정하는 사람입니다. 오늘을 살면서 내일을 걱정하는 우리에요. 하지만 오늘을 살면서 내일을 걱정한다고 해서 생사 문제의 해결을 포기해야 합니까? 그건 있을 수 없어요. 부처님도 그건 용서를 하지 않습니다. 그렇다면 오늘을 살면서 내일을 걱정하는 사람에게도 화두가 하나 있어야 해요. 바로 이 화두가 새말귀입니다.

예전처럼 화두를 주고서 '이 뭐꼬' 하는 건 쉽습니다. 물론 화두 자체에 쉽고 어려운 것은 없지만, 그 말마디(言句)는 그대로 내가 걷어잡을 수 있거든요. 그러나 내가 말한 새말귀, 즉 새로운 화두는 조금 어렵습니다. 어려운 이유는 먼저 법신 자리를 알아야 하기 때문이에요. 이 몸뚱이는 자체의 성품이 없는 것, 즉 느낌이 없으면서 자꾸 변하는 겁니다. 다시 말해서 몸뚱이 자체에 적혈구 백혈구 세포가 생겼다 죽고 생겼다 죽으면서 한 살 때의 몸도 없고 두 살 때의 몸도 없고 열

살, 스무 살 때의 몸도 없습니다. 여러분의 지금 몸도 명년이나 후년이 되면 없어져요. 이렇게 제멋대로 변하면서 느낌이 없단 말입니다. 느낌이 없는 이 몸뚱이에게 밥을 먹여주고, 손을 움직여 거머잡게 하고, 다리를 옮겨서 걸어 다니게 하는 것은 빛깔도 소리도 냄새도 없는 법신 자리가 하는 거예요. 가장 먼저 알아야 하는 것이 바로 이겁니다.

그 다음에 화두는 어떻게 가져야 하는가? 바로 '나'는 무정물인 손을 갖고서 이걸(손에 지휘봉을 들고서 설법하고 계셨음) 들었다. '나'는 무정물인 눈을 갖고서 책을 본다. 이때 '나'는 법신 자리입니다. 그렇다면 법신 자리는 무엇입니까? 법신 자리는 말 못해요. 법신 자리는 아는 것도 아니고 모르는 것도 아니며, 깨달은 것도 아니고 미혹한 것도 아니며, 착한 것도 아니고 악한 것도 아니며, 밝은 것도 아니고 어두운 것도 아닙니다.

법신 자리는 밝지도 않고 어둡지도 않아요. 참선을 하다가 환하게 나타나는 경험을 한 사람이 있을 거예요. 태양 밑에서 솔잎을 보는 것보다도 법신 자리에서 솔잎을 나투면―솔잎이 나투어집니다―솔잎을 하나하나 셀 수 있을 정도로 환합니다. 태양 빛으로 인해 밝다거나 캄캄하다고 하면 하나의 모습에 불과하지만, 이 법신 자리는 모습을 여읜 자리에요. 이 법신 자리에서 여러분이 화두를 가지면 '이 뭐꼬?'라는 의정疑情을 쓰지 않습니다. 그러나 전통적으로 무無나 판치생모板齒生毛 등의 화두를 가질 때는 어찌하여 '무'나 '판치생모'라고 했는가 하는 '이 뭐꼬?'의 의정이 필수적입니다.

하지만 앞으로 운전수가 가질 수 있는 화두, 즉 법신 자리에서 갖는 화두는 의정을 쓰지 않습니다. 일단 '법신' 하면 그 자리가 딱 떠오릅니다. 그럼 이 빛깔도 소리도 냄새도 없는 법신 자리가 핸들을 잘 운전해야겠다고 해서 운전을 잘 하고, 또 주판을 잘 놓아야겠다고 해서 주판을 잘 놓고, 글씨를 잘 써야겠다고 해서 글씨를 잘 쓰고, 술을 잘 마셔야겠다고 해서 술을 잘 마시고, 싸움을 잘 해야겠다고 해서 잘 싸우는 등 전부가 화두에요. 내가 저놈을 무정물인 이 주먹을 갖고 때려야겠다고 해도 화두가 됩니다. 어느 하나 안 되는 것이 없어요. 자식을 잘 키워야겠다…… 내일 아침에 아이들 등록금을 줘야겠다, 이 무정물인 육신을 통해서 줘야겠다…… 이렇게 화두를 갖는 겁니다.

그럼 밤에 앉을 때는 어떻게 앉을까요? 예전 식으로 화두를 가질 때는 '이 뭐꼬?' 하는 의심을 가져야 합니다. 그러나 요즘 같은 사회에서는 그렇게 하기 힘들어요. 늘 시종여일하기가 힘듭니다. 그래서 나는 '밝지도 않고 어둡지도 않은 자리를 들여다보라'는 생각을 가지라고 합니다. 물론 잘 하는 분도 있겠지만 처음에는 잘 되지 않는 분이 많아요. 그래도 "밝은 자리도 아니고 어두운 자리도 아닌 이 법신 자리를 나투어야겠다"고 믿고 들어가십시오. 이렇게 해서 이 법신 자리를 우리가 친견하는 겁니다. 자기가 되돌아서 자기를 친견하는 거예요. 이 환한 자리─환해 봤든 말로써는 형용할 수 없는 자리지만─를 나투겠다는 마음가짐으로 밤에 앉아야 합니다.

예전 선지식들의 화두는 의심을 하고 들어갔지만, 지금은 의심이 없이 그대로 믿고 들어가는 거예요. 왜냐하면 이 몸뚱이에 성품이 없다는 걸 잘 알았기 때문입니다. 또 빛깔도 소리도 냄새도 없는 그 자리가 손가락을 움직인다거나 다리를 옮겨서 걷는다거나 입을 통해서 말하는 걸 다 알아요. 그래서 법신을 나투겠다고 생각하면 벌써 '밝지도 않고 어둡지도 않은 자리'를 뜻하는 겁니다. 바로 이 '밝지도 않고 어둡지도 않은 자리'가 환하게 나타나요. 나타나면 어떻게 되는가? 가고 싶어요(죽고 싶다는 뜻). 이대로 가고 싶어요. 거 참, 이상한 겁니다. 여러분도 경험이 있는지 모르겠지만…… 그렇게 편합니다. 말인즉 편하다는 거지 그렇게 좋아요. 그만 이대로 가고 싶어요. 그렇다고 정신이 혼미한 것도 아닙니다. 정신이 초롱초롱해요. 갔으면 좋겠는데…… 아, 자식들도 있다, 이것들이 불쌍하다…… 이래서 가지 않게 되는 거예요. 하지만 그만 가고 싶어요. 죽음에 대한 공포가 하나도 없습니다. 죽기 싫어서 죽는 거와 가고 싶어서 가는 거와 얼마나 차이가 있나 여러분들 생각해보세요. 거 참, 이상하지만 앞으로 여러분이 느껴야 합니다. 느낄 게 아니라 직접 행을 해야 해요.

그래서 오늘 내가 선언합니다. 예전처럼 화두를 들면 매일 의심해야 합니다. 말이야 옳지만 매일 어떻게 합니까? 어떻게 의심이 되겠습니까? 시장에 가서 장을 볼 때도 의심을 할까요? 자동차를 몰 때도 의심을 할까요? 사고로 죽기 십상입니다. 게다가 자기 혼자만 죽는 게 아니라 온갖 피해를 끼치고 말죠. 화두도 하나의 방편입니다. 정해진 법(定法)이 아니란 말이에요. 그러나 어떤 사람들은 정해진 법처럼 생각하고 있어요. 또 학자들도 화두를 한결같이 가져야 한다고들 말하고 있습니다. 모두 예전 성현들이 쓰다 버린 말마디에만 딱 달라붙어 있어요. 그렇게 해서 어떻게 생사 문제를 해결한단 말입니까? 죽어도 내가 죽고 살아도 내가 사는 건데, 그렇다면 내 생사 문제는 내가 해결해야 하지 않겠어요?

그래서 내가 요즘 시대에 맞게 새말귀를 내놓은 겁니다. 예전 화두는 의심을 하고 들어가지만, 이 새말귀는 믿고 들어가는 거예요. (밤에 앉을 때는) 이 육신은 느낌이 없다, 빛깔도 소리도 냄새도 없는 이 자리가 이 육신을 거느리고 다닌다, 그런데 이 자리는 밝지도 않고 어둡지도 않은 자리다, 밝지도 않고 어둡지도 않은 이 자리를 나투겠다―이런 식으로 연상을 하며 여러분이 앉는단 말입니다. 마음속으로 환하게 나타나길 기대하란 말이에요. 물론 처음에는 나타나지 않습니다. 그러다가 차츰 흑백밖에 보이지 않다가 나중에는 모든 빛깔이 다 보입니다. 환하게 보여요. 푸른 것, 누른 것 다 보이고, 여러분의 얼굴도 나타나고 내 얼굴도 나타나요. 자기의 얼굴은 거울을 봐야 나타나잖아요?…… 이건 내 경우에 그렇습니다. 그러다 금색 같은 것이 일어났다가 차츰 그 금빛도 없어지고, 그 다음 점점 그놈이(법신자리) 환해지면서 벽이 탁 뚫려버립니다. 환해지는 동시에 내 마음이 탁 가라앉아요. 그때는 태산이 뭉개지더라도 눈썹 하나 까딱 하지 않습니다.

여러분이 이 경지에 다다라야 합니다. 마음이 탁 가라앉으면서 몸이 있는지 없는지도 몰라요. 편안합니다. 내가 방에 앉아 있는 줄 알지만, 알면서도 방에 앉아 있는지 허공에 떠 있는지 그만 편안해요.

여기서 숙달이 되어 법을 굴리려고 하면, 그대로 서울에도 가서 나투고, 그대로 일본에도 가서 나투고, 그대로 미국에도 가서 나퉈요. 이건 별 문제로 하지만…… 나중에 차차 숙달되는 데 따라 이루어지는 거예요.

요컨대 의심을 하는 화두는 노력을 하는 것이지만, 내가 말하는 새말귀는 바로 들어가는 겁니다. 이 때문에 좀 어렵다고 말해요…… 공리를 요달하지 않으면 어렵습니다. 그래서 산하대지가 다 허공성이다, 우리의 몸뚱이도 허공성이다…… 이렇게 공리를 안 다음에 턱 새말귀를 들면 그만 밝지도 않고 어둡지도 않은 자리가 뚜렷합니다. 여러분이 이 경지에 이르면 공부해서 뭐합니까? 그때는 닦기만 하면 됩니다. 그러나 이 도리를 모른다면 천 년을 염불한들 무슨 소용이 있겠습니까? 염불이 도는 아니거든요. 도에 들어가는 방편이죠. 만년 참선을 한들 무슨 소용이 있겠습니까? 참선이 도는 아니거든요. 도에 들어가는 방편이지. 물론 예전처럼 의심을 하는 화두를 가져도 좋아요. 하지만 한결같이 가질 수 있어야 하는데, 그렇지 못하면 버려야 합니다. 왜냐하면 요즘 시대에는 맞지 않기 때문이죠. 운전수나 기계 수리공 같은 사람도 생사 문제를 해결할 권리는 다 갖고 있으니, 그들도 가질 수 있는 화두를 마련해야 한다는 겁니다.

솔직한 말로 무엇을 선지식이라고 합니까? 미혹한 중생들이 나아갈 길을 터주는 것 아니에요? 요즘에도 산에 있는 승려들은 그렇게 예전처럼 화두를 들 수 있어요. 먹을 것 걱정 없지, 입을 것 걱정 없지. 그렇다면 공부밖에 할 게 더 있나요? 24시간 모두 공부할 수 있거든요. 그런 분들은 의심하는 화두를 가져도 좋습니다. 그러나 사업가, 학생, 군인, 운전수 등의 사람은 예전 화두를 가질 수 없어요. 그렇다면 (방편을) 대치해야죠.

그래서 밝지도 않고 어둡지도 않은 법신을 보겠다는 생각을 딱 갖고 앉으란 말입니다. 이렇게 앉으면 턱 나타나는데, 그때는 어떻게 머리가 총명해지는지 그만 이대로 갔으면 좋겠다, 이대로 죽었으면 좋겠다…… 그러다가 나중에 인연에 맡겨야겠다는 생각이 나는 거예요. 이때는 열흘, 한 달 앉아도 괜찮아요. 밥 한 술, 물 한 모금 먹지 않아도 됩니다. 그토록 좋기 때문이죠. 여러분도 한번 시험해봐요. 밝지도 않고 어둡지도 않은 법신이 환합니다. 이 법신이 드러나지 않으면 생사 문제는 결코 해결될 수 없다고 난 단정합니다. 참으로 생사 문제를 해결하려고 한다면, 이 밝지도 않고 어둡지도 않은 법신 자리를 나투겠다고 해보세요. 그리고 이제는 의심하지 말고 직접 '한번 뛰쳐서 여래 땅에 들어가는(一超直入如來地)' 법을 실행합시다.

만약 여러분이 하지 못하면 구설객口說客에 불과해요. 의심 없이 믿고 들어가서 법신을 나투려는 것이 뭐가 어렵습니까? 법신을 나투겠다고 턱 앉으면 열흘을 앉든 스무 날을 앉든 까딱없어요. 이걸(육신을 가리킴) 누가 가져가도 괜찮습니다. 헛것을 가져가는 거예요. 내 옷을 벗겨가는 거나 마찬가지죠.

여러분에게 예전 화두를 줄 수도 있겠지만 이제는 새말귀로 공부해야 합니다. 내가 간 뒤에 오십 년이나 백 년이 지나면 이런 방편을 쓸 겁니다. 이 도리가 아니면 전체 중생을 구할 수가 없어요. 전체 중생을 제도하려면 이 화두 방편을 바꿔야 한다고 나는 강조합니다. 그래서 오늘 여러분에게 이 도리를 선언하는 거예요. 이 방법으로 여러분이 닦아나갈 수 있도록 노력해주면 감사하겠습니다.

자성로 自性路

지극히 사심 없이 원願을 세우면 가피력도 있습니다. 실제로 그 생각 (마음)이 순수해서 가피력이 있는 거예요. 생각이 순수해서 가피력이 있다는 건 무엇을 뜻합니까? 결국 순수한 것, 사심이 없는 것, 마음에 잡념이 없는 것, 망상을 굴리지 않는 것—이걸 뜻하는 것이 아니겠습니까? 가피력은 자성로를 통하는 법입니다. 자성을 밝히지 않으면 가피력이 있다 해도 받아들이지 못해요. 중생이란 복 덩어리 속에 들어앉아 있는지라, 조금이라도 받아들이는 사람은 복을 받아들여서 쓰지만 눈앞에 있어도 받아들이지 못하는 사람은 복을 쓰지 못합니다. 결국은 자성로를 통하는 거예요. 게다가 생사 문제를 해결하기 위한 복 따위의 수단과 방편은 절대로 자성로를 통해야만 합니다.

그럼 자성로는 무엇입니까? 별 것 아닙니다. 망상을 없애는 거예요. 우리가 어떤 경우에 망상을 부리면 그건 망상이지 내 자성은 아니며, 우리가 어떤 문제를 갖고 분별을 지으면 그건 분별이지 내 자성은 아니며, 또 어떤 문제를 옳으냐 그르냐 따져 들어가는 것은 따지는 마음이지 내 자성은 아니기 때문에 자성로라는 말을 따로 하는 겁니다. 결국 본래의 문제에 대한 방편을 잘 굴리기 위해 자성로다, 심성공항心性空港이다 하는 거예요. 그렇다면 자성로나 심성공항은 있는 건가요? 번듯이 있습니다. 번듯이 있지만 사람들은 몰라요. 왜냐하면 분별하고 따지는 것이 딱 가리기 때문에 자성로를 찾아내지 못합니다. 전생에 지어진 인과관계로서 근기가 좋고 나쁘지만, 설사 근기가 좋은 사람이라도 자성로를 발견하지 못하면 공부가 되지 않습니다. 그러나 똑같은 설법을 들어서 똑같이 깨쳤다고 합시다. 어떤 계기를 만나서 깨쳤을 때 사량분별의 망상이 적은 사람은 크게 깨치지만, 사량분별의 망상을 없앴다고 생각하는 '나'가 딱 자리하고 있으면 깨친 것이 작아요. 그러나 일반적으로 사량분별의 망상을 글자 그대로 완전히 깨치기란 아주 어려운 일입니다. 이건 근기가 굉장히 날카로운 사람에게 속한 일이에요. 게다가 복도 있어야 합니다. 복이 없으면 안 되지만, 그러나 복이 없는 사람이라도 고집이 지독하면 복이 당하지 못합니다. 결국 고집이 있는 사람은 되는데, 따라서 우리가 노력 부족은 한탄할지언정 복이 없다고 한탄할 필요는 전혀 없는 겁니다.

여러분 가만히 생각해보세요. 우리가 대도를 성취하는 과정에서 어떤 경우에는 굉장한 마魔가 닥칩니다. 갑자기 마가 닥쳐요. 심지어 병마까지 닥칩니다. 그러나 병마가 닥치더라도 고집으로 밀고 나가면 결국 죽을 고비를 넘기면서 그 병이 없어져요. 이상하게도 병이 없어집니다. 조그마한 병이라서 없어지는 것인지도 모르지만 어쨌든 없어져요. 물론 복이 있으면 수월하게 공부가 되지만, 복이 없는 사람도 고집 하나로 공부해나갈 수 있습니다. 고집은 좋게 써먹을 때도 있지만 대체로 나쁜 데 속하는데, 이 대도에 들어가는 입장에서는 나쁘고 좋은 것이 별로 없습니다.

우리가 똑같은 중생인데 어떤 분은 머리를 깎고 산에 들어가서 공부를 합니다. 하지만 모든 중생들이 모두 머리를 깎고 산에 들어가지는 못합니다. 그렇다면 공부를 포기해야 합니까? 그렇지 않습니다. 부처님도 포기하지 않았어요. 실제로 부처님도 일체 중생에게 불성이 있다고 말했습니다. 부처님이 세상에 오신 지 이천오백 년 정도 되었는데, 그동안 중생들의 발전을 생각하면 예전의 방식처럼 하지 않더라도 공부할 수 있다고 나는 단언합니다. 즉, 부처님이 요즘 세상에 오셨다면 방편이 많이 달라졌을 거예요. 물론 부처님 당시의 방편은 하나도 없앨 것이 없다고 생각합니다. 하지만 없애지는 않더라도 자성로를 발견하기 위한 방편은 고칠 수 있으면 고쳐야 하지 않는가, 그래서 객관적 조건이 형성된다면 예전 방식도 좋지만 지금은 바꿔야 하지 않는가 하고 생각합니다.

그럼 어떻게 해야 합니까? 우선 바탕부터 준비해야 해요. 바탕을 준비하는 것은 그렇게 어려운 일이 아닙니다. 여기 앉은 그대로 온 누리의 사실을 엄숙하게 알 수 있거든요. 바로 온 누리에 벌어진 일체만법이 다 허공성이라고 아는 겁니다. 처음에는 허공성이라는 말마디만 알 거예요. 하지만 허공성에 실감이 생기면 온 누리가 허공성이라는 것—태양도 허공성, 달도 허공성, 별도 허공성. 다른 세계의 초목이나 돌까지도 다 허공성임을 알게 됩니다. 이 말이 너무 간단하기 때문에 싱겁게 들릴지 모르지만 결코 싱거운 문제가 아녜요. 이 하나만 알아도 여러분에게 부처의 씨가 있기 때문에 아는 겁니다. 만약 부처의 지견知見이 영 메말랐다면 곧이들리지 않아요. 말은 그럴듯해도 곧이들리지를 않습니다. 여러분이 과학적으로 생각해본다면 틀림없이 믿어야 되지 않겠어요? 과학적으로 딱 맞는 말을 거부할 필요가 있겠습니까?

불도를 믿지 않는 중생이라고 해서 부처님은 내버리지 않습니다. 따라서 부처님이 가신 지 삼천 년이 되었어도 부처님 제자인 선지식이 나와서 이 시절, 이 인연에 맞는 수단과 방편을 세워야 한다고 생각해요. 스님들은 하루 스물네 시간이 전부 공부하는 시간이라서 선지식만 만나면 도를 이루는 것은 문제가 아닙니다. 또 스님들은 먹을 것이 걱정 없어요. 어찌 됐든 부처님만 모시면 먹게 되니, 그만큼 부처님의 위덕이 큽니다. 심지어 점쟁이나 무당까지도 부처님을 모시면서 다 밥을 먹어요. 그들은 부처님의 그늘을 그대로 받아들이면서 이해를 못할 따름입니다. 이런 얘기는 별 문제로 차치하고…….

좌우간 요즘은 부처님의 제자로서 이 시절, 이 인연에 맞는 수단과 방편을 내놓아야 합니다. 천 년 전이나 이천 년 전, 백 년 전이나 이백 년 전에 쓰던 방편은 요즘 맞지 않는 것이 많아요. 화두를 예로 들어봅시다. 화두는 훌륭한 방편이라서 현재는 물론 앞으로도 화두를 가져야 해요. 나는 화두 갖는 걸 배척하지 않습니다. 그러나 화두는 스님들이 갖는 거예요. 보통 사람들은 화두를 가질 수 없습니다. 왜냐하면 화두를 들지 못하기 때문이죠. 화두는 스님들처럼 24시간 내내 순일하게 가져야 해요. 그러나 보통 사람들은 회사를 나가야지, 농사를 지어야지, 장사를 해야지, 자식 키워야지, 밥해야지…… 어떻게 순일하게 갖습니까? 불가능해요. 자꾸 시간이 끊어집니다. 그런데 요즘 스님들은 자기 공부하듯이 시키고 있어요. 내가 조계사에서 신도들에게 "스님들 말을 듣지 말아요. 스님들의 말은 스님들을 위한 말이지 일반인을 위한 말이 아닙니다"라고 했더니, 어떤 스님이 내 말을 듣고서 웃습디다. 하지만 일반인을 위한 가르침이라면 뭔가 예전과는 달라야 해요. 더욱이 화두를 갖는데, 여러분 생각해보세요, 운전사가 화두를 가지면 되겠습니까? 안 된다면 운전사는 중생 아닌가요? 은행에 다니는 사람이 화두 가지면 되겠습니까? 일하는 사람이 화두 가지면 되겠습니까? 그 사람들은 중생 아닌가요? 그 사람들이라고 해서 인생문제 해결하지 말라는 법이 있나요? 따라서 화두를 갖긴 가져야 하지만 중생의 근기에 따라 중생들이 가질 수 있는 방편이 새로 서야 합니다. 바로 여기서 새말귀가 나온 거예요. 새말귀는 새로운 화두란 뜻입니다. 화두는 말귀에요. 처음에 새말귀라고 하니까 신화두로 하라는 사람도 있었지만, 내 어쩌다가 한국에 인연을 받았기 때문에 인연을 받은 이 땅의 말을 쓰겠다는 취지에서 새말귀라고 했습니다.

이처럼 운전을 하는 사람이든 은행에 다니는 사람이든 소나 말을 잡는 사람이든 장사를 하는 사람이든 누구나 가질 수 있는 방편을 가르쳐야 한다고 생각하며, 이것이 선지식의 할 일이라고 생각합니다. 물론 예전 화두도 좋아요. 스님들로서는 가장 적당합니다. 스님들은 하루 내내 화두를 놓지 않을 수 있기 때문에 거부할 필요가 없어요. 그러나 신도들은 가질 수 없습니다. 그런데도 구태의연하게 신도들을 스님들 취급하고 있어요. 말이 됩니까? 택도 없습니다. 뭔가 자기 모순을 범하고 있어요. 성불이라는 말마디는 하나지만 성불에 이르는 길은 천 가닥, 만 가닥입니다. 그래서 운전기사는 운전기사로서의 화두가 있어야 하고, 다른 사람은 다른 사람대로의 화두가 있어야 해요. 이건 명확합니다.

또 나는 동안거와 하안거의 방식도 고쳐야 한다고 생각합니다. 젊은 놈들을 모아놓고 하루에 밥을 몇 번 먹입니까? 세 번, 네 번에다 철야 하면 밤참까지 먹어요. 그거 소화가 잘 안 됩니다. 일을 시켜야 해요. 큰 절에 가보면 노는 땅이 많은데, 쌀이 남아서 그러는지 모르겠지만 땅을 놀리는 것이 보기 싫습니다. 도대체 누구 밥을 먹는 겁니까? 시주 밥을 먹는데, 시주 밥을 먹고 견성하지 못하면 그 빚을 어떻게 갚느냐 말입니다. 축생이 되어도 그 빚은 갚기가 어려워요. 관세음보살이 어느 마을을 지나다가 농사가 풍년이라서 쌀 한 톨인가 두 톨을 그냥 먹었다는 얘기가 있는데, 쌀 몇 톨 먹고 소가 되어서 은혜를 갚았다는 얘기가 있습니다. 이 일화가 사실이든 아니든 어쨌든 의미가 있는 말이에요.

따라서 나는 이 시대에 알맞은 공부를 시켜야 한다고 생각합니다. 운동 같은 것도 할 줄 알아야 해요. 채소밭에서 일을 시키고 다른 일도 시켜야 합니다. 절에 일 많아요. 그리고 저녁 네 시나 다섯 시에 손발을 씻고 딱 앉으면 멋지게 좌선이 될 겁니다. 그렇지 않고 먹이기만 한 뒤에 앉혀놓으면 어떻게 되겠습니까? 난 의사가 아니라서 모르겠습니다만, 어떤 경우에는 소화불량으로 병을 만들 겁니다. 그러면 그 병은 어디서 만든 겁니까? 자기 자신도 만들었지만 절에 있는 선지식과 공동으로 병을 만든 것 아닙니까? 일하지 않고 앉게만 하니 병이 난 거예요. 그러니 절에 노는 땅을 없애는 한편 사람들의 습성부터 고쳐가야 합니다. 이 법은 사람이 공부하는 것이고 성불도 사람이 하는 거라서 먼저 사람이 돼야 하는데, 그렇지 못하면 공연히 의타심만 생겨서 곤란합니다.

또 오래 앉는 사람을 공부 잘 한다고 생각하는 경향이 있는데, 선이 좌선만이 선인가요? 걷고 머물고 앉고 눕는 것이 전부 선입니다. 산책을 해도 선이고, 논에 나가서 일을 해도 선이에요. 그러니 이 잘못은 고쳐야 합니다. 언젠가 선지식이 나오면 고쳐질 거예요. 그렇다고 해서 법을 고치는 것이 아니라 그 수단과 방편을 고치는 겁니다. 지금까지는 스님들이 집 떠나는 것이 방편이었죠.

그럼 새말귀란 무엇인가요? 어떤 일을 하던 일을 잘 하겠다는 이것이 화두입니다. 글 쓰는 사람이라면 나는 글씨를 잘 쓰겠다고 하고, 밭을 가는 사람이라면 나는 밭을 잘 갈겠다고 하는 이것이 화두에요. 하지만 이 화두는 갖기가 좀 어렵습니다. 왜냐하면 바탕을 알아야 하기 때문이죠. 앞에서도 말했듯이 태양도 허공성, 지구도 허공성, 나무도 허공성, 산도 허공성, 물도 허공성, 밉다 곱다는 것도 허공성,

심지어 내 몸도 허공성이란 바탕을 알아야 합니다. 이 절대성 자리를 알면서도 몸은 상대성으로서 자체성이 없다는 것 역시 알아야 하는데, 이걸 아는 데 시일이 좀 걸려요.

가령 내가 이 물건을 집어도 손은 집은 줄 모릅니다. 손에 자체성이 없으니까 아는 건 내가 알죠. 내가 안다면 내가 따로 있는 것 같습니다만 그렇지 않아요. 이걸 확실히 알아야 합니다. 우리가 어딜 걸어가면 발은 모르는 거예요. 발뿐 아니라 몸뚱이 자체는 모릅니다. 아는 것은 빛깔도 소리도 냄새도 없는 그 자리가 알아요. 손을 움직여 뭔가를 걷어잡거나 눈으로 사물을 보고 귀로 소리를 듣는 것은 빛깔도 소리도 냄새도 없는 내 성품 자리, 내 법신 자리가 그렇게 한다는 걸 알아야 합니다.

이걸 알면 화두가 곧 잡힙니다. 이때는 운전기사도 화두를 들 수 있어요. 운전기사는 핸들을 잡고 있지만 손은 자체성이 없는 무정물일 뿐 빛깔도 소리도 냄새도 없는 자리가 이 손을 시켜 핸들을 조종하고 있다는 걸 알아야 합니다. 그 다음 '나는 주의해서 운전을 하겠다'고 하면 빛깔도 소리도 냄새도 없는 이 자리가 주의해서 운전을 하겠다는 것이 되죠. 따라서 '나는 운전을 잘 하겠다'는 생각만 놓치지 않으면 이것이 전부라고 나는 생각합니다. 이게 내가 만들어놓은 화두에요. 이걸 새말귀라고 했습니다. 또 아침에 집에서 나갈 때는 어떻게 하는가? 자체성 없는 이 몸을 끌고 오늘 일을 잘 하겠다는 생각으로 나가고, 일이 끝나면 자체성 없는 이 몸을 끌고 나는 들어간다고 하십시오. 그러면 빛깔도 소리도 냄새도 없는 자리가 중심이 되는 거예요.

나중에 밤에 앉아서 참선할 때는 이걸 다 놓아야 합니다. 다 놓아야 하지만, 우선 처음에는 밝지도 않고 어둡지도 않은 비명비암非明非暗의 자리를 보겠다고 하십시오. 왜냐하면 밝음은 본래 밝음이 아니고 어둠은 본래 어둠이 아니기 때문입니다. 밝음도 아니고 어둠도 아니기 때문에 밝음이 보이고, 밝음도 아니고 어둠도 아니기 때문에 어둠이 보여요. 이 말이 이해하기 곤란한가요? 본래 그 자리가 밝다면 밝음이 어떻게 보이겠습니까? 밝음이란 인식조차도 없어요. 원래 밝지도 않고 어둡지도 않기 때문에 밝음이 보이고 어둠이 보이는 겁니다. 그렇다면 밝지도 않고 어둡지도 않은 이 자리가 진짜란 말입니다. 앉아서 좌선할 때는 이걸 봐야 해요. 캄캄한 데 앉아서 밝지도 않고 어둡지도 않은 이 자리를 한번 보겠다고 하면 나타나는 겁니다.

물론 처음에는 나타나지 않아요. 처음에는 흑백으로 나타나다가 그다음에는 광명도 보이고 빛깔도 나타납니다. 예수교 열심히 믿는 사람들이나 불교 열심히 믿는 사람에게 예수나 부처님이 나타나는데, 이 역시 환상입니다. 전부 자기가 만든 것 아닙니까? 이와 마찬가지로 밝지도 않고 어둡지도 않은 것이 나타나요. 산하대지가 환하게 보이고 달도 보이고 해도 보이고 별도 보입니다. 이런 건 과정으로서 좋긴 하지만 결국 여기에도 머물지 않아야 해요. 우리는 환상을 구하는 것이 아니라 진상眞相을 구하는 것이기 때문에 비명비암에도 머물지 않는 겁니다. 비암비명은 마지막 과정으로서 좋은 과정이므로 거부할 필요는 없어요. 나중에는 비명비암을 내가 알아서 씁니다. 그래서 밝음이 오면 밝음을 쓰고 어둠이 오면 어둠을 써요.

이런 식으로 화두를 반년만 더 가져보세요. 처음에는 이치상으로 알아서 '내 손이 핸들을 조종한다', '내 손가락이 주판을 놓는다'고 하면서 잘 해야겠다는 생각 하나뿐입니다. 그러다가 나중에는 생각만 해도 빛깔도 소리도 냄새도 없는 자리가 이 몸을 끌고 다니면서 잘 해야겠다는 걸 재인식하게 됩니다. 처음에는 잘 되지 않아요. 싱겁습니다. 하지만 자꾸 자체성이 없는 이 손을 갖고 글씨를 잘 쓰겠다, 밭을 잘 갈겠다, 운전을 잘 하겠다고 하면, 잘 해야겠다는 이 자리는 빛깔도 소리도 냄새도 없는 '진짜 나'임이 굳혀질 것 아닙니까? 한 반년만 가져보세요. 딱 굳혀질 겁니다. 굳혀지면 빛깔도 소리도 냄새도 없는 허공 자체가 내 몸임을 느끼게 될 겁니다.

　난 이렇게 화두를 새로 만들었어요. 새말귀라는 것이 이상하지만 이것밖에는 도리가 없습니다. 부처님은 운전기사라도 버리지 않아요. 버리려야 버릴 수가 없습니다. 운전기사도 부처님의 식구니까요. 되돌아서 부처님과 한 몸인데 어찌 버리겠습니까? 이건 선지식들이 책임져야 합니다. 어쨌든 죽어도 내가 죽고 살아도 내가 사니까 무슨 도리든 강구해야 하는데, 그렇다면 공부하는 도리가 달라져야 해요. 절에서 스님들이 공부하는 것과 일반 중생들이 공부하는 것은 달라야 합니다. 이렇게 하면 집에서도 공부할 수 있어요. 밥을 하면서도 '이 색신은 자체성이 없고 (법신인) 내가 쌀을 씻는다'고 생각하면 그만 아닙니까? 쌀 잘 씻어야겠다, 불 잘 때야겠다, 일 잘 해야겠다 등 아침부터 저녁까지 빛깔도 소리도 냄새도 없는 참나(眞我)가 지혜가 없는 이 손발을 움직여서 쌀도 씻고 밥도 하고 장사도 하고 회사도 나가는 겁니다. 따라서 이 공부는 사실을 사실대로 알자는 거예요. 다른 것은 없습니다. 여기 사실 아닌 것이 있나요? 지금까지 우리는 이 몸을 '나'라고 보았는데, 물론 내 관리물이니까 '나'라고 할 수도 있겠죠. 하지만 자체성 없는 이걸 '나'라고 하면서 엉뚱한 모습에 들어앉았단 말입니다. 허나 들어앉긴 했지만 이 모습은 자꾸 변하는 것 아닙니까? 이 자꾸 변하는 것에 들어앉아서 끌려가고 있어요.

이 때문에 예전 어른들이 화두를 내놓은 겁니다. 화두를 딱 줘서 다른 생각을 못하도록 한 거예요. 그러나 우리 중생들은 시간이 없기 때문에 그렇게 할 수가 없습니다. 내가 만든 새말귀 수행은 시간이 필요 없어요. 아침에 눈 딱 뜨면서 "내가 깨어났다"고 하면 벌써 화두 아닙니까? 눈 뜨자마자 화두 잡는 거예요. 이렇게 내가 화장실을 간다, 내가 세수한다, 내가 밥을 먹는다, 내가 일을 한다(이때 '나'는 빛깔도 소리도 냄새도 없는 그 자리를 뜻하는데)…… 이런 방식으로 하면 하루 종일 화두를 잡는 겁니다. 스님과 일반 중생들이 화두를 갖는 입처立處는 다를지언정 하루 종일 화두를 갖는 것은 매일반이에요. 여러분 납득이 갑니까? 이거 중요한 말입니다. 이 도리를 알아버리면 무엇 하나 화두 아닌 것이 없어요. 결국 스님들이 갖는 화두나 우리가 갖는 화두나 원리는 꼭 한가지 아닙니까? 도리어 나는 이 새말귀가 어떠한 면에서는 더 빠르지 않느냐는 생각도 들어요.

자, 그럼 이런 새로운 방편을 누가 가르쳐야 합니까? 선지식이 가르쳐야 하지 않겠습니까? 백 년 전이나 이백 년 전에 이 땅에 선지식들이 있었다면 뭔가 방편이 달라졌을 텐데 아직도 구태의연한 걸 그대로 두고 있어요. 사찰에 가서 절이나 하고 초나 켜는 걸 불법으로 안단 말입니다. 물론 술 먹고 싸우는 것도 불법이라고 하면 불법이겠지만…… 그렇게 해서는 자성로를 찾아내지 못해요. 여러분의 성품 자리가 확립이 되면 참으로 겁나는 자리입니다. 여러분 단단히 알아야 해요. 죽어도 내가 죽고 살아도 내가 사는 것이 아니라면, 즉 우리가 죽여지고 살려지는 것이라면 불법을 믿을 필요 없습니다. 우리에게 죽으라면 죽고 낳으라면 낳고 하면 좋겠는데, 내가 주인이라서 죽는 것도 내가 죽고 낳는 것도 내가 낳아요. 그러나 보통 사람들은 내가 나고 내가 죽는 것을 전혀 모르니 어떻게 해야 합니까? 그러니 우리 공부하도록 합시다. 우리도 생사문제를 해결하려면 무슨 방편이 있어야 하지 않겠습니까? 내 생각엔 앞서 말한 방편을 쓰면 스님들처럼 똑같이 공부할 수 있습니다.

지금까지 가능하면 알기 쉽게 말을 했습니다. 여러분이 어느 정도까지 느꼈는지 모르겠지만 설법을 마치도록 하겠습니다.

허공문답

허공이 하나이니 지도리(樞)가 하나요. 지도리가 하나이니 목숨이 하나입니다.

　내가 지금 이 주장자를 들었어요. 그럼 온 천하가 이 주장자입니다. 처음에는 좀처럼 납득이 가지 않아요. 이 때문에 텔레비전을 비유로 말했죠? 여기 텔레비전 방송국 같은 시설이 있다면, 백 리 밖이든 천 리 밖이든 만 리 밖이든 전부 텔레비전 영상이 비치거든요. 이 비침은 공연히 비치는 것이 아니라 비칠 만한 까닭이 있기 때문에 비치는 겁니다. 가만히 생각해보세요.

　이 주장자도 마찬가지입니다. 다만 납득을 하지 못하는 이유는 주장자를 주장자 하나로만 생각하기 때문이죠. 그러나 주장자라 해봤자 하나의 허공성일 뿐 그 모습은 실답지 않습니다. 실다운 것이 아니라면 어딘들 나투지 못하겠습니까. 요즘은 라디오나 텔레비전이 발달했기 때문에 이 사실이 입증됩니다. 가령 우리가 노래를 하면,

그 노래가 온 우주에 그대로 비칩니다. 비치도록 되어 있어요. 이 때문에 부처님께서도 불가사의不可思議라고 말씀하셨죠. 그 증거로 텔레비전을 어디라도 갖다 놓으면 영상이 다 나타나거든요. 물론 그 영상은 실답지 않습니다. 그러나 실답지는 않아도 나타나게 되어 있어요. 이런 식으로 가만히 생각해보면 참으로 허공은 하나입니다. 허공이 하나이니 지도리가 하나이고, 지도리가 하나이니 목숨도 하나라는 결론이 절대로 무리가 아닙니다.

지도리는 절대성 자리입니다. 그 절대성 자리에서, 즉 그 하나의 본바탕에서 한 가닥씩의 여김(念)을 수천만 개로 일으키고 있어요. 그 여김 여김, 그 생각 생각을 수천만, 수억, 수조로 일으킵니다. 이 여김에는 유정, 무정도 있고 인연 관계도 있으면서 서로 상대가 됩니다. 일단 일으켜놓은 여김은 전부 상대거든요. 그러나 여김의 당처當處는 하나입니다. 상대적인 여김을 일으키는 데 따라서 사람의 모습도 천차만별이고 인과도 달라지겠지만, 여김의 당처는 하나에요. 여김을 천 개, 만 개로 나투어서 상대를 굴리면 상대는 반드시 갈등이 있지만, 그 당처는 하나이기 때문에 결국 '온 누리는 하나'라고 할 수 있습니다. 이 절대성을 바탕으로 우리가 각자의 인격을 나투어서 법을 굴릴지언정 나의 본 고향, 본바탕 자리는 하나이니, 무엇보다 이 점을 각별히 명심해야 합니다. 그래야만 어제 설법한 "도솔천을 여의지 않고도 왕궁에 강림했으며, 어머니의 태胎를 나오지 않고도 중생 제도를 이미 마쳤다"⑫는 말이 전부 해결됩니다. 아까 텔레비전을 비유로 말한 것도 이 점을 납득하는 데 도움이 될까 싶어서 얘기한 거예요. 하나의 물 위에서 물거품이 일어나듯이, 하나의 허공성에서 각자 그 여김에 따라 숱한 세계를 만들어 제 나름대로 굴린다는 이 사실을 확고히 단정해야 합니다. 여러분의 마음 씀씀이가 이렇게 나가지 않으면 옳은 설법을 들어도 설법이 귀에 들어오지 않아요.

그리고 이 허공성을 알아야 무정물과 유정물이 하나라는 걸 알게 됩니다. 실제로 초목이든 돌이든 전부 나와 하나이지 둘이 아니에요. 다만 인연에 따라 그 내용이 다르고 생리가 다를지언정 그 성품은 하나입니다. 슬기가 있는 것도 있고 없는 것도 있지만 성품은 한가지에요. 우리 몸도 허공성이고 이 꽃의 성품도 허공성으로 어느 것 하나 허공성 아닌 것이 없습니다. 내가 예전에 문답식으로 구성한 '북소리' 법문을 『금강경강송』이나 『유마경대강론』에 넣은 적이 있습니다. 문답의 주체는 홀첨지와 달바위인데, 홀첨지는 다리가 하나인 첨지입니다. 사람들은 다리가 둘 있죠? 짐승들은 다리가 넷 있죠? 그런데 다리가 하나 있는 첨지라고 했어요. 또 달바위는 제자입니다. 다음은 홀첨지와 달바위가 서로 대화하는 내용입니다.

(홀첨지) 달바위 너에게 묻노라. 이제로부터 이천 년 전에 고구려 을지문덕 장군이 북을 쳐서 호병 십만을 살수에서 무찌른 사실을 아느냐.

⓬ 도솔천 내원內院에 머물다가 인도 카필라국 정반왕의 왕비인 마야 부인의 태胎에 들어가 태어난 후에 출가해서 성불한 석가모니의 일화를 바탕으로 나온 공안公案이다. 〈선문염송〉 제1칙에 보인다.

(달바위) 압니다.

(홀첨지) 그때 두둥 울렸던 북소리는 어디로 쫓아왔느냐.

(달바위) 북으로부터 쫓아왔습니다.

(홀첨지) 아니다.

(달바위) 채로부터 쫓아왔습니다.

(홀첨지) 아니다.

(달바위) 북과 채가 마주친 데로부터 쫓아왔습니다.

(홀첨지) 어찌 소견머리가 그 따위냐. 아니다.

을지문덕 장군이 십만 명을 살수에서 몰살시켰는데, 이 사실을 내가 공부하는 사람들을 위해 비유로 썼습니다. 이천 년 전의 그 북소리가 북에서도 채에서도 나오지 않았다고 했지만, 채와 북이 마주친 인연으로 나온 건 사실입니다. 내가 그걸 거부하는 건 아닙니다. 하지만 북소리는 그 앞소식이에요. 그러면 여러분은 어디서 나왔습니까? 여러분의 머리가 날카롭다면 이 자리에서 답이 나옵니다. 북과 채의 인연은 되어 있지만, 북소리는 어디서 나왔나요?

(달바위) 마음으로부터 쫓아왔습니다.

(홀첨지) 남의 말을 도적질하지 말라.

마음으로부터 쫓아왔습니다 ─이건 육조 혜능 대사가 한 말이에요. 혜능 대사가 법성사法性寺로 가는데 문 앞에 세워놓은 깃발이 펄럭거

렸습니다. 그때 한 승려가 깃발이 펄럭인다고 하자 다른 승려가 바람이 펄럭인다고 했는데, 육조 혜능은 둘 다 아니라고 하면서 당신들의 마음이 움직이는 거라고 했어요. 바로 이 말을 빌어서 달바위가 말한 겁니다.

자, 여러분이 나를 봅니다. 내 얼굴이 여러분의 눈동자에 비쳤는데, 비추는 그놈은 빛깔도 소리도 냄새도 없는 그 자리에요. 그걸 마음 자리라고 합시다. 그럼 마음이 얼굴을 본 것이죠. 마찬가지로 펄럭이는 깃발이 눈동자에 비쳤는데, 마음이 그걸 알아요. 마음이 알면, 마음이 흔들린다고 말해도 맞죠? 물론 바람이 움직인다고 해도 맞긴 맞는 말이고, 또 깃발이 움직인다고 해도 맞긴 맞는 말이니, 우리가 그 말이 틀리다고 말할 필요는 없습니다. 그러나 바람이 움직이든 깃발이 움직이든 자기 마음이 움직이지 않으면 어떻게 그것이 움직인다고 보겠느냐 말예요. 설사 움직인다 해도 마음이 움직이지 않으면 보이지 않습니다.

혜능 선사는 바로 이걸 딱 잡았어요. 그래서 이 도리를 알면 깃발이 움직인다고 해도 되고, 마음이 움직인다고 해도 되고, 바람이 움직인다고 해도 되는 거예요. 이 도리를 알면 말하면 되는 겁니다. 그러나 이 도리를 모르면 말만 갖고는 되지 않아요. 그래서 남의 말을 도적질하지 말라고 한 것입니다.

그런데 마음도 아니라고 하면 여러분은 어떻게 할 겁니까? 물론 이것도 남의 일이 아니라 여러분 자신의 일이에요. 이런 일은 하루에도 수십 번 여러분이 당하고 있습니다. 꼭 깃발이 움직여야 펄럭이는 건

가요? 주장자도 흔들리고 나무도 바람에 흔들리고…… 하루에도 수십 번 여러분이 겪습니다. 다만 모를 따름이에요. 그러면 어떻게 해야 하겠습니까? 달바위가 마음에서 나왔다고 하자, 홑첨지는 육조대사의 말을 도적질하지 말고 너의 살림살이를 내놓으라고 합니다.

(달바위) 모르겠습니다.
(홑첨지) 힌트를 줄 터이니 자세히 들어라. 눈보라 치는 산기슭에 개구리가 개골개골하구나.
(달바위) 알았습니다.

달바위가 모르겠다고 하니, 천상 그 경계를 한번 인도해주어야 합니다. 물길을 뚫어줘야 해요. 조금만 뚫어주면 나중에는 줄줄 나오다가 홍수가 되어서 둑마저 확 날려버립니다. 그래서 힌트를 주는 거예요. 눈보라 치는 산기슭에 개구리가 개골개골한다. 아니, 겨울에 개구리가 있습니까? 겨울에는 개구리가 없어요. 눈이 오면 개구리가 전부 땅속으로 들어가는데 어떻게 눈 속에 개구리가 나오겠어요? 그런데도 그런 말을 하고 있죠. 자, 여기서도 '허공이 하나이니 지도리가 하나이고 지도리가 하나이니 목숨도 하나'라는 걸 생각하면 이 말이 나옵니다. 그러나 "눈보라 치는 산기슭에 개구리가 개골개골한다"는 이 말마디에 들러붙으면 답이 나오지 않습니다. 답은 말마디 밖에 있거든요. 그야말로 누리의 바탕을 알면 허공중에 이루어진 춘하추동 사시도 전부 명자名字입니다.

허공중에 이루어진 모든 명자가 전부 실답지 않은 하나의 환상계에 지나지 못해요. 말하자면 법성계에 이루어진 모든 법, 즉 법성계 안에서 굴려지는 일체법이 환상에 지나지 못합니다. 사실 환상이거든요. 이 도리를 뼈저리게 느껴야 이 답이 나옵니다. 그냥 아는 대로나 어디서 들은 대로, 생각한 대로 말하면 안 돼요. 들은 대로, 생각한 대로 말하다간 죄를 범합니다. 왜냐하면 인연관계가 엄숙하기 때문이에요. 모습은 인연관계로 굴려지는 것이라서 단 하나의 용서도 없습니다. 용서 빌 사람도 없고 용서받을 사람도 없지만…… 허공에 뜬 비행기가 나사못 하나만 잘못되어도 비행기가 떨어져요. 그거 무섭습니다.

그러니 눈보라 치는 산기슭에 개구리가 개골개골하는 것은 거짓말이든 참말이든 법성계 안의 소식이란 말입니다. 무슨 말을 했든 법성계 안의 소식 아닙니까? 그렇다면 내가 이 글을 쓰면서 "산기슭에 개구리가……"라는 말을 하고도 남아요.

(달바위) 알았습니다.

(홑첨지) 무엇을 알았느냐.

(달바위) 북소리가 쫓아온 곳을 알았습니다.

(홑첨지) 너는 그 북소리가 쫓아온 곳은 알아도 그 북소리를 듣지는 못하리라.

자, 이천 년 전 북소리가 쫓아온 것은 알았어요. 그런데 둥둥 울리는 북소리를 들었냐고 하니까 들었다고 합니다. 자네 들었나? 자네 이름이 뭔가? 들었지?

"마음으로 들었습니다."

그 말이 틀리지는 않다. 둥둥, 들었지?

(홀첨지) 네가 그 북소리를 들어도 그 소리를 보지는 못하였으리라.

(달바위) 보았습니다.

북소리를 보았어요. 이건 기절초풍할 노릇이죠. 설법 듣다가 막걸리 마시러 갈 기회는 이 기회밖에는 없어요. 빛깔도 소리도 냄새도 없는 이걸 봤다고 하니…… 이것도 내가 쓴 거예요. 내가 어디 사람입니까? 내가 미친 사람 아닙니까? 자, 보았습니까?

(홀첨지) 네가 그 북소리를 보아도 만져보지는 못하리라.

하물며 만져도 봅니다. 자, 여러분 북소리를 볼 줄 알면 만져보는 거예요. 여러분은 소리와 이걸(북: 편자 주) 자꾸 둘로만 봅니다. 그러나 소리든 북이든 그 당처는 하나 아닙니까? 무엇으로 탯거리를 나투었든 그건 별 문제에요. 인연에 따라 탯거리를 나툽니다. 허공중에는 아무것도 없지만, 인연이 닿지 않아서 그렇지 인연만 닿으면 여기서도 북소리가 나요. 여기서 종소리가 나고 여기서 대포 소리가 납니다. 인연만 닿으면 말이죠. 우리는 나타나는 모습이나 명자에만 매달리기 때문에 이런 건 상상도 못합니다. 이거(북소리; 편자 주) 지금 내가 만지고 있어요. 만지지 못할 것이 뭡니까. 여기 불도 있어요. 만약 북소리가 아니고 불이라면, 내가 불을 만지는 것이지 뭡니까?

물론 내가 이렇게 얘기하는 것도 어쩔 수 없이 하는 거예요. 어쨌든 여러분의 따지고 분별하는 그 마음을 없애기 위한 수단과 방편으로서 얘기하는 겁니다. 그러나 이 얘기가 틀림없어요. 나는 지금 소리 만지고 있습니다. 북소리뿐 아니라 대포 소리도 지금 내가 만지고 있어요. 인연이 닿지 않았을 뿐이지만, 우리가 인연만 찾을 필요가 있습니까. 자, 그러나 우리가 일단 분별하면 놓쳐버립니다. 이거 분별 때문에 안 되는 거예요.

(홀첨지) 네가 그 북소리를 만져보아도 그 소리를 나에게 가져오지는 못하리라.

이거 역시 소리와 다르지 않습니다. 북소리를 가져오느라고 욕봤습니다. 이거 허튼 수작이 아니에요. 그래서 내가 이번에 무슨 일이 있으리라 생각했어요.

(달바위) 그 북소리를 가져왔습니다. 눈보라 치는 산기슭에 개구리가 개골개골. 큰절을 받으십시오.

눈보라 치는 산기슭을 그대로 이용해서 "큰절을 받으시오" 했습니다. 이미 알았으니 거기에 대해 보답을 한 겁니다. 이렇게 하면 된 거예요. 북소리를 만져볼 줄도 알고 가져올 줄도 알고, 눈보라 치는 산기슭을 바탕으로 삼아 큰절도 했으니, 그러면 됐다는 말입니다. 됐으면 이것만으로 해결이 되는가? 또 있습니다.

(홑첨지) 이놈아. 네가 그 북소리를 나에게 가져와도 도로 가져가지는 못하리라.
(달바위) 그 북소리를 도로 가져갑니다. 눈보라 치는 산기슭에 개구리가 개골개골 물러갑니다.
(홑첨지) 이놈아! 그 북소리를 왜 반쪽만 가져가느냐.

절은 감사의 표시입니다. 이제 알았으니 감사를 느끼는 거예요. 도로 가져가는 것은 반쪽밖에 되지 않습니다. 절대로 이건 맞아야 합니다. 자기의 성의를 다해야 해요. 몸뚱이라도 던질 수 있으면 던져야 합니다. 그래서 "이놈아, 가져가려면 다 가져가지 왜 반쪽만 가져가느냐"고 한 겁니다.

(달바위) 예! 다 가져갑니다. 여자 절을 받으십시오. 눈보라 치는 산기슭에 개구리가 개골개골.
(홑첨지) 이놈아! 좋구나 좋다. 너는 이제부터 식은 밥 한 덩어리는 넉넉히 먹으리라. 물러가거라.

이렇게 해야 식은 밥 한 덩어리를 먹을 자격이 있습니다. 처음에는 반만 가져간다고 했는데 나중에는 마저 가져갑니다. 그런데 여자 절을 하는 건 무슨 도리입니까? 이거 머리털 차이에요. 이 사람이 남자거든요. 여자가 여자 절을 했다면 문제가 될 리가 없죠. 물론 또 이렇게 하지 않아도 됩니다. 하지만 이 공부는 굳히고 또 굳혀야 해요. 알면서도 안 걸 뒤집고 또 한 번 뒤집어놓고 이런 식으로 해야 합니다. 뒤집어놓으면 나중에는 마음대로 이래도 되고 저래도 되거든요.

'여자 절'을 오늘 내가 깹니다. 지금까지는 이 얘기를 하지 않았어요. 왜냐하면 공연한 지견이나 될까 걱정스러웠기 때문입니다. 그러나 요즘은 조금 다릅니다. 전부 지식인들이라서 태양이나 지구가 허공중에 둥둥 떠 있다는 사실을 알아요. 내 몸뚱이 자체가 지혜가 있지 않아서 내 소유물이 아니라 관리물이라는 사실을 다 압니다. 예전에는 견성해야 이 도리를 알았는데, 요즘은 견성하지 않아도 이 도리를 다 알거든요. 또 그 사람의 근기가 여러분처럼 뭔가 의욕에 불탑니다. 의욕에 불타는 분에게는 이런 말을 해도 해가 되지 않습니다.

그럼 왜 여자 절을 하나요? 남자가 여자 절을 했습니다. 그대로 몽땅 신뢰하는 거예요. 그걸 표시하는 겁니다. 물론 말로 여자 절을 한다고 해서 되는 건 아니죠. 몽땅, 생명까지 집어던진 그러한 자신을 나타낸 거예요. 그렇지 않습니까? 과학적으로나 이학적理學的으로 딱 맞는다고 하면 그까짓 생명이 뭡니까? 그러니까 여자 절을 하면 하나의 사람입니다. 사람에는 남자와 여자 두 가지 명자가 있는데, 남자가 여자 절을 하면 몽땅 아닙니까? 그 사실을 전부 걷어잡은 겁니다. 그 사실이라 해도 좋고 말이라 해도 좋아요. 몽땅 걷어잡는데 뭐라고 표현할 겁니까? 물론 마음으로야 압니다. 하지만 여기는 말마디를 굴리는 자리거든요. 그래서 여자 절을 한다는 거예요.

　지금까지 소리가 온 곳을 북도 아니고 채도 아니고 마음도 아니라고 했지만, 사실은 북이라 해도 되고 채라 해도 되고 마음이라 해도 됩니다. 그 다음 북소리를 들었다고 하니까 북소리를 보지는 못했을 거라고 하죠. 여러분, 북소리를 보았다고 하면 말이 좀 모순되죠? 그러나 모순된 말이 아닙니다. 여러분은 북소리를 볼 줄 몰라서 그렇지 보이는 거예요. 이렇게 말하면 또 내 말을 듣고 엉뚱한 데로 쏠릴지 모르지만, 절대로 무슨 기이하고 잡스러운 것이 아닙니다. 본다고 해도 되는 거예요. 또 만져도 봅니다. 북소리를 보는데 어째서 만져보지 못하겠습니까? 가만히 생각해보세요. 모든 걸 하나로 생각하세요. 앞에서 말했듯이, 갖가지 인격과 갖가지 모습을 천 가지 만 가지로 나투는 것은 그 여김의 나툼으로 이루어지지만 당처는 하나입니다. 바다에 수억 조의 물거품이 있지만 물 하나의 장난이라고 생각하면 이 문제가 해결됩니다. 북소리를 보기도 하고, 만져보기도 하고, 가져오기도 하고, 가져가기도 하는 거예요. 내가 지금 이 자리에서 여러분에게 북소리 한번 내보겠습니다. (주장자로 책상을 내려치심). 이 소리의 성품이 천 년 전이나 만 년 전, 천 년 뒤나 만 년 뒤라도 성품이 변할 수 있나요? 빛깔도 없고 냄새도 없는데 무엇으로 변하죠? 허공이 하나이니 지도리가 하나라는 이 도리를 알면 이거 해결됩니다.

이와 같은 문제를 누가 쓴 일이 없을 겁니다. 잘 됐든 못 됐든 내가 한 이십 년 전에 쓴 거예요. 내가 이십 년 만에 처음으로 설법을 합니다. 보통 때는 하지 않아요. 왜냐하면 해봤자 효과가 없기 때문이죠. 자, M선생, 이천 년 전의 북소리 만져봤소? 듣긴 들었고? 이건 따지면 안 돼요. 하하하.

방편은 무정법

선禪을 하든 염불을 하든 전부 방편이며, 방편은 그 당시의 지견에 따라 자꾸 바뀌는 법입니다. 그런데도 어떤 사람들은 이 방편을 정해진 법, 즉 정법定法처럼 생각하는데 이는 천부당만부당한 일이에요. 정법이라고 가르쳐놓으면 사람 버리는 법입니다. 방편은 무정법無定法이고 상대성이기 때문에 인연에 따라 자꾸 바뀌는 법이에요. 팔만사천의 번뇌가 있기 때문에 팔만사천의 법문이 나와서 하나하나 때려 부순 것이며, 이 팔만사천의 법문을 한마디로 말한다면 당처當處가 비었다는 겁니다. 당처가 비었다는 말을 하기 위해 팔만사천 가지 방편이 나왔는데, 이 방편을 정법처럼 생각한다면 그 인식부터 이미 잘못입니다.

　내 마음 속에 지옥도 있고 천당도 있는데 이걸 누가 만듭니까? 여러분이 만듭니다. 여러분의 마음이 청정하면, 다시 말해서 육신으로서의 '나'가 아니고 허공으로서의 '나'이면 그대로 극락이고, 여러분의 마음이 청정하지 못하면 그대로가 지옥이에요. 따라서 지옥의 성품과 극락의 성품은 같은 것이며, 밝음의 성품과 어두움의 성품, 남자의 성품과 여자의 성품도 같은 겁니다. 다만 그 경계에 따라 나쁘게 쓰고 좋게 쓰는 것만이 다를 뿐이죠.

그렇다면 극락을 세워도 내가 세우는 겁니다. 이 육신을 갖고 있는 동안 극락의 길을 닦으면, 이 몸을 버릴 때 그 닦던 습성대로 극락으로 가는 거예요. 반대로 마음씨가 청정치 못하면 내가 지옥을 지어서 내가 가는데, 그 또한 내 습성이 그러하기 때문입니다. 이처럼 불법은 절대적으로 평등해서 머리털 하나 속이지 않아요. 물론 평소 지옥에 가겠다고 하는 사람은 없겠지만, 그러나 탐냄, 성냄, 어리석음이 가득 차 있으면 지옥을 가는 길밖에 보이지 않고 또 그 길이 좋은 법입니다.

또 절을 짓고 부도를 만든다고 해서 극락으로 가는 습성을 닦는 것은 아닙니다. 실제로 공리空理를 요달하지 못하면 절을 만 개 지은들 소용이 없어요. 중국의 양무제梁武帝는 절도 많이 짓고 승려도 양성하고 경전도 많이 발행해서 스스로 극락으로 갈 공덕이 충분하다고 생각해 달마대사에게 물었습니다.

"(내가 한 일이) 어떤 공덕이 있소?"

그러나 달마대사는 이렇게 대답했죠.

"아무 공덕도 없습니다."

어째서 공덕이 없습니까? 공덕이란 견성見性, 즉 자성自性을 개발하는 데 있기 때문입니다. 자성을 개발하는 습성이 극락으로 가는 길이지 욕심을 바탕으로 절이나 부도를 짓는 습성이 아녜요. 청정한 마음으로 좋은 일을 하고 좋은 습성을 가져야지 욕심이 남아 있으면 욕심의 습성 그대로 가는 법입니다.

공겁인 空劫人

『선문염송요론』

눈을 치켜뜨니 허공은 삼척이요, 내려뜨니 땅은 만장이라.
삼척의 허공에는 끝이 없는 기미가 서리었고 만장의 땅에는 다함없는 모습이 굴리어지니 이 실다움이냐 이 헛됨이냐 범부들의 상량商量 밖의 일이 아니던가.
이에 다달아 나는 백두산 천지로 목을 축이고 한라산 백록으로 수레를 끌게 하여 수미산 고개에 앉으니,
보아라! 보아라! 저기 만치에 엄청난 불기둥이 시방을 떠받치면서 삼세를 꿰뚫었으니 이 무슨 소식이냐.
이 소식인지라. 바로 역대 선지식의 혓바닥 끝에서 뿜어내는 불기둥이니. 어즈버야, 선을 굴려서 악으로 바꿔 놓되 그 악으로 하여금 고금의 성현을 가르치고, 악을 굴려서 선으로 바꿔놓되 그 선으로 하여금 시방의 중생을 건지는 불기둥이 아니던가.
알겠는가, 이 불기둥의 이름이 바로 선문염송이다.

알지 못할세라. 멀컹히 허공이나 쳐다보던 내가 어떤 인연이 있었던가. 이번 이 염송에 붓을 들게 된 것을 흐뭇하게 여기며 이어 누리의 주인공으로서인 나는 자진 한 방망이를 짊어지고 나대로의 불기둥을 대계大界에 세워보는 바이다.

— 『선문염송요론』⓭ 머리말

⓭ 고려시대 혜심慧諶 국사가 지은 「선문염송」에 대해 백봉거사께서 강론한 저술.
이 장에서 (본문)이라 한 것은 「선문염송」의 본문을 말하는 것이고, (강론)은 백봉거사의 강론이다.

눈을 치켜뜨니 허공은 삼척이요, 내려뜨니 땅은 만장이라.

눈을 치켜뜨니 허공은 석 자밖에 되지 않습니다. 이것도 모순이죠? 하하하, 거짓말이라고 해도 좋습니다. 나는 이렇게 말을 했어요. 이 허공은 가도 가도 끝이 없는데 어째서 삼척일까요? 여러분이 따질 건 나중에 따져요. 내게 욕을 해도 좋습니다. 상관없어요.

삼척의 허공에는 끝이 없는 기미가 서리었고 만장의 땅에는 다함없는 모습이 굴리어지니 이 실다움이냐 이 헛됨이냐 범부들의 상량 밖의 일이 아니던가.

허공에 기미를 나투면 성품이고, 성품에서 기미를 거두면 허공입니다. 이것도 어려운 말이에요. 예전 조사들도 이런 말은 하지 않았습니다. 하지만 나는 내 살림을 사는 사람이거든요. 허공이라는 건 빛깔도 소리도 냄새도 없는데 그 자리에 기미를 나투면 성품입니다. 또 이 성품은 알기도 하고 모르기도 하고, 눈이라는 기관을 통해 보기도 하고, 혓바닥이라는 기관을 통해 말하기도 하고, 귀라는 기관을 통해 듣기도 하는데, 여기서 기미를 거두면 허공입니다. '기미'는 우리말로 "기미가 이상하다"는 식으로 쓰이지만, 정말로 기미가 무엇인지 설명하려면 설명하지 못해요. 비슷하게 설명할 뿐이죠.

그리고 허공에다 기미를 나툰다고 해서 기미를 가져오는 것도 아니고, 기미 역시 빛깔도 소리도 냄새도 없으므로 성품에서 기미를 거두어버렸다고 해서 기미가 어디로 가는 것도 아닙니다. 가는 것도 아니고 오는 것도 아니에요. 전부 말마디의 장난입니다. 하지만 이 장난은 당연히 해야 합니다. 이런 장난의 말귀가 없으면 입을 봉해야 해요. 입이라는 기관이 필요가 없습니다. 그러나 요행히 동물이나 사람에게는 말마디를 나투는 입이라는 기관이 있어요.

이에 다달아 나는 백두산 천지로 목을 축이고 한라산 백록으로 수레를 끌게 하여 수미산 고개에 앉으니,

백두산 천지로 내가 목을 축여요. 거짓말이죠? 왜 거짓말입니까? 내가 이걸 쓰면서 한국에 태어난 보람을 느꼈어요. 우리나라가 국토가 양단되고 민족이 분열되었지만 그래도 보람을 느꼈습니다. 내가 한국에 태어났기 때문에 백두산 천지의 물 한 바가지로 목을 축인다는 말을 쓸 수 있었고, 또 제주도 한라산 백록담의 흰 사슴을 탄다는 말을 쓸 수 있었거든요. 내가 일본 사람이나 서양 사람으로 태어나서 이 책을 썼다면 이런 말을 쓰지 못하고 다른 말을 썼겠죠. 이보다 더 좋은 말을 했을지라도 이 말은 못 썼을 겁니다. 그래서 이걸 쓸 때 내가 한국 사람으로 태어나길 잘했단 말예요. 백두산 천지로 목을 축이고, 한라산 흰 사슴으로 수레를 끌게 합니다. 여러분은 거짓말로 알죠? 하하하. 그렇다고 해서 내가 귀신은 아닙니다.

보아라! 보아라! 저기 만치에 엄청난 불기둥이 시방을 떠받치면서 삼세를

꿰뚫었으니 이 무슨 소식이냐.

불기둥이 솟았단 말입니다. 삼계를 꿰뚫었어요. 욕계, 색계, 무색계의 삼계도 문제가 아니고, 과거, 현재, 미래의 삼세도 문제가 아닙니다. 사실 이 소식에는 과거니 현재니 미래니 이런 말이 붙지 않아요. 전부 사적인 문제로서 가짜들이기 때문입니다. 우리의 몸을 나투었다는 것까지 포함해서 말예요.

이 소식인지라. 바로 역대 선지식의 혓바닥 끝에서 뿜어내는 불기둥이니, 어즈버야, 선을 굴려서 악으로 바꿔놓되 그 악으로 하여금 고금의 성현을 가르치고, 악을 굴려서 선으로 바꿔놓되 그 선으로 하여금 시방의 중생을 건지는 불기둥이 아니던가.

여러분은 선은 선이고 악은 악이다, 나는 선한 일은 하고 악한 일은 하지 않는다고 하죠? 그거 좋습니다. 그렇게 해야 돼요. 그러나 착한 성품과 악한 성품이 하나인 줄 알면 문제가 달라집니다. 물론 악한 일 하라는 건 아닙니다. 하지만 불보살 지위쯤 되면 악을 굴릴 때는 악을 굴립니다. 우리가 악을 굴리는 것과 불보살들이 악을 굴리는 것과 대도인들이 악을 굴리는 것은 문제가 달라요. 이건 이해조차도 되지 않습니다. 자기 스스로가 그런 입처立處에 앉아야 그렇게 될 수 있어요. 다시 말해서 물맛을 알려면 자기 스스로 물을 먹어봐야 알고, 단맛을 알려면 자기 스스로 사탕을 먹어봐야 하는 것과 같습니다.

알겠는가. 이 불기둥의 이름이 바로 선문염송이다.

선문염송이 바로 불기둥이에요.

알지 못할세라. 멀컹히 허공이나 쳐다보던 내가 어떤 인연이 있었던가. 이번 이 염송에 붓을 들게 된 것을 흐뭇하게 여기며 이어 누리의 주인공으로서인 나는 자진 한 방망이를 짊어지고 나대로의 불기둥을 대계大界에 세워보는 바이다.

나는 선문염송을 시방 삼세를 꿰뚫는 불기둥이라고 표현했어요. 겁납니다. 참으로 겁납니다. 내가 이걸(『선문염송요론』; 편자 주) 쓰게 된 이유를 나도 모르겠어요. 나도 모르겠어요. 또 학자들이나 높은 스님들도 단편적으로는 손을 댔어도 전체를 다룬 분은 없다고 들었습니다. 나는 『선문염송』에다 바로 강론을 붙였어요. 말하자면 나는 나대로 불기둥을 한번 세워본 겁니다. 조사들이 불기둥을 세웠어요. 그렇다면 조사들이 세웠으니 그만 멀거니 쳐다봐야 합니까? 그건 불자로서 용납할 수 없습니다. 이 때문에 나는 부처도 되지 않고 중생도 되지 않겠다고 말하는 거예요. 나는 나대로 답을 내는 겁니다.

여러분은 여러분대로 답이 나와야 해요. 여러분이 내가 써놓은 이 내용을 잘했다든지 못했다든지 해야 합니다. 이러이러 하니 못했다는 답이 나와야 하고, 이러이러 하기 때문에 좋다는 답이 나와야 해요. 이건 내 글입니다. 만일 여러분이 그런 마음가짐이 없다면 불교 공부가 되지 않아요. 불교의 지도리(樞)를 캐낸다는 건 불가능합니다. 결국 어떻게 됩니까? 만약 이 글이 잘 됐다고 해서 믿으면, 여러분은 내 종놈밖에 되지 않아요. 부처님 말씀이 좋다고 해서 믿으면, 부처님 종놈밖에 되지 않습니다. 아니, 우리가 부처님 종놈 되려고 공부합니까? 가만히 생각해보세요.

이건 절대에 속한 공부입니다. 보통 사람은 하지 못해요. 그야말로 하늘과 땅을 한 주먹에 넣어서 바싹 부수어버리고서 자기 하늘 자기가 만들고 자기 땅 자기가 만들어야 합니다. 이런 용의用意가 있어야 해요. 물론 처음 오신 분들은 말도 안 된다, 말이 허황하다, 정신이 좀 돌았나보다, 이렇게 생각할 수도 있을 겁니다. 돌았다고 해도 좋아요. 여러분은 이 색신을 나로 보고 있으니까요. 몇 푼어치 되지 않는 이 색신을 김백봉으로 보기 때문에 그런 사고방식이 생기는 겁니다. 내가 어찌 이 색신이겠습니까? 물론 눈도 있고 코도 있고 손도 있고 발도 있고 숱한 기관이 있지만, 이건 무정물입니다. 이 무정물인 숱한 기관을 굴리는 놈이 있어요. 이놈이 무엇이냐 말입니다.

내가 지금 웃고 있습니다. 무정물로서 아무 느낌도 없는 이 입이 싱긋이 웃으면, 이 입이 아니요? 여러분이 눈동자를 통해 나를 보면 그 눈이 나를 봅니까? 눈동자를 통한 것만은 사실이지만 눈이 보는 것은 아닙니다. 눈에는 자체성이 없어요. 요즘은 의학이 고도로 발달해서 이 정도 말하면 여러분이 압니다. 예전 어른들은 견성을 해야 비로소 알았어요. 견성하기 전에는 몰랐습니다. 그래서 견성한 분들이 아무것도 모르는 사람에게 네 눈이 보는 것 아니다, 네 눈은 거울 역할밖에 하지 않는다고 말한 겁니다. 거울에 산하대지가 비치지만 거울 자체는 산하대지가 비추는 줄 몰라요. 내 눈동자에 여러분의 모습이 비치지만 눈동자 자체는 모릅니다. 그럼 눈동자에 비친 그 그림자를 걷어잡는 것은 무엇인가. 빛깔도 소리도 냄새도 없는 법성신法性身입니다. 법성신도 답답해서 하는 말이에요. 법성신이 어디 있나요? 말이야 바른 말이지. 이 자리는 빛깔도 소리도 냄새도 없는데 법성신이 있습니까? 그러나 입을 벌려 이렇게 말하지 않으면 중생 제도를 하지 못합니다. 뭐라도 말을 한마디 붙여야 하거든요. 그래서 법성신이라고 말을 하는 것이니, 오늘 이 자리에서는 법성신이라는 말을 빌어서 씁시다.

원래 허공도 없는 거예요. 허공이라는 말도 내가 빌어서 하는 겁니다. 이 때문에 "입을 열면 그릇된다"는 말도 나온 거예요. 내가 허공이라고 하면, '너 허공 내놓아보아라'고 할 때 내놓겠습니까? 내놓지 못하잖아요? 하지만 허공이라는 말을 쓰지 않을 수도 없습니다. 그러나 이 도리를 알면 허공을 내놓을 수 있어요. 허공을 두 조각 낼 수도 있습니다. 나중에는 허공을 반근쯤 달아다가 송송 썰어서 반찬을 해먹을 수도 있어요. 하지만 이건 나중의 일입니다. 처음 듣는 분들은 뭐라고 평해도 좋지만, 이 소식에 어림없다는 것만 알면 돼요.

공겁인空劫人(1)

(본문)

석두 선사: 그렇다면 한가한 앉음이로다.

약산 선사: 만약 한가한 앉음인즉 하염(爲)이니다.

석두 선사: 그대는 하염이 아니라 말하지만 또한 하염 아니란 무엇인가?

약산 선사: 천 명의 성인聖人이라도 알아채지 못합니다.

석두가 게송으로써 칭찬하였다.

"종래로부터 함께 머물지나 이름도 모르고

굴리는데 맡기어서 다만 어울려 거니노라

예로부터 현인들도 오히려 알아채지 못했거늘

하찮은 범부들이 어찌 좋이 밝히랴."

— 『선문염송요론』 제9권 325칙 좌차坐次

(강론) 천 명의 성인도 또한 알아채지 못한다는 것은 공겁에 뛰쳐나고 금시에 떨어지지 않는 슬기를 뜻함이니, 공겁인空劫人이 공겁시空劫時에 공겁처空劫處에서 공겁사空劫事를 굴리는 소식이 아니겠는가.

공겁을 뛰쳐난 대도인이라야 이걸 압니다. 공겁은 무엇인가? 빈 공空, 겁 겁劫, 이 공겁은 시작이 없습니다. 여러분, 생각해보세요. 허공은 '언제 생겼다'는 시작이 없죠? 왜냐하면 허공이란 빛깔도 소리도 냄새도 없는 그 자리이기 때문입니다. 허공은 크지도 않고 작지도 않은데, 그 이유는 크다 작다는 말을 뛰어넘은 자리이기 때문이죠.

나는 허공에 대해 간혹 얘기를 합니다. 이 지구의 무게도 굉장하지만 태양의 무게는 숫자로 헤아릴 수 없을 정도로 무거울 겁니다. 그리고 이 태양계에는 수성이니 지구니 달이니 많이 있어요. 여러분 생각해보세요. 이것들이 어떻게 생겼든지 무거워서 떨어진다고 합시다. 지금 떨어지고 있어요. 우리는 모르고 있죠. 그런데 허공이 끝이 없으니 떨어져도 떨어지는 것이 아닙니다. 일 초에 몇천만 리를 떨어지고 째깍 하는 사이에 몇억만 리를 떨어진다 해도 끝이 있어야 어디 부딪쳐서 끝이 있다는 것이 증명이 될 텐데 끝이 없단 말예요. 끝이 없으니 떨어지나 안 떨어지나 마찬가지 아닙니까? 이 허공이란 그렇게 넓은 겁니다.

이 때문에 이 자리는 말마디가 끊어진 자리입니다. 허공은 '언제 생겼다'는 말이 끊어진 자리에요. 이 자리를 공겁이라고 표현했습니다. 지구가 한 번 생겼다가 없어지면 1겁인데, 이 겁에다 빌 공空자를 놓앉어요. 그러니 이 허공은 시작이 없습니다. 시작이 없으니 끝도 없어요. 자, 겁이 납니다. 뭔가 딱 부딪치는 데가 있어야 재미가 있을 텐데, 시작도 없고 끝도 없으니 너무나 벙벙합니다. 이 허공을 공겁이라 하는데, 여기서 한마디 중요한 얘기는 여러분이 갖고 있는 이 공겁인 자리, 여러분이 갖고 있는 성품 자리도 역시 빛깔도 소리도 냄새도 없습니다.

그럼 이 성품은 언제 생겼습니까? 만약 성품이 어떤 모습이 조금이라도 있다면 시간과 공간이 계산이 됩니다. 하지만 아무것도 없어요. 여러분의 성품, 즉 밉다 곱다 하는 그 앞소식, 좋다 나쁘다 하는 그 앞소식은 시공간이 없습니다. 왜냐하면 그놈이 빛깔도 소리도 냄새도 없기 때문이죠. 밉다 곱다 하는 건 시간이 들어붙어요. 언제 어디서 미워했다거나 언제 어디서 웃었다고 말할 수 있는데, 이렇게 되면 이미 하나의 모습입니다. 그러나 밉다 곱다의 앞소식인 성품 자리는 시간이 없어요. 자, 이 말 알아듣습니까?

그러면 허공을 향해 우리가 공겁이라 하면 여러분의 성품도 공겁입니다. 여러분의 성품에서 사람의 몸도 나투었다, 축생의 몸도 나투었다, 하늘의 몸도 나투었다 합니다. 여러분이 지금 죽고 사는 걸 갖다가 색상신色相身의 분수로 계산을 하면 항하 모래 숫자의 천 배 만 배라도 당하지 못해요. 여러분의 몸을 나툰 걸 생각하면, 사람의 몸을 나투었든 축생의 몸을 나투었든 도솔천이나 사왕천의 몸을 나투었든 그 수를 어떻게 헤아릴 겁니까? 헤아리지 못합니다.

그렇다면 여러분의 성품도 역시 공겁입니다. 그러나 색신은 공겁이 아니에요. 나투었다 없앴다, 나투었다 없앱니다. 마치 물 위의 거품 일어나듯 일어났다 없어졌다, 일어났다 없어졌다 하니 문제 밖이에요. 진짜 여러분의 성품은 공겁이라고 해야 말이 맞습니다. 여러분, 실감이 납니까? 그래서 내가 책에다가 여러분의 성품은 하늘땅의 앞에 있다고 쓴 겁니다. 하늘땅의 앞에 있으니 하늘땅이 뭉개진 뒤라도 여러분의 성품은 그대로 있어요. 물론 여기에다 안다 모른다, 착한 것도 아니다, 악한 것도 아니다 하는 말은 다 설명에 지나지 못합니다. 어쨌든 성품이 있기 때문에 이런 색신 나툰 것 아닙니까? 과거에 아무것도 없는데, 어찌 오늘의 이 육신을 나투겠느냐 말입니다.

하지만 여러분이 지금 이 몸뚱이를 나투고 있다 해도 실제로 여러분의 성품은 공겁입니다. 이 말 알아듣겠죠? 설사 지금 여자 몸을 나투어서 어린애까지 낳아도 그 성품 자리는 공겁 자리에요. 그럼 여기에다 글자를 하나 더 붙여서 공겁인이라 합시다. 혹시 내가 금년에 쉰 몇이다, 금년에 칠십 몇이다, 스물 몇이다 한다면, 그건 색상신의 분수에서 하는 말이죠. 그러나 이 자리는 진짜를 다루는 자리이기 때문에 여러분은 곧바로 말하자면 하늘과 땅이 있기 전부터 있습니다. 허공하고 동일해요. 실은 여러분은 허공과 나란히 가고 있습니다. 한결같이 가고 있어요. 이놈의 색신을 나투는 바람에 울고불고 하지만 색신은 문젯거리가 아닙니다. 그렇다고 색신을 부인하는 것도 아녜요. 오늘 저녁에는 여러분이 공겁인이란 걸 납득하면 됩니다.

여기 있는 어느 누구든 공겁인 아닌 사람이 없습니다. 만일 공겁인 아니라면 이 자리에서 내가 자살하겠어요. 설사 여러분이 알든 모르든 남녀노소를 막론하고 여러분은 공겁인입니다. 그러면 여러분만 공겁인인가요? 돼지나 개나 땅강아지나 다 공겁인이에요. 형상을 그리 나투었을 뿐 공겁인(공겁에다 편의상 사람 인人자를 붙였지만) 아닌 것이 없습니다.

그럼 오늘 이 자리에서는 무엇을 논의하고 있는가? 공겁사空劫事를 논의하고 있어요. K군, 납득 가는가?

"예."

여러분 납득 갑니까? 우리 이거 사양하지 맙시다. 사양할 것이 따로 있죠. 여러분이 부처가 되지 않아도 좋습니다. 부처를 사양해도 좋아요. 하지만 이건 사양이 안 돼요. 설사 여러분이 중생이 좋다고 해도 공겁인은 사양이 안 됩니다. 눈이라는 기관을 통해서 보는 그 자리, 귀라는 기관을 통해 듣는 그 자리는 부인한다고 해서 부인하지 못해요. 여러분은 눈이라는 기관을 통해 나를 보고 있어요. 공겁인이 보고 있습니다…… 슬기라고 해도 좋고 뭐라고 해도 좋아요. 공겁인이 보고 있습니다. 공겁인이 지금 이 자리에서 논의하고 있어요. 뭘 논의하고 있는가? 공겁사를 논의하고 있습니다.

K군, 이 자리가 한번 뛰는 자리야. 이 자리는 삼백육십도 그대로 뛰는 자리야. 내 말이 관념이면 믿지 마라. 관념이 사람 죽인다. 그러나 사실이라면 어찌 믿지 않겠는가? 어찌 자네가 공겁인이란 걸 믿지 않겠나? 내가 금년에 몇 살이고 내가 대학교 다닌다고 하는 건 색신의 분수에서 말하는 것 아닌가? 색신은 자체의 지혜가 없지 않은가? 그래서 나타났다 꺼졌다, 나타났다 꺼졌다 하지 않던가? 자꾸 변

하는 것 아닌가? 그러므로 색신은 이 자리에서 말거리가 되지 않아요. 이 자리에서는 공겁인을 말합니다.

이 방에 모인 사람뿐만 아니라 모이지 않은 사람, 이 말을 생전 들어보지도 못한 사람, 설사 이런 얘기를 거부하는 사람이라도 공겁인이란 말입니다. 그렇지 않나요? 이 말을 듣고 거부를 해도 거부를 하는 사람이 공겁인인데 어찌 하겠습니까? 따라서 공겁인이니까 시작이 없어요. 또 끝도 없어요. 시작이 없으니 끝도 없을 수밖에 없죠. 그러면 어떤 때를 뜻하는 겁니까? 지금 이때입니다. 지금 이때가 공겁시空劫時에요. K선생, 이거 과학적으로 맞는가, 맞지 않는가?

"딱 맞습니다."

그렇지, 하나도 틀리지 않아요.

그렇다면 우리가 공겁시를 당해서 공겁인이 공겁사를 논하고 있단 말입니다. 이 사실을 뼈저리게 느낀다면 공겁의 주인공이 아닙니까? 우리가 공겁의 주인공을 제쳐놓고 어디 가서 다시 주인공을 합니까? 자, 알아듣겠죠? 공겁사는 시공간이 떨어진 자리입니다. 여러분, 이거 너무나 문제가 큽니다. 나는 이 자리에서 이 정도 말해놓고 한번 울고 싶어요. 울어도 마음이 차지 않습니다. 이걸 누구와 더불어 얘기해야 되겠습니까? 누구와 더불어 술 한잔 받아놓고 마셔가면서 이 얘기를 하겠느냐 말이에요.

공겁시에 공겁인이 공겁사를 논의한다면, 이 자리는 삼계를 뛰쳐난 자리입니다. 지구 이까짓 것이 문제가 아니에요. 욕계, 색계, 무색계를 뛰쳐난 자리입니다. 그렇다면 여러분 어떻게 해야 합니까? 이걸 여러분이 받아들여야 하지 않아요? 사바세계의 한 지역 속으로 되돌아가서…… 마치 미꾸라지가 뻘 구덩이 속으로 들어가듯 할 필요가 어디 있느냐 말입니다. 사실 알고 보면 미꾸라지도 공겁 미꾸라지에요. 저 스스로가 극도로 미혹해서 그럴 뿐이지만 말이죠. A양, 넌 알겠지?

"예."

'예'밖에 할 말이 없냐?

"그 외에 다른 말이 뭐 필요합니까, 선생님?"

하하하. 나보다 한술 더 뜨네. 공겁인이 공겁사를…… 너무나 당연한 말입니다. 알든 모르든 간에 알아도 좋고 몰라도 좋아요. 그러나 저러나 우리가 공겁인으로서 공겁사를 논의할 때도 이때뿐입니다. 여러분이 다 흩어지면 언제 다시 모여서 이런 얘기를 할까요? 보통일이 아닙니다. 이건 욕계, 색계, 무색계를 뛰어넘은 말이에요. 공겁이니까. 허공으로서의 나니까. 공겁인이니까.

공겁인이라는 것만 실감이 나면, 우리가 공겁인으로서 밥 먹는 것도 공겁사이고 일을 하는 것도 공겁사입니다. 어느 것 하나 공겁사 아닌 것이 없어요. 사실상 우리는 매일매일 공겁사를 굴리고 있죠. 공겁인이기 때문에 공겁사를 굴리고 있는 겁니다. 우리가 본래 공겁인이 아니라면 어떻게 공겁사를 굴리겠어요? L군, 너 알아듣겠나?

"예."

어떻게 이걸 알았나? 말해봐라. 한마디 해라. 내가 얘기하는 것이 그럴듯하다고만 알았나? 하하하. 아닌 게 아니라 과학이든 뭐든 여기엔 들어붙지 않습니다. 과학은 한도가 있어요. 인간의 머리에서 짜내는 것은 한도가 있어요. 그러나 이 공겁에는 한도가 없습니다. 여기에는 이론이니 과학이니 안다느니 모른다느니 전부 내버리는 자리에요. 솔직한 말로 안다고 한들 어느 정도까지 안단 말입니까? 가만히 생각해봐요. 그러므로 오늘 저녁은 이대로 날이 새도 좋아요. 우리가 지구에 있으니까 날이 샌다고 하지만, 우리가 태양에 있다면 밤은 어디 있고 낮은 어디 있습니까? 그러나 사바세계도 내가 만들어놓은 것이니 거부할 필요가 없어요. 날이 샌다는 말을 해도 좋습니다.

그러면 공겁인 알긴 알았지?

"예."

K양, 너 말해봐라. 공겁인이 공겁사를 논한다는 걸 알아들었나?

"예."

공겁사를 한번 말해봐라.

"선생님이 손을 들고 있습니다."

손을 이렇게 들고 있습니다. 공겁사라 할 수 있어요. 공겁사라고 해서 별 건가요? 별 거 아닙니다. 그렇지만 별 거예요. 보통 사람들은 열 번 죽어도 모릅니다. 이 공부는 목숨하고 바꾸는 거예요. 여러분의 생명하고 바꾸는 겁니다. 솔직한 말로 생명이라고 해봤든 육신을 본위로 한다면 일평생의 가치가 얼마나 되겠어요? 몇 푼어치 안 됩니다. 그러나 공겁에는 무한입니다. 여러분의 생명을 백 개, 천 개, 만 개 모았든 여기에는 안 됩니다. 말은 생명하고 바꾼다 하지만, 생명 자체가 바로 공겁이에요. 이렇게 따진다면 말이죠······.

사람들은 늘 공겁사를 굴리고 있습니다. 가정을 가지는 것도 공겁사요, 회사 나가서 일하는 것도 공겁사요, 여기 와서 공부하겠다고 하는 것도 다 공겁사에요. 공겁인의 분상分上에서 공겁사를 굴린다는 이 도리만 안다면, 앞으로 남은 나흘간의 법회도 필요 없고 그대로 여기서 일은 끝납니다. 아니, 일이 한 가지 남았어요. 춤추는 일이죠.

여러분의 성품은 끝이 없습니다. 공겁 아닙니까? 그렇다면 생사를 나투는 건 우리가 여분으로, 재미로 하는 겁니다. 그림자 없앴다가 나타냈다가, 없앴다가 나타냈다가…… 이런 문제를 이 자리에서 말하게 된 것은 그야말로 부처님의 가호입니다. 부처님의 가호가 없으면 오늘 저녁에 이 문제가 나오지를 않아요. 물론 시기에 따라서 말은 달리 하겠지만 말이죠. 우리는 석가세존하고 인연이 있습니다. 석가세존이 도솔천에서 인도 정반왕궁에 태어나지 않았다면, 태어났더라도 사십구 년 동안 설법을 하지 않았다면, 내가 오늘 저녁 이 자리에서 여러분하고 말하지 못할 겁니다. 나의 얘기를 여러분이 들어요. 서울에서 여기까지 와서 얘기를 듣습니다. 이거 누가 맺어준 인연이죠? 석가세존이 맺어주신 인연 아닙니까? 석가세존이 이런 인연을 맺어주셨기 때문에 공겁인이라는 얘기를 오늘 하게 된 거예요. 그러면 석가세존이 책임져야 합니다. 여러분 어떻습니까?

지구가 생긴 지 오래지만 지구 생기기 전부터 우리는 공겁인입니다. 그러나 이 도리를 알게 된 것은 석가세존이 도솔천에서 이 땅에 몸을 나투고 사십구 년 동안 설법했기 때문이죠. 그 인연으로 내가 오늘 이 자리에 서게 되고 여러분이 듣게 되었으니, 이걸 어떻게 느깁니까? 자네, 어떻게 느끼나? 내가 방금 한 말이 허황된 말인가 사실인가……? 말해봐라. 석가세존과 우리의 인연 아닌가? 만일 석가세존이 인도에 오지 않으셨다면 오늘 내가 이 자리에 서 있을 리가 만무해요.

그렇다면 이 인因은 석가세존으로부터 맺어진 겁니다. 그럼 나뿐인가요? 듣는 여러분도 역시 석가세존과 인연이 맺어진 거예요. 그렇다면 이 은혜를 어디를 향해 갚죠? 공겁인이란 생각은 꿈에도 없었지만, 그러나 석가세존이 삼천 년 전에 인도 정반왕궁에 태어나서 사십구 년 동안 설법하신 인연으로 우리가 공겁인임을 깨달았어요. 그래서 이 일, 즉 공겁사를 논의하게 되었습니다. 그럼 이 은혜를 누구에게 갚아야 하나요? 깨달았으니까 우리는 공겁인이란 말입니다. 우리의 일거수일투족이 전부 공겁사를 행한단 말이에요. 이걸 알았다면 이 은혜를 어떻게 하겠습니까?

여러분, 생각해보세요. 석가세존에게 갚아야 하지 않겠어요? 좁쌀 같은 이 지구를 바탕으로 해서 삼천 년이라면 지구의 분수로는 굉장히 오래입니다 석가세존과 맺어진 인연으로 오늘 비로소 공겁인이 공겁사를 논하는 도리를 알았으니, 이 은혜를 부처님한테 갚아야 하지 않습니까? 지금 K양이 나와서 절하는 것도 부처님에게 절하는 거나 마찬가지입니다. 절대 농담이 있을 수가 없어요. 이 얘기는 서릿발 같은 얘기입니다.

그러므로 이렇게 맺어진 인연은 같이 흘러가는 겁니다. 떨어질 수가 없어요. 본래의 그 당처도 하나겠지만, 우리가 개별적인 인격을 가졌다 해도 함께 흘러가는 겁니다. 이거, 공겁인이 공겁사를 논한다고 써서 붙이는 것도 좋아요. 이만큼 하면 알았죠? 이 이상 더 얘기를 하면 군더더기입니다.

"선생님, 목쉽니다."

목쉬는 것이 무슨 상관 있습니까? 부처님 은혜 갚으려면 목도 좀 쉬어야죠.

"이곳이 바로 영산회상靈山會上입니다."

이것이 바로 영산회상이죠. 공겁사를 논하는 것 빼놓고 영산회상을 어디서 다시 찾을 겁니까? 그러나 보통 사람들은 그렇게 생각하지 않아요. J군, 자네 공겁인 알지? 철두철미하게 느낌이 오지? 이걸 느낀다면 만사는 다 끝이 났습니다. 춤밖에 출 것이 없어요. 내일 합시다.

공겁인(2)

공겁인이 공겁시에 공겁사를 굴린다는 데 여러분이 충격을 많이 받은 것 같습니다. 실은 우리는 가짜인 이 모습에 들어앉아서 이 육신을 '나'라고 해요. 물론 '나' 아닌 것도 아니죠? 나의 관리물이니까 나라고 해도 좋아요.

하지만 유정물이든 무정물이든 모습 있는 것에서 헤어나지 못해서 그렇지 실제로 그 당처는 전부 텅 빈 자리입니다. 설사 불법이라도 달마대사가 양무제에게 한 말처럼 '텅 비어서 거룩함도 없어요.' 보통 부처님 하면 거룩해서 높다고 하고 중생하면 미혹해서 천하다고 하지만, 달마대사는 텅 비어서 거룩함도 없다고 했습니다. 실제로 텅 비어서 거룩함도 없기 때문에 거룩함을 나툴 수가 있는 거예요.

그렇다면 텅 비어서 거룩함도 없다고 말한 것이 누구입니까? 또 텅 비어서 거룩함도 없다고 알아듣는 사람은 누구입니까? 말하는 사람은 누구이고, 알아듣는 사람은 누구냐는 말입니다. 물론 그 자리는 빛깔도 소리도 냄새도 없으므로 그만 말하는 사람이 있고 말 듣는 사람이 있다고 하면 돼요. 그러나 그건 반쪼가리 말에 불과합니다. 내가 여러분에게 말을 했고 여러분은 내 말을 들었다고 걷어치울 문제가 아니라, 내가 말을 했으니 나는 누구이고 여러분은 내 말을 들었으니 여러분은 누구냐는 말입니다. 이 색상신(즉, 육신) 자체는 슬기가 없어요. 제멋대로 변하는 겁니다. 불구덩이에 잡아넣어도 뜨거운 줄도 모르고, 흙구덩이에 잡아넣어도 썩는 줄도 몰라요. 이것이 어찌 나이고 어찌 여러분이겠습니까? 아프면 아픈 줄 알고 뜨거우면 뜨거운 줄 아는 그런 자리라야 하겠는데 말이죠. 이걸 본위로 한다면, 혓바닥을 빌어 얘기를 하고 귀라는 기관을 통해 듣는 이 자리가 무엇입니까? 이 자리가 바로 공겁인 아닙니까? 이 자리가 바로 하늘땅의 앞소식 아니에요? '하늘' 하면 명자名字가 있고 '땅' 하면 명자가 있는데, 이 '하늘', '땅'이라고 누가 합니까? 그 얘기가 옳든 그르든 얘기를 하는 자는 누구죠? 이것도 글자로 하니까 그렇지 사실은 이 글자도 없는 자리에요. 또 있어도 괜찮습니다. 상관없어요. 그 도리만 알면 만사가 무슨 상관이 있나요. 천 가지 말, 만 가지 말이 굴러다닌다 해도 텅 트인 자리이니, 그런 줄 알면 상관이 없어요.

지금 내가 말을 하는 것도 공겁인이 말하고 있으며, 여러분이 내 말을 듣는 것도 공겁인이 듣는 거예요. 물론 이 자리는 빛깔도 소리도 냄새도 없지만, 그러나 재주가 있어서 별별 것을 다 나툽니다. 갓난애 몸도 나투고, 여자 몸도 나투고, 남자 몸도 나투고, 늙은이 몸도 나투고, 죽어도 되는 등 재주가 비상한 자리입니다. 그럼 공겁인은 어떤 사람에게는 있지만 어떤 사람에게는 없는 건가요? 혹시 부처님에게는 있지만 우리 같은 사람에게는 없을까요? 너 말해봐라. 공겁인 갖고 있지 않지?

"제가 공겁인입니다."

네가 바로 공겁인인가? 아따, 간도 크다. 하하하. 만약 네가 공겁인이라면 허공이나 꼭 한가지게?

"네."

그 말이 참말인가? 허공으로 더불어서 꼭 한가지라고…… 실은 그렇습니다. 여기에는 이론이 있을 수가 없어요. 우리는 뇌가 생각한다고 알고 있습니다. 하지만 아녜요. 뇌를 이용할 뿐입니다. 보는 데는 눈을 이용하고 듣는 데는 귀를 이용하듯이, 뇌를 이용할 수 있는 그놈은 공겁인이에요. 뇌가 만들어져서 일체만법을 생각한다는 식인데…… 그러면 일체만법을 이룰 수 있는 그 요소는 무엇입니까? 뇌가 아닙니다. 왜냐하면 눈도 하나의 기관이고 귀도 하나의 기관이듯이, 뇌도 하나의 기관이기 때문입니다. 이건 참 중요한 얘기인데, 태양은 허공이 있기 때문에 나온 것 아닙니까? 그러나 보통 사람들은 태양만 문제를 삼지 허공은 무시를 합니다. 태양의 본향本鄕이 빛깔도 소리도 냄새도 없기 때문에 무시를 하는 거예요. 마찬가지로 뇌만 문제를 삼지 뇌의 앞소식은 무시를 합니다.

다시 말해서 여러분이 설사 이러한 육신을 나투었을지언정 '진짜 나'는 공겁인입니다. 방금 저 학생이 "나는 공겁인입니다"고 했는데, 사실로 느껴서 그랬는지 느끼지 않고도 그랬는지는 별 문제로 하고 절대로 틀림이 없거든요. 공겁인이라는 말귀는 여기 와서 알았다 해도 공겁인이라는 사실을 자신 있게 딱 느낀다면 인생 문제가 다 해결된 셈입니다. 이 색신이 불구덩이나 흙구덩이로 가기 전에 말이죠. 이 색신은 변하기 때문에 한살 먹을 때 몸이 없고, 두 살 먹을 때 몸이 없고, 세 살, 열 살, 스무 살 먹을 때 몸이 없습니다. 내년 이때는 이 몸도 없어지고 다른 몸이 생깁니다. 따라서 변하고 변하는 이 색상신은 공겁인이 그때그때 나투는 하나의 환상에 지나지 못함을 이제는 아실 거예요. 이걸 여러분이 안다면 인생 문제는 여기서 해결된 것 아닙니까?

우리가 공겁인임은 틀림없는 사실입니다. 지금 이 자리에서는 공겁인이 공겁시에 공겁사를 논하고 있어요. 공겁에는 과거, 현재, 미래가 붙을 자리가 없습니다. 공겁은 그만 '당장'입니다. 당장을 여의고 과거가 있을 수 없고 미래가 있을 수 없어요. 공겁인 자리는 시공간이 끊어진 자리라서 여러분이 공겁인이라는 도리를 안다면 그만 그대로 시방계를 가로질러 홀로 우뚝할 따름입니다. 왜냐하면 그 자리는 시공간이 끊어졌기 때문이죠.

따라서 공겁사를 굴린다는 이 사실을 아는 것도 오늘 당장입니다. 과거, 현재, 미래가 끊어진 자리인 이 당장이 바로 태고의 소식입니다. 앞에도 없고 뒤에도 없어요. 그렇다면 여러분은 태고의 소식을 굴리는 거나 다름없습니다.

그럼 이 사실을 알게 된 건 누구의 덕인가? 어제도 말했지만 석가세존의 인연 덕분입니다. 그러니 우리는 지금 이 자리에서 삼천 년 전의 석가세존을 향해 "지금 비로소 공겁인의 소식을 알았으니 참으로 감사합니다" 하고 말씀드리지 않을 수가 없어요. 그렇다면 석가세존과 여러분과 나는 하나인가 둘인가? 석가세존의 마음을 이해하려고 노력해서 나나 여러분이 결국 이해하면, 석가세존의 마음 씀씀이와 여러분의 마음 씀씀이와 나의 마음 씀씀이는 하나 아닙니까? 여기서 어떻게 석가세존과 여러분과 나를 갈라놓을까요? 갈라놓지 못합니다. 이 때문에 석가세존의 은혜가 가장 크다는 말이에요. 사람은 은혜를 알아야 합니다. 은혜를 모르면 도인이라 할 수 없어요. 팔만대장경 어느 곳에도 은혜를 잊어버리라는 말은 없습니다. 그러나 이 속세에서는 그렇지 않죠. 잊어버려요. 마치 자기가 나면서부터 아는 것처럼 말이죠. 이런 마음 씀씀이는 순수하지 못합니다. 하지만 이 자리는 순수한 자리에요. 공겁인이 공겁시에 공겁처에서 공겁사를 굴리는 자리는 순수한 자리입니다.

동그랑땡

(본문) 청원淸源 선사에게 물었다.

"어떤 것이 불법의 대의大義입니까?"

청원 선사가 대답했다.

"여릉의 쌀값이 어떠한고?"

- 『선문염송요론』 5권 제148 여릉廬陵(여릉은 지방 이름으로 쌀이 많이 난 것으로 보임_편자 주)

있음도 아니고 없음도 아닌 것을 어떻게 답합니까? 법도 아니고 법 아님도 아닌 것을 어떻게 답합니까? 앎도 아니요 모름도 아닌 것을 어떻게 답합니까? 거룩함(聖)도 아니고 범속함(凡)도 아닌 것을 어떻게 답합니까? 참 기가 막혀요. 청원 이 양반은 "여릉의 쌀값이 어떠한고?" 했으니 자기 책임은 다했어요. 그러나 우리의 분수로 봐서는 맞지 않아요. 말이 맞기는 맞는데 시원치가 않습니다. 뭔가 구체적으로 얘기를 해줬으면 좋겠어요. 그러나 여기 뜻이 있습니다. 이미 불법의 대의를 다 말했거든요. 여릉의 쌀값이라면 불법의 대의를 다 말한 겁니다.

불법의 대의는 불법의 대의를 묻는 그곳에 있습니다. 그러니 되돌아서 자기 입을 향해 물어봐요. 자기가 불법의 대의를 지금 연극하고 있거든요. 지금 불법의 대의가 불법의 대의를 말하고 있어요. 그렇기 때문에 그 입을 향해 물어보라고 하는 겁니다. 어디 가서 물을 겁니까? 불법의 대의를 세존에게 물어도 말이 안 돼요. 부처님 자신으로서는 절대적으로 옳다 해도 그건 부처님으로서 불법의 대의지 나로서의 불법의 대의는 아니기 때문입니다. 내 불법의 대의를 물어야지 남의 불법의 대의를 물어서 어찌하겠습니까? 남의 다리 긁어서 뭐합니까? 내 다리를 긁어야지 시원하든지 아프든지 하죠.

자, 여러분, 불법의 대의를 남에게 묻습니까? 남이 능히 대답할 수 있다면 그것도 좋습니다. 그러나 대답이 되지 않는데 어떻게 묻겠습니까? 있음도 아니요 없음도 아니고, 법도 아니요 법 아님도 아니라고 아까 말했죠. 그렇기 때문에 천상 물으려면 되돌아서 자기 입을 향해 물어볼 수밖에 없어요. 알아듣겠습니까? 장래의 미술 선생인 유 선생, 춤 한번 춰요.

"한번 춰볼까요?"

춤 자체가 춰야 되지, 유 선생이 춰서는 안 돼.

조주趙州의 차와 덕산德山의 몽둥이와 화산禾山의 북과 임제臨濟의 할喝[14]이 다릅니까, 같습니까? 결국 상대를 개오開悟시키기 위한 하나의 수단 방편입니다. 수단과 방편은 하나가 아니라 무수하다고 어제도 말씀드렸지만, 차를 마시는 것과 북을 치는 것과 몽둥이질 하는 것과 할을 하는 것이 다릅니까? 절대로 다르지 않습니다. 말마디는 다르지만 그 내용은 같아요. 그럼 앞의 네 가지에 여릉의 쌀값을 하나 넣어봅시다. 다섯 개의 말마디가 나왔는데 다른가요? 여러분 한번 생각해보세요. 나는 여릉의 쌀값에 대해 '꽃동산의 향기인 듯'이라고 말했습니다. 향기가 느껴지기는 느껴져요. 원고를 쓰면서 혼자 웃습니다. 꼭 미친 사람 같죠? 혼자 웃어요. 여릉의 쌀값을 부산의 쌀값이라고 해도 됩니다.

그만 동그랑땡입니다. 여러분, 동그랑땡의 의미를 압니까? 산하대지가 남의 것이 아니고, 일체 중생도 인생놀이를 다 하고 있어요. 인생놀이 해봤든 지구를 벗어나지 못하고, 크게 말하면 허공을 벗어나

---

[14] 불법의 대의를 묻는 근본적인 질문에 조주는 "차나 마셔라"고 말했으며, 덕산은 몽둥이로 때렸으며, 화산은 "북을 칠 줄 아는 것"이라고 했으며, 임제는 크게 할(喝; 외침)을 하였다.

지 못합니다. 허공 속에서 이리 갔다 저리 갔다 하면서 동그랑 땡땡 동그랑 땡땡입니다. 연흥의 쌀값을 나는 동그랑 땡땡으로 표시를 했어요. 여릉의 쌀값이 비싸지도 않고 싸지도 않고, 높지도 않고 낮지도 않아서 딱 알맞습니다. 여릉의 쌀값이 자체성도 없으면서 모든 조화를 다 부리고 있어요. 무슨 조화를 부립니까? 동그랑 땡땡, 동그란 땡땡 할 따름입니다. A양, 너 동그랑 땡땡 하나 가져오너라. 아까 내가 너에게 줬지? 세 개인가, 여섯 개인가 줬지? 가져오너라. 너하고 나하고 가르자. 네 것을 한번 보자꾸나.

"제 것이나 선생님 것이나 똑같습니다."

말마디가 같긴 같아. 까딱하면 내가 너에게 속아 넘어가겠다. 안 속는다. 하하하. 그래도 귀퉁이가 조금 떨어졌다. 자, 동그랑땡을 내놓아요. 남의 동그랑땡이 아니라 참으로 동그랑땡을 내놓아보세요. 누가 없습니까?

(이때 Y선생이 백봉거사가 지은 선시 '심중기心中幾'를 노래함.)

둥글둥글 시냇가의 조약돌이여(團團溪邊石)

만 리 밖에 펼친 산과 물의 기세네(萬里山河勢)

선들선들 마음속의 맑은 기미여(冷冷心中機)

시방계의 모랫수인 소식일러라(十方沙界音)

이것이 동그랑땡입니다. 여러분, 여러분 중에서 또 동그랑땡을 한 번 들어봅시다. 유 선생은 춤을 추었습니다. 동그랑땡입니다. 일심행

이 절한 것도 동그랑땡입니다. 어느 것 하나 동그랑땡 아닌 것이 없습니다. 어느 것 하나 허공성 아님이 없습니다.

"내가 춤춘 것 아닙니다."

그럼 누가 췄습니까? 동그랑땡의 대변자인 산하대지가 춤을 추었어요. 허공이 춤을 추었습니다.

(또 대원경 보살이 역시 백봉거사께서 지은 게송을 노래함.)

가이없는 허공에서 한 구절이 이에 오니(無邊虛空一句來)
거북 털과 토끼 뿔이 하늘땅에 가득하네(龜毛兎角滿乾坤)

(노래를 부른 것에 대해) 그것도 동그랑땡은 동그랑땡입니다. 궁극적으로 우리는 이런 식으로 살기 위해 공부하는 거예요. 동그랑땡의 본래 소식에는 구애되는 것이 없습니다. 구애됨이 없다고 해서 그저 착함만을 말하는 것은 아녜요. 그야말로 깨끗하고 신선한 본래의 소식에 앉아서 마음대로 모습을 나투어 아무 걸림 없이 잘 굴려나가자는 것이 동그랑땡입니다. 이건 내가 만들어놓은 말이 아닙니다. 우리나라에 예전부터 있던 말이에요. 예전에 엿장수들이 이렇게 불렀답니다. 가위질을 하면서 동그랑땡 동그랑땡 불렀답니다. 누가 불렀든지, 양반이 불렀든지 임금이 불렀든지 엿장수가 불렀든지 상관할 필요는 없습니다. 그야말로 우리나라가 아니라면 이런 묘한 소리가 있을 수 없습니다. 이것도 하나의 빔 아닙니까? 윤 선생이 창을 했고, 유 선생이 춤을 췄고, 일심행이 절을 했어요. 바로 사람의 모습을 한 하나

의 인격자로서 본래의 소식을 나툰 것 아닙니까?

그렇다면 영산회상에서 부처님이 한 송이의 꽃을 든 것도 동그랑땡입니다. 동그랑땡을 벗어나지 못해요. 또 가섭 존자가 그 소식을 얻어듣고 빙그레 웃은 일도 동그랑땡 아닙니까? 어느 것 하나 동그랑땡 아님이 없습니다. 이렇게 보면 모든 것이 그대로 환히 보입니다. 숱한 이름자(名字)가 있다 할지라도, 가령 화산의 북, 임제의 할, 조주의 차, 덕산의 몽둥이, 여릉의 쌀, 나의 동그랑땡 여섯 가지가 이름자는 다를지언정 그 내용은 하나입니다. 하나로써 그렇게 나툰 거예요. 하나를 잘 굴려서 그 뿌리가 하나라는 걸 알면 결국 하나의 놀음입니다. 만약 그 뿌리가 하나라는 사실을 모르고 나타난 모습이나 이름자에만 주저앉으면, 참으로 할喝은 할대로 도망가야 하고, 여릉의 쌀값은 쌀값대로 도망가야 하며, 덕산의 몽둥이는 몽둥이대로 도망가야 하고, 나의 동그랑땡은 동그랑땡대로 짐을 싸서 도망쳐야 합니다.

여러분은 스스로 '나는 대성(大成; 大悟)하지 못했다'고 생각합니다. 하지만 소위 깨칠 것이 없어요. 뭘 깨치라는 말입니까? 깨치고 나면 바로 그거예요. 그냥 한바탕 허허 웃고 마는 그거입니다. 영생하는 우리의 본바탕에서 모습을 나투어 이리 굴리고 저리 굴리든 후회할 필요가 없어요. 모습은 변하기 마련이고 변하면 죽기 마련인데, '아이고, 나는 얼마 후면 죽는다'고 생각할 겁니까? 죽지 못하는 거예요. 죽으려고 해도 죽지 못하는 것이 인간입니다.

인간만이 문제가 아니에요. 우리의 이 성품 자리는 절대 평등성입니다. 평등이기 때문에 위아래가 없고, 평등이기 때문에 좌우가 없습니다. 위아래나 좌우는 인간이 제멋대로 부르는 것일 뿐 허공 자체에 좌우가 어디 있으며 허공 자체에 위아래가 어디 있습니까? 이것이 여러분의 소중한 보물입니다. 여러분은 이 보물 놓치지 마세요.

진주에서 무가 나느니라

(본문) 조주에게 중이 물었다.

"화상께서는 남전 선사를 친히 뵈었습니까?"

조주가 대답했다.

"진주에서는 큰 무가 나느니라."

— 『선문염송요론』 제11권 409칙 나복蘿蔔

조주에게 어떤 중이 남전 선사를 '그냥 뵌' 것이 아니라 '친견親見하였느냐'고 물었습니다. 그러자 조주가 뚱딴지같이 "진주에서 무가 나느니라"고 대답했어요. 이것이 선禪 도리입니다. 여러분, 무슨 까닭입니까? 조주는 남전 화상의 제자로서 법을 받은 분입니다. 그래서 중이 조주에게 '참배'가 아니라 '친견'했냐고 하니까, 그 답으로 "진주에서 무가 나느니라"고 대답했거든요. 이걸 어떻게 해석해야 합니까? 참배가 아니라 친견했냐고 물은 것은 법을 받았느냐는 뜻도 됩니다. 그런데 조주는 엉뚱하게 "진주에서 무가 난다"고 동문서답을 했어요.

아까 내가 여러분에게 인사를 받았습니다. 인사를 받고 아무 말도 않고 들어갔더라면, 여러분은 내가 아무 말도 않고 들어갔다고 얘기를 할 거예요. 하지만 그건 전혀 내 뜻을 모르는 겁니다. 내가 들어왔어, 인사를 받았어, 그리고 내가 들어갔어요. 이건 내가 장광설을 하고 들어가는 겁니다. 여러분은 이 장광설을 모를 따름이죠. 여러분이 알고 모르고는 별 문제이고, 내가 장광설을 하는 것은 내 분수에서 하는 겁니다.

어쨌든 '친견했습니까?'는 '법을 받았습니까?' 하는 말도 됩니다. 또 '남전 화상의 법은 어떻습니까?' 하는 말도 돼요. 그런데 "진주에서 무가 나느니라"고 답을 했으니, 여기에는 큰 곡절이 있습니다. 물론 이 화두는 어려워요. 실로 바탕을 완전히 요달하기 전에는 이도 안 들어갑니다. 자, 강론을 읽어보죠.

(강론) 어떤 중이 조주를 향하여 "남전을 몸소 뵈었습니까?" 하는 물음에 "진주에는 큰 무가 나느니라"고 하였다. 중의 '몸소'라는 말 속에는 아마 불조佛祖의 소식을 이어받은 심요心要를 빼내려는 도둑의 마음이 분명하다.

중에게는 도적의 마음이 있어요. 남전 선사의 요체를 빼내기 위한 물음입니다. 중은 중대로 조주의 마음을 도둑질하는데, 조주 또한 이걸 알아챘어요. 조주가 '진주의 무'로써 그 중의 심중을 꿰뚫어보는 소식입니다. 말하자면 본래의 소식을 캐내기 위한 거예요. 그런데 엉뚱하게 '진주의 무'라고 해놓으니 곤란하단 말입니다. 여러분, 가만히 생각해보세요. 무라고 말한 것은 참 잘한 겁니다. 보통 사람은 할 수 없는 거예요. 과연 조주 화상이기 때문에 이런 대꾸를 한 겁니다. 이 때문에 어떤 사람들은 화두 무용론까지 들고 나왔습니다. 그러나 그건 잘못이에요. 화두의 뜻을 다 알고 무용론을 부르짖는 건 좋지만, 그 속셈도 모르고 무용론을 부르짖는다면 모르기 위한 모름이라서 택도 없는 소리입니다.

물론 나 역시 이렇게 어렵게 하지 않아도 될 텐데 어째서 어렵게 했을까 하는 생각은 있어요. 하지만 예전에는 문명이 발달하지 못했고, 문명이 발달하지 못했을 때는 천상 이런 길로 가야 했을 겁니다. 무슨 얘기를 해도 뒷받침하는 것이 없었거든요. 가령 요즘에는 지구가 허공에 둥둥 떠 있는 걸 뒷받침하는 학문이 다 나와 있지만, 몇백 년 전에는 이 땅덩어리가 허공중에 떠 있다는 걸 뒷받침할 수 없었습니다. 이 때문에 요즘에는 다 아는 것이라도 당시에는 조주와 같은 방식으로 대응할 필요가 있었죠. 엉뚱한 말이라 할지라도 어떤 이유가 하나 잠겨 있거든요.

(강론) 진주의 무는 불조佛祖의 담박한 심정과 같아야. 그 맛이 세미世味의 다채로움과는 달리 그 맛이 담박해서 세미를 나투지는 않았으나 물맛으로 더불어 오미五味의 조종祖宗임에는 틀림이 없다.

세미는 세상의 맛이란 뜻입니다. 우리가 아침저녁으로 무를 먹지만 무의 맛을 모릅니다. 여러분, 무의 맛을 정말 압니까? 모릅니다. 무의 맛을 아는 사람들은 사람이 사람인 줄 알아야 무의 맛을 압니다. 여러분, 아침저녁으로 물을 마셔요. 여러분 참으로 물맛을 압니까? 여러분은 아침저녁으로 반찬을 먹을 때 고춧가루니 깨니 갖가지 다른 것이 곁들여 있기 때문에 그 맛을 압니다. 물맛도 마찬가지에요. 물로 숭늉이니 커피니 만들어 먹으니까 알지 참말로 여러분 물맛을 압니까? 여러분이 참으로 물맛을 안다면 여러분은 사람의 맛을 알 겁니다. 여기가 공부하는 도량이니까 하는 말인데, 여러분 사람을 압니까? 단언하건대 여러분은 사람을 모릅니다. 내가 단언합니다. 어떤 것이 사람인가? '그만 사람이다' 하면 되겠는데. 하하하.

무맛을 알겠느냐, 물맛을 알겠느냐, 사람 맛을 알겠느냐. 이 세 가지를 내가 말했는데, 사람 맛을 알아야 비로소 무맛을 알 수가 있고, 무맛을 알아야 물맛도 비로소 알 수 있다고 봅니다. 육조의 담박한 맛. 부처님이나 조사님의 그 담박한 맛, 곁들이지 않은 것, 화도 나지 않는 것, 어디 쏠리지 않는 것, 기쁜 생각도 없는 것, 미운 생각도 없는 것은 세상의 맛과는 다릅니다. 아마 무맛이나 물맛하고 가장 가까울 겁니다. 그래서 조주 화상은 진주의 무를 한 뿌리 들고 나온 소식이에요.

(강론) 때문에 조주는 이 문답에서 진주의 무를 빌어든 것이니, 이러함으로써 조주가 남전의 법을 이어받았다는 사실을 은근히 드러낸 보임으로 알아두자.

조주는 무를 하나 치켜들어서 자신이 말하고자 한 걸 대변했습니다. 고춧가루가 섞이지 않은 무, 깨가 섞이지 않은 무. 소금이나 무엇이 섞이지 않은 무, 담박한 것, 물이나 마찬가지인 이 무를 턱 들어 보였어요. 바로 남전 화상의 성품이 이렇다고 들어 보인 것이 아니겠습니까? 우리가 이걸 볼 때 남전 화상의 인격을 알아챌 수 있을 뿐만 아니라 조주 화상의 인격도 알아챌 수 있습니다.

(강론) 남전의 법을 이어 받았다고 하면 본래로부터의 호올로 우뚝한 자기의 영지靈智를 저버림이 되는 것이요. 만약 남전의 법을 받지 않았다고 하면 선사의 크나큰 은혜를 저버리는 것이 될 뿐 아니라 도리어 이 중의 말귀 속에 떨어지고 말 것이다.

조주가 남전의 법을 이어받은 건 세상 사람들이 다 알고 있으니 지금 와서 새삼스레 말할 게 없습니다. 도대체 뻔히 알면서 "남전 선사를 친견했습니까?" 하고 물은 데는 곡절이 있어요. 어떤 야심이 있습니다. 뭔가 하나 도둑질하려는 야심이 있어요. 무 하나 도둑질하긴 했죠. 그러면 여기 어떠한 곡절이 있습니까? 친견했다고 하면 되는데 왜 무를 가져왔나요? 무를 내놓은 것은 조주의 살림살이거든요. 이것부터 알아야 합니다. 조주의 무지 남전의 무는 아닙니다. 조주가 무를 말했으니까요. 이건 좀 어려운 고개입니다. 조주가 남전에게서 법을 받았다는 건 세상 사람이 다 아는 거니까 이 말 역시 다 알고 하는 말이에요. 그렇다면 법은 이어 받았습니다. 주었다 빼앗다 하는 법이 어디 있나요? 없어요. 연등불께서 석가세존을 인가했다는 말이 있는데, 그건 있을 수 없어요. 법은 주고받는 물건이 아닙니다. 물건 같으면 줄 수도 있고 거둘 수도 있어요. 하지만 물건이 아니기 때문에 '옛 부처가 나시기 전의 하나의 두렷한 모습(一圓相)이니, 석가도 오히려 알지 못하는데 가섭이 어찌 전하리오'라고 한 겁니다. 그런데 이 번역에 틀린 점이 있어요. '석가도 오히려 들내지 못하는데'라고 해야 합니다. 턱 내놓지 못한다는 뜻이죠. 왜 석가세존이 모른단 말이에요? 그런데 번역을 보면 전부 '석가도 알지 못한다'고 되어 있습니다. 이거 말이 안 되는 겁니다. 죄 짓는 거예요. 여러분. 참말로 석가가 알지 못했던가요? 석가세존도 '알지 못한다'가 아니라 '들내지 못한다' 입니다. 이 법을 '너 받아라' 하면서 들내지 못합니다. 이 일원상一圓相을 딱 걷어잡지 못할 뿐 아니라 들내지도 못해요. 조주 화상이 무를 하나 턱 빼들었는데, 자, 조주 화상 참 능구렁이 같습니다. 원래 부처 자리인 그 자리는 두렷한 하나의 슬기 자리입니다. 맞다고 해도 중에게 두들겨 맞고 안 맞다고 해도 중에게 두들겨 맞아요. 빛깔도 소리도 냄새도 없기 때문에 석가세존도 오히려 이 자리를 들내지 못합니다. 석가세존도 들내지 못하는데 가섭 존자가 어떻게 그 자리를 딱 걷어잡고 전하겠습니까? 바로 이런 뜻이 있는 겁니다. 중이 '법을 받았습니까?'라고 묻는 것도 이걸 알고 하는 질문이에요. 만약 조주가 '내가 받았느니라'라고 하면, 중은 '받았으면 내놓으시오'라고 말합니다. 하지만 조주는 그에 대해서는 혀끝 하나 놀리지 않고 '진주에서 큰 무가 나느니라'라고 했어요. 아마 진주 땅에는 무가 컸던 모양입니다. 무가 성글성글 해요. 소금을 치지 않으면 무맛이 단지 좋은지 모릅니다. 남전 화상의 그 성품 자리가 짜고 단지 알 턱이 있겠습니까. 짜고 달고 한 것이 전부 그 앞소식이거든요. 법을 받지 않았다고 하면 조주가 남전 화상의 은혜를 저버리는 것이고, 법을 받았다고 하면 본래로 휘영청한 자리의 슬기를 무시하는 겁니다. 그러니 받았다고 해도 틀린 말이고 받지 않았다고 해도 틀린 말이 아닙니까? 받지 않았다고 하면 은혜를 저버리는 것이고, 받았다고 하면 본래의 슬기를 무시해버리는 거란 말이에요. 이런 곡절이 있기 때문에 중의 질문에는 야심이 있다는 말입니다.

(강론) 만약 이 중의 말귀 속에 떨어졌다면 이는 바로 상신실명喪身失命이다.

다시 말해서 그 중의 말을 듣고 친견했다고 하면…… 내가 법 받았다고 하면 남전 화상은 허수아비가 되게요? 하나 있는 법을 가져가면 남전 화상은 허수아비가 되는 거 아닙니까? 그건 안 됩니다. 그래서 무를 한 뿌리 들고 나온 것이 참 굉장하다는 말입니다.

(강론) 그러나 조주는 전광석화처럼 "진주에서 큰 무가 나느니라" 하였으니, 선사를 저버리지 않고 또한 자신도 저버리지 않으면서 이 중에게는 남전을 몸소 뵙도록 한 것으로 보아야 할 것이다. 과연 조주 노장의 솜씨를 알아채려면 우선 불조佛祖의 심요心要를 알아채려는 망상부터 버리고 달려들어야 하지 않겠느냐는 뜻이다.

참 굉장합니다. 무를 들고 나온 것은 조주의 살림살이입니다. 그러나 이 살림살이는 남전 화상으로부터 살림살이를 가질 수 있는 모든 것이 갖추어졌어요. 갖추어졌기 때문에 자기 살림살이로 무를 들고 나온 겁니다. 조주 화상으로서는 남전 화상으로부터 법을 받았으니 자기의 살림살이를 내놓지 못하면 안 되는 거예요. 법은 주고받는 것이 아니기 때문에 무를 하나 뺀든 것은 조주 화상의 살림살이이고, 남전 화상은 조주 화상의 살림살이로써 남전 화상의 살림살이를 은근히 나투었으니, 이것이 참 선지식의 언행입니다. 그러니까 무란 담박함—말할 나위 없이 남전 화상이 이렇단 말입니다. 남전 화상의 무는 고춧가루니 설탕가루 따위가 없어요. 바로 무란 말입니다. 그래서 자기가 무 하나 빼서 남전 화상의 살림살이를 내놓았는데, 그럼 이 살림살이가 조주 화상의 살림살이 아닙니까? 만약 남전 화상이 진주의 무라고 말했다면 조주 화상이 이렇게 말하지 않을 겁니다. 또 해도 안 되죠. 다른 사람의 살림살이니까요.

그러나 저러나 조주 화상은 자기의 의리를 그대로 살려서 스승에 대한 은혜를 저버리지 않았어요. 여기에 크게 가치가 있습니다. 왜냐하면 진주의 무라고 함으로써 불조의 성품을 그대로 딱 나투었거든요. 자기의 살림살이를 나타냈단 말이죠. 말하자면 불조의 은혜를 잊어버리지 않았고 남전 화상의 은혜를 잊어버리지 않았어요. 남전 화상의 은혜를 잊어버리지 않으면서 그 본래의 살림살이를 뚜렷하게 내놓고, 아울러 조주의 살림살이도 그대로 들냈단 말이죠. 어떻습니까? 여러분, 이것이 바로 공겁의 소식이에요. 공겁의 소식이 아니면 이런 얘기를 할 수가 없습니다. 내가 차를 마시는 것도 공겁의 소식이겠지만 이런 얘기를 하는 것도 공겁 중의 공겁의 소식이에요.

(강론) 진주의 무는 비록 맛이 없으나
사람의 입을 막아 끊었으니 좋이 당하지 못하겠네.

진주의 무는 맛이 없어요. 맛이 있으면 안 돼요. 맛이 있으면 사탕맛을 말할 겁니까, 짠맛을 말할 겁니까? 맛이 없어요. 그러나 사람의 입을 끊어서 막아버렸습니다. 오늘은 이 정도로 합시다.

뜰 앞의 잣나무

'뜰 앞의 잣나무'에 대해 말씀드리겠습니다. 이걸 알면 산하대지 따위가 전부 이름자(名字)뿐임을 확실히 알게 됩니다. 그렇지 않아도 태양이니 지구니 사람이니 할 것 없이 전부 명자놀이라는 걸 알겠지만, 이 '뜰 앞의 잣나무'에서 더욱 실감을 느낄 거예요.

(본문) 조주에게 중이 물었다.
"어떤 것이 조사께서 서쪽에서 오신 뜻입니까?"
조주 선사가 대답했다.
"뜰 앞의 잣나무니라."
"화상께서는 경계를 가지고 사람에게 보이지 마십시오."
"나는 경계를 가지고 사람에게 보이지 않노라."
"어떤 것이 조사께서 서쪽에서 오신 뜻입니까?"
"뜰 앞의 잣나무니라."

법안法眼이 각철취覺鐵嘴에게 물었다.

"듣자옵건댄 조주에겐 잣나무라는 말귀가 있다고 하던데 그렇습니까?"

각철취가 대답했다.

"선사先師께서는 이런 말이 없소이다."

"지금 천하에서는 모두가 전하기를, 중이 조주에게 '어떤 것이 조사께서 서쪽에서 오신 뜻입니까?' 하고 묻자, 조주가 '뜰 앞의 잣나무니라'고 대답했다는데, 어째서 말이 없다고 하십니까?"

"선사를 비방하지 않는 것이 좋소. 선사께서는 이런 말이 없소이다."

— 『선문염송요론』 제11권 421칙 백수栢樹

이거 엉뚱한 말입니다. '달마대사가 서쪽에서 오신 뜻이 뭣입니까' 하고 물으니 '뜰 앞의 잣나무'라고 대답했어요. 잣나무는 하나의 경계입니다. 눈앞에 나타난 하나의 빛깔이란 말이에요. 빛깔 곧 경계니까요. 그래서 '왜 경계를 들고 말을 합니까' 하니까, '나는 그런 일이 없다'고 합니다. 방금 잣나무라고 했는데 잣나무는 경계 아닙니까? 그런데 그렇게 말하지 않았다고 해요. 이 각철취라고 하는 사람, 굉장한 사람입니다. 이름 그대로 깨달을 각覺자, 쇠 철鐵자, 주둥이 취嘴자. 얼마나 날카로웠으면 이런 별명이 붙었겠습니까? '조주가 뜰 앞의 잣나무라고 말하지 않았느냐'고 물으니까 '그런 일이 없다'고 그랬어요. 이게 무슨 까닭입니까?

불법에서 '있다'고 하면 벌써 '없다'고 하는 것이 맞섭니다. 왜냐하면 '있음'은 '없음'을 전제로 하기 때문이죠. '참'이라 하면 '거짓'을 전제로 하고, '거짓'이라 하면 '참'을 전제로 하는 거예요. 왜냐하면 '있다' '없다'는 모습을 바탕으로 성립하기 때문입니다. '있다' '없다'는 하나의 말마디뿐이고 그 본래의 자리는─이것이 어렵습니다─있지도 않고 없지도 않기 때문에 결국 이런 말이 나오게 된 거예요. 있는 것도 아니고 없는 것도 아닙니다……. 그래서 조주에게 누가 "개에게도 불성이 있습니까?"라고 묻자, 조주는 묻는 사람의 의도─'있다'고 하면 '내놓으라'고 한 방망이 치려는 의도─를 알았기 때문에 '없다(無)'고 했어요. 이 조주의 '없다'는 '있다' '없다'를 뛰어넘은 자리입니다. 또 한편 '있다' '없다'를 함께 굴린다고도 말할 수 있어요. 살고 죽음(生死)을 우리가 굴리고 있습니다. 지금 여러분들이 나를 볼 때 살았다고 보죠? 어제 내가 살았나요? 어제의 나도 한 달 전의 나도 이 몸은 아닙니다. 그럼 일 년 전의 이 몸인가요? 오십 년 전의 내가 이 몸인가요? 마찬가지입니다. 십 분 전이나 하루 전이나 한 달 전이나 백 년 전이나 마찬가지에요. 좌우간 이 곡절을 알아야 합니다.

(강론) 조주에게 어떤 중이 묻되 "어떤 것이 대사께서 서쪽에서 오신 뜻입니까?" 하였다. 달마대사께서 어슬렁어슬렁 천축에서 동토東土까지 오신 뜻이 뭐냐는 이야기다. 답은 지극히 간단하다. 이 땅의 학인들도 본래의 번듯한 일승一乘의 근기를 갖추어 있지 않음이 아니련마는 어쩌다 삼승십이분교三乘十二分敎에 집착한 나머지 삼현사과三賢四果인 명상名相에 얽힌 채 삼계의 화택火宅을 벗어나지 못함을 잘 알고, 이에 곧장 사람의 마음을 가리켜 성품을 보이되 부처를 이루는 도리를 밝히시러 오신 것이다.

바로 직지인심直指人心하러 왔습니다. 곧바로 사람 마음을 가리키러 온 거예요. 그 당시의 불법이나 지금의 불법이나 부처를 딴 데서 구합니다. 하지만 딴 데서 구하는 것은 직지인심 자체가 아녜요. 거기에 망심이 있거든요. 망심, 분별심, 견문각지見聞覺知를 통해—견문각지도 이 자리서 일어나는 거예요—망령된 마음을 일으킵니다. 한 가닥 망념은 물 위에 일어난 거품과 같아요. 거품이라도 역시 물은 물이지만, 그러나 거품에 딱 들어앉아서 물에 대해서는 생각도 하지 않습니다. 그래서 각철취께서 가만히 보아 하니 동토에 인연이 있긴 한데 그대로 놓아두면 전부 도깨비판이 되겠단 말이죠. 사람마다 갖추어진 마음이 그대로 다 있건만 그 마음 밖에서 딴 걸 구하고 있으니, 이 때문에 부처님부터 달마대사까지 '직지인심'을 가르치러 온 거예요. 다시 말해서 청정본심淸淨本心을 가르치러 온 거죠.

그럼 직지인심이든 청정본심이든 그대로 가르치면 그만인데, 어째서 잣나무 따위의 말을 하는 겁니까? 말이야 바른 말이지, 잣나무가 어찌 부처냐 말입니까. 팔만대장경을 전부 뒤져도 마음 밖을 향해 부처를 찾으라는 말은 하나도 없건만, 사람이 미련한 건지 똑똑한 건지 경을 보면서도 마음 밖에 굉장한 뭔가가 있다는 식입니다. 그래서 비상수단을 썼어요. 비상수단이 무엇인가 하면 잣나무 따위가 비상수단입니다. 잣나무, 판치생모板齒生毛, 마삼근麻三斤 호떡 등의 말을 했는데, 이런 것들은 전부 권도權度로써 말한 거예요. 그런데 각철취가 잣나무라는 말도 하지 않았다고 하니 정말로 기가 막힌 일이죠. 이 까닭을 우리가 오늘 캐내야 합니다.

(강론) 다시 말하자면 한이 없는 번뇌와 망상이 본래로 해말쑥한 참 마음에서 이루어진다는 그 사실을 밝히시러 왔다고 해도 맞는 답이다. 그러나 천하의 조주 화상은 눈썹 하나 까딱하지 않고 "뜰 앞의 잣나무니라"고 하였다. 이 무슨 소식인고. 선禪의 도리다. 말귀로서는 다 안다 할지라도 사람이 사람을 모르니 선의 도리를 빌리는 것이요, 마음이 마음을 모르니 선의 도리를 빌리는 것이요, 성품이 성품을 모르고 부처가 부처를 모르니 선의 도리를 빌리는 것이다.

자, 여러분. 잣나무는 선禪 도리입니다. 격외格外의 선지禪旨거든요. 사람이 사람을 모르니 선 도리를 빌지 않을 수가 없어요. 마음이 마음을 모릅니다. 사람마다 직지인심, 청정본심은 다 가지고 있어요. 다시 말해서 망심을 일으키는 그 자리, 따지는 그 자리가 사람의 본래의 마음인데 그 본래의 마음을 모릅니다. 자, 선은 무엇을 뜻하느냐. 가라앉은 마음을 뜻하는 겁니다. 들뜬 마음을 가라앉혀요. 여러분의 들떠 있는 마음은 선 도리가 아니면 가라앉힐 수가 없습니다. 배고플 때 밥을 먹고 잠이 올 때 잠을 자는 등 자기가 쓰긴 쓰면서도 자기가 자기 마음을 몰라요. 참 희한합니다. 참 희한해요.

경전에서도 여러분의 법성신이 바로 부처라고 말씀했어요. 그런데 어찌된 판인지 그 구절을 보고 듣고 읽으면서도 부처님은 딴 데 있습니다. 그러니 이거 무슨 도리입니까? 이 때문에 천상 '뜰 앞의 잣나무'라고 해서 그 망심 일으키는 것을 때려잡을 수밖에 없어요. 전부 권도權度입니다. 정도가 있으면 권도가 반드시 있기 마련이에요. 정도로만 말하면 모르기 때문에 이 정도를 살리기 위해 권도가 나온 겁니다.

(강론) 까닭에 조사가 본래에 서쪽으로 가신 일도 없으니 또한 서쪽에서 오신 일도 없건마는, 그러나 가고 옴을 나투어 보였기 때문에 조주는 잣나무라는 이름을 빌어서 조사가 서쪽에서 오신 뜻을 밝히신 것이라 하겠다.

이건 무슨 뜻입니까? 달마대사가 서쪽에서 왔어요. 그러나 이理의 분수로 봐서는 조사가 간 것도 아니며 온 것도 아닙니다. 오긴 뭐가 왔나요? 실제로 달마대사의 색신도 부처님의 삼십이상 팔십종호도 그 자체 지혜가 없습니다. 사람의 몸도 마찬가지고요. 하지만 청정본심의 자리가 하나 있습니다. 빛깔도 소리도 냄새도 없는 그 자리가 하나 있을 따름이에요. 산을 보고 높다고 하고 물을 보고 낮다고 하는 그 자리입니다. 그 자리뿐인데 가는 건 어디 있으며 오는 건 어디 있나요? 본래가 하나란 말입니다. 허공이 하나이니 지도리가 하나이고, 지도리가 하나이니 목숨이 하나라는 거예요. 가고 오는 걸 본다고 하는 것은 그 자리에서 한 가닥의 여김을 일으켜 사람의 색상신을 두어서 간다 온다 하는 겁니다. 몸을 두어서 가는 걸 보이고 오는 걸 보인다 할지라도 참말로 진짜 자리는 빛깔도 소리도 냄새도 없는 자리가 아니냐 하는 뜻이 있습니다.

(강론) 이렇다면 조주의 뜰 앞 잣나무도 또한 한낱 혓바닥 위에 심기어진

명상 名相뿐인 잣나무이긴 하지만, 그러나 그 명상 자체가 벌써 겁외의 소식이니 바로 바퀴를 쳐서 복판을 울리되 문답 속인 겁외의 소식을 문답 위에 살짝 드러내 보이는 솜씨라 이르지 않겠는가.

여러분, 우리 이적理的으로 봅시다. 입을 빌어서 말하는 그 자리, 이적입니다. 눈동자를 통해서 보는 그 자리, 이적입니다. 귀를 통해서 듣는 그 자리, 이적입니다. 이 이적으로 보면 가는 것도 없고 오는 것도 없어요. 절대 평등상입니다. 다만 슬기 자리 하나 있을 뿐이에요. 그러니 잣나무라 하든, 남자나 여자라 하든, 사람이나 뭐라 하든 결국 한 가닥의 여김을 일으킨 이름자(名字)에 지나지 못한 겁니다.

그럼 이걸 말하기 전에 여러분의 본래 소식을 한번 여기서 캐내볼까요? 본래 소식, 이건 좀 어렵습니다. 참말로 슬기가 날카로운 사람이 아니면 안 됩니다. 여러분이 너무나 모습에 치우치기 때문이죠. 하지만 지금 이 자리에서는 그 모습 자체가 실답지 않은 거예요. 물론 모습은 나투어야 하죠. 그것이 묘용의 도리니까요. 묘용의 도리이긴 하지만 모습이 실답지 않다는 건 여러분 아실 겁니다. 그렇다면 여러분은 여러분의 소식을 알아야 하는데 여러분의 소식을 모르거든요. 오늘 이 자리에서 여러분의 소식을 내놓아보세요. 여러분이 보도록 내가 얘기를 하겠습니다. 이렇게 얘기해도 보지 못하면 불법 믿어보았자 소용이 없어요.

여러분, 단단히 들으세요. 지금 한밤중에 전깃불이 켜 있어서 밝습니다. 이 밝음도 하나의 모습입니다. 자, 이 밝음을 버리세요. 밝음

버리면 어둡죠? 밝음을 버렸으니 캄캄하단 말입니다. 그럼 캄캄한 어둠도 버리세요. 뭣이 나옵니까? 밝음은 명자名字이고 모습입니다. 잣나무도 이런 모습이나 한가지에요. 밝음을 버리면 캄캄한데, 캄캄함도 버리라고 하면 이 소식에 말이 탁 막힙니다. 말하는 사람도 입이 막히고 듣는 사람도 입이 막혀요. 그러나 밝음 버리고 어둠을 버리면 뭔가 있지 않아요? 자, 누구 한번 말해봐요. 뭐라고 말을 하면 좋겠습니까? 우리는 늘 모습에만 쏠려 있습니다. 환한 모습이나 캄캄한 모습에만 휘둘리고 있어요. 자, 휘둘리는 것이 뭔지 난 모르겠습니다. 직지인심도 모르겠어요. 청정본심도 모르겠어요. 알 필요도 없습니다. 다 버리면 뭣이 있죠? 한번 더듬어볼까요? 밝음을 버리니까 캄캄해요. 그리고 캄캄함도 버렸어요. 이거, 겁난 말입니다. 여러분, 참 겁난 말입니다. 보통 사람은 이 문제에 접근하지 못해요. 여러분들이 여기서 이 문제에 접근할 수 있다면 전부 장부들입니다. 나도 더 이상 말 못하겠어요. 그러면 죽어도 말하겠다면 뭐라고 말하지? 밝음도 버리고 어둠도 버리면, 뭐라고 말하지? 말해봐.

A: "그것이 공겁空劫의 비명비암(非明非暗; 밝지도 않고 어둡지도 않음)입니다."

좋아. 그렇게밖에 말할 도리가 없어요. 옳은 소견입니다. 비명비암이 어떤 건지는 몰라요. 그러나 말마디로는 그렇게 말할 수밖에 없습니다. 그럼 이 비명비암 자리는 도대체 뭣인가요? 법성신의 모습을 한번 그려봅시다. 이 법성신이 비명비암 자리거든요. 실제로 태양이 있고 어둠이 있다고 하는 것은 전부 모습놀이입니다. 밝음도 아니고 어둠도 아니기 때문에 밝은 걸 비추고 어두운 걸 비추는 것 아닙니까? 그러나 세상 사람들은 태양이 뜨면 환하다고만 생각할 뿐이지 어째서 비추는지는 모릅니다. 어둡기 때문에 밝음이 비추고, 밝기 때문에 어둠이 비추는 겁니다. 그러나 어둡고 밝음이 진짜는 아니에요. 그건 일시적으로 일어난 하나의 현상에 지나지 못합니다. 자, 그러면 여러분은 어떻게 되죠? 여러분도 한번 놓아봅시다. 우선 사람의 몸뚱이를 놓고 여자도 놓고 남자도 놓아요. 늙음도 놓고 젊음도 놓아요. 그리고 아까 말한 밝음도 어둠도 놓아요. 다 놓았다면, 그럼 뭐죠? 자, 이건 얘기할 수 있는 겁니다. 어렵든 쉽든 얘기할 수는 있어요. 이거 선 도리가 아니면 안 됩니다. 앞에서 말했듯이, 사람이 사람을 모르고 마음이 마음을 모르기 때문에 선 도리를 쓰는 거예요. 부처가 부처를 모르기 때문에 선 도리를 쓰는 겁니다. 지금 전부 놓았다면 뭣이 있죠? 여기다 어떻게 얘기를 해야 그 소식을 캐낼 수 있을까요.

착함도 생각지 않고 악함도 생각지 않을 때 너의 본래면목은?

(본문)

육조가 대유령에서 도명 선사에게 말했다.

"착함도 생각지 말고 악함도 생각지 말라. 바로 이럴 때에 어느 것이 도명 상좌의 본래면목인고?"

도명 선사가 즉각 크게 깨닫다.

— 『선문염송요론』 4권 118칙 본래면목本來面目

도명 선사가 물었습니다.

"행자님, 내가 가사袈裟와 바리때를 위해 당신을 쫓은 것이 아닙니다. 난 법을 구하기 위해 쫓은 겁니다."

그래서 혜능이 대답했습니다.

"불사선불사악不思善不思惡, 즉 착함도 생각지 말고 악함도 생각지 말라. 바로 그럴 때 무엇이 상좌의 본래면목인고?"

도명 선사가 여기서 대오大悟했습니다.

우리가 분별을 하면 그것은 분별이지 본래의 천진 면목은 아닙니다. 내가 성을 내면 성내는 마음이지 성내지 않은 본래의 마음은 아니죠. 또 내가 착한 생각을 가지면 그건 착한 생각이지 본래의 착함도 아니고 악함도 아닌 마음은 아닙니다.

그래서 혜능은 착함도 생각지 말고 악함도 생각지 말라고 했는데, 나는 그렇게 말하지 않겠습니다. 그렇다고 착함도 생각지 말고 악함도 생각지 말라는 혜능의 말이 잘못됐느냐 하면 그건 아녜요. 본래의 바탕으로 보면 당연히 그렇게 말할 수 있습니다. 하지만 나의 분수로는 잘못됐다고 봅니다. 여러분도 이 자리에서 여러분의 분수로써 나의 잘못을 지적해야 합니다. 그게 공부예요. 말마디나 외우는 것이 공부인 줄 압니까? 여러분의 인격이 여기서 나와야지, 내가 앵무새가 되라고 여러분을 가르치는 것은 아닙니다.

어쨌든 혜능 선사에게 한 방망이 때려야 합니다. 왜냐하면 한쪽에 치우쳤기 때문입니다. 그럼 나는 어떻게 하겠는가? 이렇게 난 말하겠어요.

"착한 줄도 알고 악한 줄도 알아야 한다. 이것이 바로 부처니라."

두말할 나위도 없이 '착함도 생각지 않고 악함도 생각지 않는다'는 절대성을 바탕으로 한 말입니다. 절대성 자리에는 착함도 없고 악함도 없거든요. 그러나 내가 한 말은 상대성을 바탕으로 하는 말입니다. 그렇다고 악한 일을 하라는 것이 아니라, 악한 일을 하려면 악한 일도 할 수 있고 착한 일을 하려면 착한 일도 할 수 있는 그 자리를 말한 겁니다. 만약 '착함도 생각지 말고 악함도 생각지 말라'고 한 것만 전부라면 어떻게 되죠? 그만 환하게 그것만 있어요. 묘용妙用의 도리가 있을 수 없습니다.

물론 '착함도 생각지 말고 악함도 생각지 말라'는 도명 상좌를 가르치는 말로는 가장 적절한 말입니다. 도명 상좌는 석가세존의 법이 이런 땅개(혜능을 말함; 편자 주)한테 전해서는 안 된다, 신수神秀에게 바쳐야 한다는 등 분별을 잔뜩 짊어지고 있거든요. 또 따라오는 마음이 악심惡心이라면 나중에 '나는 법을 구하러 갔지 가사를 가지러 온 것은 아닙니다'라고 한 것은 선심善心이거든요. 그래서 선악 간의 사량분별을 끊으라고 가르친 겁니다.

그러나 나는 '착함도 생각할 줄 알고 악함도 생각할 줄 알아야 한다'고 정반대로 말하고 싶어요. 내가 반대로 얘기를 했지만 두 말이 같은가요, 다른가요. 말은 달라도 뜻은 하나입니다. 혜능은 절대성을 바탕으로 하는 얘기이고, 나는 상대성을 바탕으로 하는 얘기입니다. 말하자면 절대성이 곧 상대성이고 상대성이 곧 절대성이죠.

왜냐하면 법은 굴리는 데 있기 때문입니다. 선악을 굴리는 것도 법을 굴리는 거예요. 악한 법 굴릴 때는 굴려야지 어떡합니까? 임진왜란 때 서산 대사와 사명 대사가 칼 들고 나가지 않았습니까? 이때 뭐가 선이고 뭐가 악이죠? 나의 분수로는 선한 일이라고 봅니다. 또 호열자가 돌아다니면 깨끗하게 하는 것이 선한 일 아닙니까? 하지만 호열자의 분수로는 큰 악입니다. 그럼 선은 무엇이고 악은 무엇입니까?

이처럼 선악을 굴리는 것을 말하지 않으면, '착함도 생각지 말고 악함도 생각지 말라'는 말에만 얽매어버립니다. 그러면 '착함도 생각지 말고 악함도 생각지 말라'의 종놈밖에 될 것이 없어요. 물론 혜능 선사의 뜻은 이게 아닙니다. 말씀은 그렇게 했어도 글자 밖에 뜻이 있거든요. 그렇다면 내가 이 자리에서 글자 그대로만 해석해버리면 여러분을 병신 만드는 겁니다. 여러분이 병신 되는 건 좋습니다. 나는 어쩌라고요? 삼도三途 지옥 첫 고개가 넘어갑니다. 괜히 여러분 때문에 내가 지옥에 갈 필요가 있나요? 이만큼 불법은 공부하기가 어려운 겁니다.

'착함도 생각지 말고 악함도 생각지 말라'는 절대성을 바탕으로 해서 전혀 틀린 말이 아니지만, 그러나 나는 상대성을 바탕으로 해서 법을 잘 굴릴 줄 알아야 한다는 뜻에서 '선도 굴릴 줄 알고 악도 굴릴 줄 알아야 한다'고 했습니다. 이 말이 선한 일은 하고 악한 일은 하지 말라는 뜻도 아니에요. 그런 말조차 필요가 없습니다. 조금도 걸리는 데가 없이 자유자재해야 한다는 뜻이에요.

그렇다면 '착함도 생각지 말고 악함도 생각지 말라'와 '선도 굴릴 줄 알고 악도 굴릴 줄 알아야 한다'는 그 뜻이 하나이지 둘이 아닙니다.

이 때문에 어디까지나 나의 살림살이를 준비하는 것이 가장 중요한 겁니다. 어떤 설법을 듣고 그 말마디만 외우는 경우가 있는데, 하지만 중요한 설법에서는 반드시 자신의 살림을 내놓아야 합니다. 단 한 푼어치라도 좋아요.

신통

(본문) 세존에게 오통선인五通仙人이 여쭈었다.

"부처님에겐 여섯 가지 신통이 있으시고 제게는 다섯 가지 신통이 있는데, 무엇이 나머지 하나의 신통입니까?"

세존께서 부르셨다.

"선인이여!"

선인이 대답했다.

"예."

세존께서 말씀하셨다.

"그 하나의 신통을 그대는 내게 묻는 것인가?"

『선문염송요론』 1권 14칙 오통五通

보통 사람들은 다른 힘을 빌어서 재주를 부리는 걸 신통이라 말하지만, 그러나 실제로 여러분이 앉아서 천리 밖을 보거나 앉아서 천리 밖의 얘길 듣는 것은 여러분이 우주와 일체一體라서 그런 작용이 나타나는 겁니다. 그런데 우주와 일체인 진짜 그 자리는 그만 내버리고 이 육신을 '나'라고 여겨서 딱 들어앉기 때문에 그런 작용을 나타내지 못하고 있죠.

가령 하나의 사람이라면 숱한 이름이 모여진 거예요. 뇌가 있고, 머리털이 있고, 눈과 눈썹이 있고, 귀도 있고, 코도 있고…… 숱한 이름으로 모여진 것이 사람입니다. 그런데 이놈을 따로따로 떼놓으면 사람이라고 할 수가 없어요. 머리털은 머리털대로 빼놓고, 손은 손대로 빼놓고, 다리는 다리대로 빼놓고, 오장은 오장대로 빼놓으면, 어찌 그런 것이 사람이겠습니까?

그런데 머리털은 머리털대로 성품이 없고, 귀는 귀대로 성품이 없고, 눈은 눈대로 성품이 없고, 손은 손대로, 발은 발대로 성품이 없어요. 성품이 없는데 이것들을 총감독하는 놈이 하나 있습니다. 이 감독하는 놈은 눈에 안 보여요. 이놈이 하나 딱 있어서 손을 쓸 때는 손을 쓰고, 눈을 쓸 때는 눈을 쓰고, 귀를 쓸 때는 귀를 쓰고, 발을 쓸 때는 발을 씁니다. 가만히 생각해보니 참 멋진 '나'가 하나 있단 말이에요. 이게 뭔지는 모릅니다. 빛깔도 소리도 냄새도 없는데 어떻게 알겠습니까? 그러나 머리를 두어서 머리를 쓰고, 눈을 두어서 눈을 깜빡거리고, 코를 두어서 숨을 쉽니다. 이거 가만히 생각해보니 사람의 존재라는 게 무서운 겁니다. 신통이라면 이 이상의 신통이 세상에 어디 있나요?

그러나 여러분은 이런 신통을 갖고 있어도 신통인 줄 모릅니다. 스스로 신통을 굴리고 있는 줄 몰라요. 선인仙人들도 모릅니다. 선인들도 이 눈의 신통, 팔의 신통, 다리의 신통―이건 절대의 신통입니다―을 몰라요. 머리다, 허파다, 오장육부다, 다리다…… 이렇게 모아놓고 하나의 사람이라고 만든 자리는 있지만, 그래서 사람놀이를 하지만, 이런 신통을 여러분이나 선인은 쓰면서도 모릅니다. 가만히 생각해 보세요.

그럼 신선이 오통五通⑮을 제외한 하나의 신통을 물었을 때 뭐라고 답하면 좋겠습니까? 참, 할 말이 없어요. 아마 부처님도 좀 답답했을 겁니다. 그래서 부처님이 "선인아!" 하고 불렀어요. 신선은 "예!" 하고 대답했죠. 그러자 부처님께서 "그 하나의 신통을 그대가 내게 묻는 것인가?" 하고 대답했고, 문답은 이걸로 끝났습니다.

여러분은 이 설법이 별로 재미없다고 생각할 수도 있을 거예요. 왜냐하면 여러분도 "예!" 하고 대답할 줄은 알기 때문이죠. 누구나 그렇게 대답할 수 있으니, 누구나 신통을 한다고 해도 괜찮습니다. 어느 누군들 신통을 쓰지 않는 자가 있습니까? 개와 같은 짐승도 신통을 씁니다. 여러분도 이 "예!" 하고 대답한 자리는 빛깔도 소리도 냄새도

---

⑮ 오신통五神通, 오신변五神變이라고도 한다. 천안통天眼通, 천이통天耳通, 숙명통宿命通, 타심통他心通, 신족통神足通을 말한다.

없는 자리라고 말할 수 있겠지만 실감을 하지 못해요. 내가 머리나 눈, 다리 등으로 말한 것은 여러분에게 실감이 가도록 하기 위해서입니다.

　부처님께서 "신선아!" 하고 부르면 이 말을 들을 줄 아는데, 귀가 어디 말을 듣습니까? 귀가 듣는 거 아닙니다. 귀라는 기관을 통해서 듣긴 듣지만(물론 꿈속에서는 귀라는 기관을 통하지 않아도 듣지만 일단 꿈속의 일은 차치하고), 귀를 통해 듣는 그놈이 누구냐는 말입니다. 또 "예!" 하고 대답을 한 것은 입을 통해서 했지만 입 자체가 대답한 것은 아니에요. 왜냐하면 입에 성품이 없기 때문이죠. 그렇다면 "예!"는 누가 했습니까? 그야말로 빛깔도 소리도 냄새도 없는 그 자리 아닙니까? 그 자리가 혓바닥을 빌어서 "예!" 한 거 아니에요? 그럼 내가 여러분을 불러도 "예!" 하고 대답하겠지만, 여러분은 그걸 예사로만 봅니다. 여러분이 만약 이 도리를 안다면 "예!" 하고 대답하는 자리는 무엇인가요? 그야말로 하늘과 땅을 앞한 자리죠. 말로는 절대성 자리나 마음이라고 하지만, 절대성 자리란 말도 딱 들어맞지 않고 마음이란 말도 잘 들어맞지 않고 성품이란 말도 딱 들어맞지 않습니다.

　이 자리는 지구가 뭉개지고 태양이 없어지더라도 또렷한 자리입니다. 이 자리는 없어지려야 없어질 것이 없어요. 그럼 "예!" 하는 것이 신통인가요 신통이 아닌가요? 물론 지금 선인이 묻는 신통은 세상 사람들이 말하는 종류의 신통이니까 말할 가치가 없습니다. 여러분이 "예!" 하고 대답한 것이야말로 이미 하늘과 땅을 앞한 그 소식, 또 지구가 뭉개지고 욕계, 색계, 무색계가 뭉개진다 해도 변하지 않는 그 자리가 이 입을 빌어서 인연에 따라 "예!" 한 겁니다.

그렇다면 우리가 이 신통 말고 더 이상 무엇을 구할 겁니까? 물론 이 몸뚱이가 실답지 않다는 걸 알아서 새말귀를 바탕으로 밝지도 않고 어둡지도 않은 여김(念)을 일으킨다면(이건 예전 사람이 갖던 '이 뭐꼬'보다 훨씬 낫습니다. '이 뭐꼬'는 빙 둘러서 가지만 이건 직통이니까요), 그러면 이 공안公案에서 "예!" 하고 대답한 그 자리가 뚜렷하게 나옵니다. 이 자리에서 산하대지가 다 나오는데 이 이상 무슨 신통을 따로 구하겠습니까? 그 대답하는 자리를 생각만 해도 몸이 떨릴 겁니다. 그 대답하는 자리가 빛깔도 소리도 냄새도 없으면서 생사를 여의었어요. 생사가 붙지 않으니 인과나 시공간도 붙지 않습니다. 그 대답하는 자리만 딱 파악해버리면 그만이에요. 더 이상 공부하지 않고 닦기만 하면 됩니다.

지덕智德―십자송十字頌과 십물계十勿戒

(본문) 『화엄경』에서 설했다.

"내가 이제 일체 중생을 두루 살피건대, 모두가 여래의 지혜와 덕상德相을 갖추고 있건만 다만 망상 집착으로 인해 증득하지 못한다."

― 『선문염송요론』 제2권 38칙 지덕智德

(강론) 사람은 누구나 다 여래의 지혜와 덕상을 갖추고 있다. 그러나 망념이 한 번 일어나매 알이(識)가 주인공인 듯이 육경六境과 타협함으로써 별천지를 지어내는 판이니, 이와 같은 도깨비판에서 어떻게 본래의 여래 지덕상을 쉽게 증득하겠는가.

제가 지은 게송 중에 '십자송十字頌'이 있습니다.

일체의 중생은 본래 부처이지만
상대적 견해에 상想을 붙이다 귀신 굴에 떨어졌구나.
삼세에 나타났다 사그라지는 것은 묘한 작용이고
네 가지 다른 종류로 태어남은 연緣에 따라 이루어진다.
오온五蘊이 어찌 청정한 몸이 아니겠으며
육도六道의 만 가지 행실 또한 관련 없는 일이로다.
칠보七寶로 하는 보시가 그 이익이 많긴 하지만
팔풍八風에 움직이지 않는 것이 참다운 공덕일세.
구소九霄의 신령한 지혜를 그대는 의심치 말지니
시방의 모랫수 세계가 마음속에 밝았구나.

일체중생본래불(一切衆生本來佛)

이견착상낙귀굴(二見着想落鬼窟)

삼세출몰시묘용(三世出沒是妙用)

사종이류수연성(四種異類邃緣成)

오온기비청정신(五蘊豈非淸淨身)

육도만행무관사(六道萬行無關事)

칠보보시기리다(七寶布施其利多)

팔풍부동진공덕(八風不動眞功德)

구소영지물여의(九霄靈智勿汝疑)

시방사계심중명(十方沙界心中明)

이 십자송은 만법의 바탕인 허공을 드러내기 위해 지은 거예요. 허공도 빛깔도 소리도 냄새도 없고 내 마음도 빛깔도 소리도 냄새도 없으니, 이 마음하고 허공하고는 갈라놓질 못합니다. 허공이 곧 마음이요 마음이 곧 허공이에요. 참으로 우리가 마음의 형태를 알고자 한다면 허공을 보면 됩니다. 그러나 아무것도 없으니 볼 것이 없어요. 그럼 볼 것이 없는 걸 볼 줄 알면 되는데…… 아무것도 없다고 관심을 두지 않고 빛깔이나 모습으로만 자꾸 돌아갑니다. 습성이 그렇게 되어 있어요. 그러나 산하대지와 지구나 태양, 그리고 우리의 몸도 모두 허공성으로서 다만 물거품 이루어지듯 그 모습을 나투었을 뿐입니다. 그렇다면 허공과 지구나 태양을 둘로 볼 필요도 없고 볼 수도 없어요. 그런데도 이 사실을 까마득하게 잊고 그 모습을 진짜로 봅니다. 그래서 지구다, 땅이다, 하느님이다, 부처님이다, 중생이다 등등 중생의 지견에 따라 이름자(名字)를 지어 붙이고는 전부 그 이름자에 매달려요.

그 이름자가 진짜가 아니고 진짜는 빛깔도 소리도 냄새도 없는 허공임을 드러내기 위해 지은 게송이 십자송+字頌입니다. 십자송은 체體, 즉 바탕을 드러낸 거예요. 원래 그 체성면體性面 자리, 즉 덕상德相의 앞소식인 여래지如來智, 여래의 그 슬기 자리는 말로 나투어지는 것이 아닙니다(그렇다고 말을 여읠 수도 없지만). 그러나 십자송을 그대로 나투면 절대성과 상대성이 다 들어 있으니, 여러분은 이 십자송을 갖고 씨름하세요. 그러면 누리의 바탕(體)이 완전히 딱 잡힙니다.

그럼 십물계十勿戒는 무엇인가? 십물계는 용用, 즉 씀씀이입니다. 여러분이 십자송을 바탕으로 십물계의 씀씀이를 그대로 굴리면 그것이 바로 여래의 지덕상智德相입니다. 이렇게 십물계를 굴리지 않으면 덕이란 있을 수 없습니다. 사실 여기 붙여놓은 것(백봉거사가 지은 예불문을 말하며 십자송과 십물계가 포함되어 있다: 편자 주)을 여러분이 납득한다면, 솔직한 말로 팔만대장경이 다 그 속에 있어요. 이것은 참으로 허공의 뼈를 추려낸 겁니다. 헌데 여러분은 별로 관심이 없는 것 같아요.

십자송은 여래의 지덕상의 체體이고, 십물계는 여래의 지덕상의 용用입니다. 그럼 지덕상이란 무엇입니까? 말마디만 아는 것은 소용이 없고 그 뜻을 그대로 행할 수 있어야 합니다. 가정 살림을 하면서, 사업을 하면서, 아이들을 키우면서 행할 수 있는 거예요. 불법은 알면 그대로 행을 하는 데서 재미가 쏟아집니다. 우리말에 깨가 쏟아지듯 재미가 있다고 하는데, 참으로 이걸 알면 깨가 쏟아지듯이 재미가 있어요.

어떻게 하면 여래의 지덕상을 내 마음대로 굴릴 수 있을까요? 바로 십물계를 통해 그 지덕상을 한번 다뤄봅시다. 또 출가한 승려들도 이 지덕상을 가져야 합니다. 혈연을 끊고 출가했다고 해서 농부가 지어놓은 쌀을 먹지 않습니까, 직공이 만든 옷을 입지 않나요? 어쩔 도리가 없이 누구나 다 지덕상을 가져야 하는데, 특히 우리는 거사로서 하루라도 놓쳐서는 안 됩니다. 그럼 십물계를 소개하죠.

첫째; '비록 마음과 몸을 빌었으나 본래의 존귀한 자리를 잊지 말라(雖藉心身 勿忘本尊)'.

이것은 여래의 지덕상을 나투는 방편입니다. 말하자면 우리가 색신을 갖고 있지만 본래의 드높은 그 자리는 잊지 말라는 뜻이에요. 자, 본래의 드높은 자리가 무엇입니까? 그 자리는 빛깔도 소리도 냄새도 없이 텅 비어서 허공과 같아요. 또 원래 허공이 하나이니까 그 자리도 하나뿐입니다. 이 드높은 자리를 법성신이라고 이름을 붙이면, 태양이니 달이니 별이니 지구니 하는 것도 하나의 법성신의 그림자에 지나지 못한 거예요. 그렇다면 그 자리와 이것(심신; 편자 주)은 둘이 아닙니다. 다시 말해서 이 허공과 심신은 둘이 아녜요. 우리가 너무나 미혹해 명자名字놀이에 들러붙은 탓에 모를 뿐이지 실제로는 둘이 아닙니다. 그러나 그 몸과 마음을 빌었다 할지라도 본래의 드높은 자리를 잊지 말라고 한 것은 본래의 그 절대성 자리를 잊어버리지 말라는 뜻이에요.

본래의 드높은 자리가 그대로 버젓이 있기 때문에 중생놀이도 하는 겁니다. 본래의 드높은 자리가 없다면 어떻게 중생놀이를 합니까? 술 먹고 지랄하는 것도 본래의 드높은 자리가 있기 때문에 술 먹고 지랄하는 거예요(여러분은 상당히 공부가 됐기 때문에 내가 이런 말도 하는 겁니다). 자기 스스로가 모를 따름이죠.

둘째, '비록 아내와 자식이 있다 해도 쏠려보는데 떨어지지 마라(雖有妻子 勿墮愛見)'.

난 애견愛見을 쏠려본다고 새깁니다. '사랑'이란 의미는 사랑 자체를 쓰고, 쏠려본다는 것은 단지 모습놀이뿐입니다. 연애하는 젊은 남녀가 등산을 하다가 추락해서 한 사람이 눈이나 코가 떨어지고 다리가 하나 없어졌다면 그래도 사랑할까요? 쏠려보는 사람은 겁나서 사랑하지 않습니다. 그러나 참으로 사랑하는 사람은 남자든 여자든 불구자가 될수록 더 사랑해요. 그러나 보통 사람들은 전부 쏠려보면서 그걸 사랑이라고 착각하고 있습니다.

사람은 세상에 날 때 인연에 따라 태어났기 때문에 부모가 성립되는 겁니다. 아버지와 어머니란 이름자가 성립되는 거예요. 그러나 태어나서 부모를 만났으면 반드시 갈릴 때가 있습니다. 만남에는 갈라짐이 전제되어 있음을 우리가 알아야 해요. 내외간도 갈라지고, 자식과도 갈라지고, 형제간도 갈라지니, 이렇게 갈라지기 때문에 내외간에 정리情理가 있고 형제간에 재미있게 지내야 해요. 그러나 갈라져도 갈라지는 것이 아니고 만나도 만나지 않는 도리가 있습니다. 남의 자식으로 태어나고 남의 아내나 남의 남편이 되어서 몇십 년 동안 임시로 인연놀이를 한다 할지라도 그것이 아니라는 도리가 있어요. 하지만 이건 나중에 하기로 합시다.

어쨌든 사랑한다고 하면 상대가 불구자가 되어도 더 연민을 느끼고 사랑합니다. 그래서 부모는 미련한 자식일수록 더 사랑하는 거예요. 부처님의 사랑도 마찬가지입니다. 그놈이 잘나도 사랑이요 못나도 사랑이에요. 그놈이 사도를 행하고 외도를 행해도 불쌍할 따름이지, 저놈은 사도를 행하니까 밉다고 하는 것이 없어요. 부모의 사랑 역시 자식이 빗나가도 그만 불쌍하기만 합니다. 왜냐하면 갈리기 때문이에요. 영원히 있는 게 아닙니다. 그러니 처자가 있더라도 쏠려보지 말아야 합니다.

셋째, '비록 가업을 이어가더라도 잘못된 이익을 탐하지 말라(雖承家業 勿貪非利)'.

거래를 하면서 정당한 이익은 취해야겠지만, 탐심이 중심이 되어 잘못된 이익을 좇지는 말아야 합니다. 육바라밀에서 보시를 맨 처음에 두는 이유도 보시할 줄 아는 사람은 탐심이 없기 때문이죠. 이 탐심이란 건 허공에 끼어 있는 먹구름이나 마찬가지입니다. 허공은 허공인데 먹구름이 끼어 있으면 태양이 보이지 않아요. 마찬가지로 비리非利를 탐하면 허공과 같은 자기 성품을 가리니, 무엇보다도 비리를 탐하지 않아야 합니다.

넷째, '비록 세상의 법도와 함께 해도 대도를 버리지 말라(雖與世典 勿捨大道)'.

세상 사람들이 따르는 일상의 법도를 함께하십시오. 세상 사람들이 머리를 깎으면 나도 머리를 깎고, 세상 사람들이 자동차를 타면 나도 자동차를 타고, 세상 사람들이 뭘 하면 나도…… 난 이러이러한 사람이니 그런 건 하지 않는다고 할 필요가 없어요. 왜냐하면 어느 것 하나 진리 아님이 없기 때문이죠. 진리를 잘 쓰느냐 못 쓰느냐의 차이일 뿐이지 진리의 나툼이거든요. 하지만 세상의 법도와 함께해도 대도를 버리지는 말아야 합니다. 대도를 지향하는 사람은 남을 비방하는 법이 아녜요. 비방을 하면 구업도 짓지만, 그 사람됨이 아직 덜 되었기 때문에 비방을 하는 겁니다.

다섯째, '비록 천하에 노닐면서도 법성을 무너뜨리지 말라(雖遊天下 勿壞法性)'.

법성이란 모든 것이 비었음을 말합니다. 지구 자체도 비었고 태양 자체도 비었고 물도 바람도 나무도 다 비어서 어느 하나 허공성 아닌 것이 없는데, 이렇게 비었으면서도 일체만법을 나투니 참으로 묘한 거예요. 텅하게 빈 그 자리는 부처도 없고 중생도 없지만 온갖 법을 나툽니다. 좋은 일도 하고 심지어 싸움질도 해요. 여러분이 이렇게 천하에 노닐면서도 법성을 무너뜨리지 않으면, 어디 가서 십 년, 이십 년, 삼십 년, 백 년 공부하는 것보다 낫습니다. 공부를 잘못하면 삐뚤어져버리지만, 이렇게 올바로 공부하면 자꾸 자성이 밝아지는 법입니다.

여섯째, '비록 인연을 따라 일어나도 악한 뿌리를 용납하지 말라(雖伴緣起 勿容惡根)'.

우리의 몸도 인연에 따라 일어나고 사업도 인연에 따라 일어나듯이, 모든 것이 인연에 따라 일어나는 법입니다. 하지만 이렇게 인연을 따라도 악한 뿌리는 용납하지 말자는 거예요. 나쁜 짓 하지 말자는 뜻입니다. 솔직히 우리 모두는 인연에 따라 법을 굴리지 않습니까? 이때 악한 뿌리를 심지 않는다면 무엇입니까? 바로 그 자리가 성인聖人입니다. 어디 성인이 별 건가요? 또 밉다 곱다, 너다 나다는 분별만 딱 여의면 그 자리가 부처인데, 이렇게 쉬운 부처를 왜 못하는 겁니까? 따라서 부처 되기가 가장 쉽고 성현 되기가 가장 쉽습니다. 자기 스스로 싫어서 안 할 따름이에요.

일곱째, '비록 무상無相을 종지로 삼더라도 덕을 심는 걸 게을리 하지 말라(雖宗無相 勿怠種德)'.

종지宗旨는 우리말로 마룻대입니다. 여러분의 인생을 굴릴 때 모습 없음(無相), 즉 텅 빈 걸 마룻대로 삼으란 뜻이에요. 하지만 이것도 비고 저것도 비어서 모든 것이 비었지만 중생을 상대로 세상을 엮어갈 때는 덕 심는 것을 게을리 하지 말아야 합니다. 우리가 덕을 심으면 이미 성현이에요. 이건 여러분의 마음 씀씀이 그대로 결정되는 겁니다. 덕을 심는 것이 마음 씀씀이란 걸 알았으면 그대로 행하면 됩니다.

여덟째, '비록 삼매에 들었어도 선상禪想을 세우지 말라(雖在三昧 勿立禪想)'.

우리가 본래의 해말쑥한 정신이 있으면 그 자리가 삼매입니다. 그리고 이 삼매가 있기 때문에 탐냄, 성냄, 어리석음도 일으키는 거예요. 그러나 지금 삼매에 들었다고 말하는 것은 우리가 참선을 하거나 선 공부를 할 때입니다. 이때 내가 참선을 한다는 생각을 세우지 말라는 거예요. 나는 이러이러하다는 것 자체가 이미 하나의 먹구름 아닙니까? 그만 이것도 놓고 저것도 놓자는 말입니다.

아홉째, '비록 지관止觀을 즐기더라도 영원히 적멸에 들지는 말라(雖欣止觀 勿入永滅)'.

'지관'은 적멸寂滅입니다. 본래의 그 자리는 전부 적멸이에요. 적멸에서 지금 이런 생각도 일으키고 저런 생각도 일으키는 겁니다. 말하자면 적멸을 좋아하더라도 영원히 적멸에 들어가지는 말라는 뜻이에요. 왜냐하면 다시 몸을 나투어야 하기 때문이죠. 세상에서 인연대로 이 색신을 굴리다가 불구덩이나 흙구덩이로 들어가지만, 그러나 어디 가서 나투든 다시 몸을 나투기 마련입니다. 사람으로 나투지 못하면 짐승으로도 나투고, 또 하늘로 가서 천인天人으로 나투기도 하며, 잘하면 부처님 몸으로도 나툽니다. 어쨌든 다시 몸을 나투는 법이기 때문에 영원히 적멸에 들어가지 말라는 겁니다. 영원히 적멸에 들어가면 무기공無記空이나 마찬가지가 되니까 잘 생각해보세요.

열째, '비록 생사를 쓰더라도 더러운 행은 하지 말라(雖用生死 勿爲汚行).
여러분은 태어나고 죽는 데 쓰인다고 생각하죠. 그러나 실제로 알고 보면 굉장한 사실인데, 우리에겐 생겨날 권리가 있고 죽을 권리가 있습니다. 물론 난다거나 죽는다는 게 물 위의 거품과 마찬가지지만 거품을 일으킬 수 있는 인연에 따라 일으킬 수 있는 특권을 갖고 있어요. 여러분은 늘 몸뚱이에 사로잡혀 있기 때문에 이런 말을 들으면 엉뚱한 말이라고 생각하겠지만, 어쨌든 우리는 나고 죽는 것을 쓸 줄 알아야 합니다.

 나고 죽는 것은 우리의 특권입니다. 우리는 날 권리도 있고 우리는 이 몸을 없앨 권리도 있어요. 꼭 불구덩이나 흙구덩이만 들어가서 없애는 것이 아니라 불구덩이나 흙구덩이에 들어가기 전에도 없앨 수 있습니다. 즉, 한 살 먹은 몸도 공기 중에 산화시키면서 없애고 또 열 살이나 스무 살 먹은 몸도 없애면서 계속 새로운 몸을 이루는 권리가 있어요. 권리가 없다면 누가 이걸 행합니까? 부처님이 행하나요, 하느님이 행하나요? 자기 스스로 하는 겁니다. 급기야 나중에는 이 몸을 몽땅 없애버리기 때문에 죽어도 내가 죽고 살아도 내가 산다고 말하는 겁니다.

 죽어도 내가 죽고 살아도 내가 살기 때문에 내 일은 내가 해야 된다는 이유가 여기 있어요. 내 일을 내가 하지 않으면 누가 하겠습니까? 부처님이 만 명 있은들 어찌 하겠습니까? 이건 부처님 말씀입니다. 따라서 우리가 생사를 쓰기는 쓰되 더러운 행을 하지 말자는 것은 생사에 쏠리지 말자는 뜻이에요.

 이상 십물계 열 가지를 말했습니다. 여러분은 이 십물계를 예사로 듣지 마세요. 이 열 가지를 경우에 따라 이렇게 쓸 땐 이렇게 하고 저렇게 쓸 땐 저렇게 해보세요. 참으로 말할 수 없는 재미가 쏟아져 나옵니다. 이건 절대 의심할 필요가 없어요. 지금 우리가 당면한 문제입니다. 당면한 문제이기 때문에 극락의 길도 내가 개척해서 가는 법이고, 지옥도 원하지는 않지만 마음 씀씀이를 잘못 갖는 바람에 내가 지어서 가는 거예요. 부처님이 이건 극락의 길이라고 하면서 보내고, 이건 지옥의 길이라고 하면서 보내는 법은 없습니다. 극락의 길도 내가 닦아서 내가 가고, 지옥의 길도 내가 닦아서 내가 가는 거예요. 이 십물계는 바로 극락의 길을 개척하는 법문입니다. 우리가 이 십물계의 도리를 알면 어찌 이걸 소홀히 보겠습니까?

따라서 일상생활을 할 때 항상 머리맡에 두고서 어떤 일을 할 때마다 한 번씩 이 십물계를 생각하고 실천하면, 그것이 바로 극락의 길을 닦는 게 아니겠습니까? 극락을 가도 다시 몸을 나투지 귀신이 되는 것은 아니에요. 전부 자기가 지어서 자기가 갖는 겁니다. 말하자면 스스로의 성품을 스스로가 제도해서 스스로가 부처를 이루는 겁니다. 아시겠죠? 그러므로 이 십물계를 허술히 생각하지 말고 아침에 일어나면 한번 읽어보세요. 그러다보면 자연히 몸에 배어서 모든 문제가 저절로 해결됩니다. 부디 잊지 말고 반드시 실천하세요.

깨달아도 깨달은 바가 없다

(본문)

오대산 지통선사(智通禪師: 스스로 대선불大禪佛이라 칭했음)가 귀종의 회상 아래에 있었는데, 문득 어느 날 밤 집을 순시하다가 외쳤다.

"나는 이미 크게 깨달았도다."

대중들이 그 소리를 듣고 놀랐다. 다음 날 귀종이 법당에 올라 대중을 모아 놓고 물었다.

"어제 크게 깨달은 중은 나오너라."

그러자 중이 나서서 말했다.

"지통이니다."

귀종이 말했다.

"그대는 어떤 도리를 보았기에 크게 깨달았다고 하였는가? 시험 삼아 말해 보라."

선사가 대답했다.

"비구니는 원래로 여자가 된 것입니다."

– 『선문염송요론』 13권 제510 사고師姑

도대체 어떤 도리를 보았기에 깨달았다고 하는지 묻자, 기껏 대답한다는 것이 "비구니는 원래 여자가 된 겁니다"라고 했습니다. 그만 그대로 진리라는 뜻이죠. 여자 몸을 나투었지만 여자 몸으로서 하나도 모자란 것도 없고 더한 것도 없이 그대로 진리입니다. 그런데 실로 이걸 알기가 어려워요. 알고서 그만 그대로라면 상관이 없는데 모르고 그만 그대로라면 죽은 거나 마찬가지입니다.

실제로 깨달았다고 하면 깨달은 것이 아무것도 없어요. 알고 보면 그만 그대로 진리입니다. 이 진리를 진리 그대로 안다는 것은 참말로 굉장한 일이에요. 인생관이 한 번 휙 뒤바뀌기 전에는 알아지는 것이 아닙니다. 지통 선사가 정말로 견처見處가 생겼다면 그때는 허공이 내려앉는 판이에요. "비구니는 원래 여자가 된 겁니다"는 사실상 말도 안 되는 표현이지만, 그러나 지통 선사의 분수로는 그렇게 말할 수 있습니다. 왜냐하면 뭐 하나라도 걷어잡지 않으면 얘기가 되지 않으니까요. 그래서 말 같지도 않은 아주 예사로운 말이지만 오묘한 뜻을 표현한 뭔가가 있는데, 바로 이 광경을 난 '허공이 내려앉았다'고 표현해도 좋다고 생각합니다.

그럼 빛깔도 소리도 냄새도 없는 허공이 내려앉을 수가 있겠습니까? 말도 되지 않죠. 그러나 말마디(言句)에 말의 뜻이 있는 것이 아니라 말마디 밖에 말의 뜻이 있습니다. 그래서 말마디를 걷어잡을지언정 말마디 밖의 뜻을 알아야 한다고 하는 거예요. 사실 말을 붙여볼 도리가 없기 때문에 "비구니는 원래 여자가 된 겁니다"나 "허공이 내려앉는다"는 말도 나오는 겁니다. 말 밖의 소식이기 때문에 그런 거예요. 또 말 밖의 소식이기 때문에 공부하는 사람들은 입을 봉하는 겁니다. 이거 아주 깊이 알아야 해요.

아울러 깨달았다고 해서 다른 것이 있는 게 아닙니다. 깨달았다고 해서 가로로 붙은 눈이 세로로 붙거나 세로로 붙은 코가 가로로 붙는 건 아니거든요. 사실 그대로가 진리의 나툼이고, 삼라만상 그대로 절대성의 굴림새입니다. 자기 분수대로, 또 자기 지견대로 이리저리 모습을 굴리는 것은 천차만별의 인연 관계인데, 이 인연도 자기 자신이 만든 거라서 그만 그대로 진리에요. 그러니 어제 보는 허공이나 오늘 보는 허공이나 한가지입니다.

가령 견성見性을 한들 아무것도 별난 게 없어요. 되돌아서 돌을 돌로 보고 물을 물로 보는 겁니다. 물론 되돌아서 볼 때는 문제가 달라요. 무엇이 다를까요? 그 느낌이 다릅니다. 그러니 강 위에 배 띄워놓고 술 한잔 먹지 않을 수가 없어요(아주 좋다는 뜻입니다). 그런데 공부하는 사람들도 대체로 몸 밖에서 딴 걸 찾는데―주로 신통 같은 걸 찾는데―그건 하나의 요술이지 정도正道는 아닙니다. 물론 원래 그 당처를 완전히 알아서 푹 익혀놓으면 신통이 나오지 않는 것도 아니죠.

내가 지금 손으로 이 물건을 갖고 있는데, 이것도 신통입니다. 다만 신통인 줄 모를 따름이에요. 내가 배고플 때 밥을 먹는 것도 하나의 신통인데, 그게 신통인 줄 모를 뿐입니다. 그렇다면 우리는 신통을 그대로 쓰고 있으면서도, 진리 그대로 굴리고 있으면서도 그걸 모를 따름이에요. 허나 진리 그대로라는 걸 딱 깨달았다고 해도 깨달은 바가 없습니다. 깨달아보았자 별 게 아니고 그만 그대로에요. 다만 그만 그대로 마음대로 신통을 부리고 있다는 사실을 새삼 느끼게 되는 겁니다. 솔직히 우리가 걸어다니는 것도 신통 아닙니까? 이 몸은 자체성이 없는데도 빛깔도 소리도 냄새도 없는 자리가 그 느낌 여하에 따라서 가기도 하고 오기도 하고 앉기도 하고 눕기도 하고 원고도 쓰고 일도 하고 밥도 하면서 굴리잖아요? 그렇다면 이런 신통 말고 또 무슨 신통을 구하겠다는 겁니까?

하지만 사람들은 이것이 예사롭기 때문에 그만 예사로 알아버려요. 그래서 공부하는 사람들도 몸 밖에서 다른 걸 찾고 있습니다. 반면에 되돌아 인정하는 것이 견성見性입니다. 견성을 해봤자 깨친 것은 없어요. 뭔가 깨친 것이 따로 있다면 그건 사도邪道입니다. 부처님께서 대오大悟를 하신 건 바로 이 점을 대오하신 거예요. 견성이란 사실을 사실대로 아는 겁니다. 그래서 예전에 서울에서 누군가가 불법이 무엇인지 물었을 때 "사실을 사실대로 알아서 사실대로 행하는 것"이라고 대답했어요. 이처럼 깨달아도 깨달은 바가 없는 도리를 알면 이것이 최초의 기쁨이요 최대의 기쁨이요 최상의 기쁨이요 최종의 기쁨입니다.

기미

(본문)

세존께서 샛별을 보고 도를 깨치셨다. 게송에서 말하였다.

"별을 보고 도를 깨달으니 깨달은 뒤엔 별이 아니로다. 물건을 쫓지도 않지만 무정물도 아니네."

― 『선문염송요론』 1권 제3 견명성오도見明星悟道

(강론)

보리수인가 서늘거리더니(菩提樹也凉)

문득 보이는구나, 새벽별은 귀먹음인 양(忽見曉星聾)

한 기미는 영특스리 밝은 세계런가(一幾靈明界)

유쾌하도다, 다른 집이 아닐러라(快哉非他家)

한 기미는 영특스리 밝은 세계(一幾靈明界)라고 했듯이, 여러분은 하나의 기미機微를 다 갖고 있습니다. 경우에 따라 하나의 마음이라고도 하죠. 이 자리가 있기 때문에 공부도 하는 것 아닙니까? 부처님께서 보리수 아래서 하나의 기미가 영특스리 밝았다고 한 것은 말하자면 온 누리가 하나의 기미란 걸 알았다는 뜻입니다.

하지만 우리가 말을 기미라고 해서 그렇지 사실 기미가 어디 있습니까. 그렇다고 없다는 것도 물론 아니죠. 있기 때문에 산도 있고 짐승도 있고 나무도 물도 산도 있는 것 아닙니까? 하나의 기미에서 다 벌어진 거예요. 이 기미가 있기 때문에 여러분의 몸뚱이도 굴리고 다니는데, 잘나면 잘난 대로 못나면 못난 대로 인연 관계가 이루어지지만 그 기미는 꼭 같아요. 부처님께서는 새벽별을 계기로 삼아서 '아! 이것이다!' 하고 하나의 기미를 깨달았습니다.

하지만 새벽별 자체가 오도悟道는 아니에요. 마치 원효 대사가 해골바가지의 물을 마시다가 오도를 했지만 해골바가지의 물 자체가 오도는 아닌 것과 같습니다. 사실 그대로 별이지만, 그 반짝임이 육 년 동안이나 앉아 있던 그 하나의 기미에 탁 하니 부딪쳤습니다. 부딪치면서 뭔가가 걸렸단 말이에요. 물론 부처님도 권도로써 새벽별을 보고 깨쳤다고 했지만, 어쨌든 새벽별을 계기로 깨닫고 보니 바로 온 우주가 하나의 기미란 겁니다.

그러나 부처님이나 그렇게 깨닫지 우리 같은 사람은 할 수 없다고 생각한다면, 그런 생각 또한 하나의 망상입니다. 부처님의 기미 자리와 여러분의 기미 자리가 조금도 다르지 않기 때문이에요. 부처님의 기미 그 자리도 빛깔도 소리도 냄새도 없고, 여러분이 갖고 있는 기미도 빛깔도 소리도 냄새도 없거든요. 그럼 부처님은 어떻게 탁 하고 깨달았는가? 부처님은 망상이 없기 때문입니다. 반면에 우리는 망상이 있죠. 잘났다 못났다, 이렇다 저렇다, 밉다 곱다 등등 온갖 망상이 일어나지만, 그 망상 역시 기미에서 일어나는 겁니다.

다만 망상에 쏠리지 않고 그 당처가 비어서 찾으려 해도 찾지 못한다는 도리를 알면 부처님의 기미와 여러분의 기미가 똑같습니다. 반면에 망상을 자꾸 일으키면 스스로 망상 속으로 들어갈 뿐 아니라 들어가는 줄 알면서도 깨닫지 못해요. 깨닫지 못하기 때문에 망상의 당처가 비었다는 말을 들어도 이놈의 망상이 자꾸 일어난단 말입니다. 그래서 부처님은 온 누리가 하나의 기미라는 걸 탁 믿지만 중생들은 그렇지 못해서 자꾸 딴 생각이 나기 때문에 이놈이 도대체 폭발하려야 폭발할 수가 없어요.

여러분이 하나의 기미에서 산하대지가 나오고 몸뚱이도 나툰다는 걸 알아버리면 더 이상 설법 들을 필요가 없습니다. 하나의 기미가 영특스리 밝은 세계임을 아는 것이 대오(大悟)에요. 바로 온 누리가 하나의 지도리(樞)이고, 지도리가 하나이니 목숨도 하나란 말입니다. 깨닫고 보니 남의 집이 아니고 전부 내 집이에요. 이 기미는 나툴 때는 나투고 안 나툴 때는 안 나투며, 알라치면 알고 모를라치면 모르고, 착할라치면 착하고 악할라치면 악하고, 망심을 일으킬라치면 일으키고 일으키지 않을라치면 일으키지 않아서 마음대로 합니다. 이 여러분의 기미는 허공처럼 빛깔도 소리도 냄새도 없는 자리라서 억 년 전의 기미나 억년 후의 기미나 똑같아요. 하지만 기미를 느끼지 못하는 이유는 변화하는 이 몸뚱이 때문입니다. 몸뚱이는 시간과 공간이 들어붙어 있어서 어릴 때가 있고 청년 시절이 있고 노년기가 있다가 결국은 죽거든요. 이 몸뚱이에 자꾸 들어붙기 때문에 하나의 기미가 생사를 좌우해서 낳을라치면 낳고 죽을라치면 죽으면서도 생사가 없다는 걸 깨닫지 못하는 겁니다. 망상에 억눌려서 본래 갖고 있는 기미를 그만…… 부모와 자식을 비롯해 갖가지 걸리는 것이 뜬구름처럼 실답지 않은 것임을 알면 그대로 확 기미가 납득이 가는데, 그만 실답다고 생각하기 때문에 좀처럼 풀리지 않는 거예요.

어쨌든 "한 기미란 영특스런 세계(一機靈明界)"를 여러분의 살림살이로 아시고 이번 기회에 결정을 하십시오.

(강론) 운문언이 말했다.
"여래께서 샛별이 나타날 때에 도를 이루셨느니라."
어떤 중이 물었다.
"어떤 것이 샛별이 나타날 때에 도를 이룸이니까?"
그러자 운문언 노장이 말했다.
"가까이 오너라."
중이 앞으로 다가서자 운문언이 주장자로 때려서 쫓아냈다.

샛별이 나타날 때에 도를 이루는 것이 어떠한 경계입니까? 이 경계가 말로 됩니까? 세존도 말 못합니다. 만일 말을 해서 그 말을 걷어잡으면 그 말 자체가 틀려버려요. 비슷하게 말할 수밖에 없기 때문에 가까이 오라고 해서 때린 겁니다. 이게 무슨 소식입니까? 말마디로는 표현할 자리가 못 돼요. 왜냐하면 말마디는 이미 하나의 모습이기 때문입니다. 단지 세존께서 수행을 하다가 그만 사량분별이 끊어졌는데, 어느 날 샛별을 보다가 뭔가를 느꼈어요. 샛별이 어떤 계기가 됐습니다.

바로 이 별을 보고 깨달을 때의 상황을 이 승려가 말해달라고 물은 겁니다. 학인學人으로서 당연히 물을 수 있는 말이에요. 또 그래서 운문 선사가 때린 겁니다. 때린 것을 여러분은 어떻게 생각합니까? 때린 것이 큰 설법입니다. 운문 선사가 하나의 충격을 가함으로써 크게 자비를 베푼 거예요. 그럼 때린 소식은 무엇이겠습니까? 때린 것이 좋든 나쁘든 하나의 생각, 하나의 느낌이 확 올라올 겁니다. 이 확 올라오는 느낌을 어떻게 지견으로 말하겠습니까? 지견으로 말할 수가 없어요. 설사 지견으로 말을 해봤자 통하지를 않습니다. 그 말마디로는 확 올라오는 그 순간의 느낌을 대표하지 못해요. 그렇다면 이 느낌의 자리는 모든 지견이 딱 떨어진 곳이라고 볼 수 있습니다. 어떤 지견도 없고 하나의 티끌도 묻지 않은 한 생각뿐이에요. 바로 이 하나의 생각, 하나의 느낌을 딱 잡는 겁니다. 여기서는 정견이니 사견이니, 중생이니 부처니 하는 것이 전부 티끌이에요. 이 자리가 하나의 기미로서 영특스런 세계인데, 여러분 누구나 갖고 있습니다.

오늘 저녁 누구나 기미의 주인공입니다.

죄의 성품

(본문)

영산회상에 있던 오백 명의 비구가 숙명통宿命通이 열려서 각기 과거에 부모를 죽인 죄를 보고 저마다 의심을 품다가 깊고 깊은 법에 능히 깨달아 들지(證入) 못했다…….

- 『선문염송요론』 2권 제31 악검握劍

빛깔도 소리도 냄새도 없는 우리의 슬기 자리는 이 지구가 생기기 전에, 이 태양계가 생기기 전에도 몸을 나투었습니다. 이 넓은 허공에 수많은 세계가 있거든요. 물론 이 지구 위에 태어난 대부분의 성인들은 이 하늘과 땅을 전부로 알았지만, 실제로는 무한한 세계가 있는 것 아닙니까? 그러니까 우리는 어느 세계라도 몸을 나투었어요. 또 이 지구에도 숱한 몸을 나투었습니다. 몸을 나투어서 서로가 서로를 잡아먹었죠. 소나 바다의 물고기, 날아다니는 파리 등 어느 하나 내 부모 아니었던 것이 없어요. 우리가 이 몸만을 '나'라고 딱 들어앉았기 때문에 몰라서 그렇지 우리의 법신으로 보면 사람의 몸도 나투고 천상에도 몸을 나투고 축생의 몸도 받았습니다. 그러나 그 뿌리는 하나죠. '하나'가 그토록 다양하게 나투는 겁니다.

이처럼 축생의 몸도 나투고 사람의 몸도 나투면서 서로 죽이고 살리고 했으니 전부가 관련성이 있습니다. 오백 명의 비구들이 숙명통을 통해서 보자 여기도 내 부모를 죽이고 저기도 내 부모를 죽였어요. 이로 인해 오백 명의 비구는 대도에 들어가지 못했습니다. 그렇다면 그들은 무엇에 막혀서 대도에 들어가지 못했을까요? 숙명통까지 했다면 공부가 굉장히 잘된 사람들인데요. 하지만 어딘가 모자란 점, 잘못된 점이 있습니다. 어디가 잘못되었죠? 바로 부모를 죽인 죄라고 했기 때문입니다. 오백 명의 비구들이 전부 서로 서로가 부모를 죽인 죄를 갖고 있거든요. 이들은 죄의 성품이 빈 줄을 몰랐습니다. 죄의 성품이 빈 줄 알았다면 그만 대도로 들어갈 수 있었지만, 죄의 성품이 빈 줄 모르기 때문에 부처는 어떻다, 법은 어떻다 하는 견해가 생겼는데, 이게 전부 모습놀이에요.

　이렇게 갖가지 견해가 생겨나면 인과법이 살아납니다. 하지만 인과법도 그 당처는 비었어요. 그렇다면 죄의 성품도 빈 겁니다. 어찌하여 죄의 성품이 비었습니까? 언제 어디서 이러저러하여 내가 죄를 지었다는 하나의 여김(念)뿐이지 죄의 실체가 있지 않기 때문입니다. 실체가 있지 않은데 내가 그렇게 생각할 따름이에요(물론 이 말이 죄를 지으란 뜻은 아니에요). 이 때문에 딱 깨놓고 하는 말로 마음속으로 번뇌 망상을 일으키는 법이 아닙니다. 번뇌 망상이 진짜인 것 같지만 찾으려면 찾아내지 못해요. 괜히 내가 그렇게 생각했을 따름이기 때문에 생각하지 않으면 그만 없는 겁니다. 죄도 마찬가지에요. 내가 어디서 사람을 죽였거나 남을 때려서 죄를 지었구나 하는 것도 역시 하나의 여김(念)놀이입니다. 여김(念)하지 않으면 없는 거예요.

　공부하는 사람이라면 바로 이 죄의 성품이 비었다는 것부터 우선 알아야 합니다. 이걸 모르면 만 년 공부해도 되지 않아요. 오백 명의 비구도 이 성품이 비었음을 모르고 죄를 지었다는 여김에 들어앉아서 꼼짝달싹 못한 겁니다. 그래서 죄의 성품이 빈자리는 해말쑥한 자리인데 그 해말쑥한 자리를 들어가지 못했어요. '내 부모를 죽인 죄가 있다'는 생각에 딱 가로막혀서 텅 빈 이 자리를 찾아내지 못한 겁니다. 만약 죄의 성품이 빈 줄 모른다면 그때는 인과법이 살아나는 거예요. '누구 누구가 내 부모를 죽였다'는 것이 벌써 인과관계입니다. 이 때문에 인과에 집착을 하면 설사 그 당처가 비었다 할지라도 있는 것처럼 되기 때문에 삼악도三惡道를 윤회하는 겁니다.

그러나 인과법도 비었고 갖가지 지견도 다 비었음을 안다면 윤회가 어디 있나요? 윤회가 붙을 자리가 없습니다. 천당이나 지옥이 어디 있나요? 천당이나 지옥이 붙을 자리가 없습니다. 천당이나 지옥도 전부 인과법이거든요. 남자다 여자다, 늙었다 젊었다, 좋다 나쁘다 등도 전부 인과법입니다. 우리가 공부하는 것은 바로 인과법의 당처가 텅 비어 있다는 사실을 알기 위한 거예요. 인과법은 나타났다 없어졌다, 낳았다 죽었다, 밉다 좋다 등등 온갖 법으로 나타납니다.

그럼 어떻게 해야 인과법의 당처가 비었음을 알 수 있을까요? 인과법에 집착하지 말아야 합니다. 그런데 이게 말은 쉽지만 참 어려워요. 어쨌든 대부분 '나'와 '너'를 세우기 때문에 참으로 뛰쳐난 사람이 아니면 모릅니다. 설법을 들을 때는 '아, 그렇지' 하면서도 문만 나가면 인과법에 들어앉아버려요. 하나의 여김에 들어앉아버립니다. 그러니 내가 누구를 위해 이 설법을 해야 합니까. 그러나 부처님 당시에도 설법을 알아듣지 못해서 회상會上을 떠난 비구들이 있었습니다. 부처님이 얼마나 가슴이 아팠겠어요? 또 가는 것도 좋아요. 지금까지 안 것은 어떻게 하고 가느냐 말입니다. 여러분 생각해보세요. 더 들을 필요가 없어서 간다면, 지금까지 안 것은—많이 알든 적게 알든—어떻게 하고 가느냐 말예요. 그럼 거기에 대한…… 에이, 중생이란 참 미련한 겁니다. 참 미련한 거예요.

당처가 비었다는 사실을 알자는 것은 허공을 알자는 겁니다. 나무나 돌, 지구, 태양을 비롯해서 좋다 나쁘다, 밉다 곱다 하는 생각까지 어느 것 하나 허공성 아닌 게 없어요. 그러나 허공이 비었다고 해도 영 없는 걸 뜻하는 것이 아니라 빛깔도 소리도 냄새도 없기 때문에 비었다고 말하는 겁니다. 지금 죄의 성품이 비었다고 해서 죄를 지으란 말이 아니에요. 왜냐하면 죄의 성품이 빈 줄 모르고 죄를 그대로 인정하면 이놈이 날개가 돋아서 삼도지옥을 감도는 법이기 때문입니다. 전부 생각 나름이기 때문에 생각에서 몸도 나투고, 생각이 있기 때문에 어디를 가기도 하고, 생각이 있기 때문에 밥도 먹는 것이고, 생각이 있기 때문에 돈벌이도 하고 그러거든요. 실제론 비었는데도 있는 것처럼 생각하는 바람에 고통을 당하는 겁니다.

반면에 성품이 빈 줄 알아서 부처의 소견이든 법의 소견이든 세우지 않으면 인과법이 그대로 녹아버려요. 자, 그럼 인과법이 녹아나는 자리에 여러분이 그대로 우뚝하게 있으면, 즉 그 여김이 우뚝하게 그대로 있다면 어떻게 되죠? 삼천대천세계를 마음대로 하지 않겠습니까? 이건 말하기는 쉬워도 실행하기는 좀 어렵지만, 여러분이 그 여김을 항상 놓치지 않고 그대로 죽 지니면 지혜가 저절로 생깁니다.

원각 圓覺

(본문)

『원각경圓覺經』에서 말했다.

"일체 중생의 갖가지 환화幻化가 다 여래의 원각묘심圓覺妙心에서 나왔느니라."

투자청投子青이 이 이야기를 듣고서 말했다.

"산승의 주장자는 거기서 나오지 않았느니라. 무슨 까닭인가? 만약 그 가운데로부터 나왔다면 어찌 산승의 손아귀 안에 있겠는가? 모든 선덕禪德들이여, 만약 난 곳을 안다면 부처와 조사가 모든 사람의 발꿈치 밑에서 목숨을 구걸하겠지만, 만약 알지 못한다면 산승은 부득이 모든 사람에게 설파說破하리라."

그러고는 주장자를 던져버렸다.

− 『선문염송요론』 2권 제45 원각圓覺

'갖가지 환화幻化'에는 작게는 나무나 돌에서부터 크게는 태양과 지구, 그리고 우리의 망령된 생각까지 다 들어가는 겁니다. 부처님께서는 이 환화가 "여래의 원각묘심에서 나왔다"고 딱 단정을 해서 말씀하셨는데, 그러나 투자청은 "내 주장자는 거기서 나오지 않았다"고 하였으니, 도대체 이것이 어떻게 된 말인지 생각해야 합니다.

투자청은 말로 나온 원각묘심은 설사 부처님 말씀이라도 하나의 이름자(名字), 즉 말마디(言句)에 지나지 못하다고 생각한 겁니다. 말하자면 말마디로서인 원각묘심에서 내 주장자가 나온 게 아니라는 뜻이죠. 사실 진리니 무엇이니 하는 게 전부 말마디 아닙니까. 사실 올바른 선지식을 만나지 못하면 말마디 자체를 옳은 법으로 여겨서 팔만대장경을 줄줄 외우지만 결국 지견知見에 불과합니다. 하지만 부처님이 원각묘심이라고 말씀하신 것은 원각묘심이란 말마디를 위한 것이 아니라 그 말마디를 걷어잡고 알맹이를 가리키기 위한 거예요. 그 알맹이는 부처님도 어찌해볼 도리가 없습니다. 따라서 투자청이 주장자를 던져버린 것은 원각묘심을 비롯한 모든 명자名字를 방하착하란 거예요. 주장자라고 하면 하나의 종지인데 그 종지까지 던져버렸습니다. 투자청은 바로 주장자까지 던져버린 그 자리에서 답하는 겁니다.

이걸 모르면 공부가 되지 않습니다. 말마디, 즉 관념으로는 공부가 되지 않아요. 불법은 참으로 관념이 아니라 어디까지나 사실입니다. 예전에 내가 이런 게송을 지은 적이 있습니다.

저 허공을 낚아채어 작은 입을 마련하고(虛空作小口)

한 잔에다 또 한 잔에 다시 한 잔 겹쳤을새(一杯復一杯)

취해옴에 흥겨워라 강산에는 달이러니(醉來江山月)

나의 부처 껴안고 다리 펴서 누우리라(抱佛長脚臥)

그런데 자리에 같이 있던 분께서—불법을 오래 공부한 분입니다—게송을 보더니 다른 건 말하지 않고 "부처를 껴안고 다리 펴서 누웠노라"를 두고 세상에 그런 법이 어디 있냐고 말해요. 말하자면 부처에 관한 어떤 관념적인 상(像)이 있고 우리는 거기에 의지해야 한다는 식입니다. 그래서 내가 "아하, 이 양반이 관념으로 불교 공부를 하는구나"라고 느꼈어요. 내가 부처인데 부처를 껴안지 않고 누구하고 잔단 말입니까. 이거 사실입니다. 빛깔도 소리도 냄새도 없을지언정 내 부처 내가 끼고 자는 거예요. 여기서 관념으로 공부하는 사람과 진짜로 과학적으로 사리를 따져서 공부하는 사람과는 하늘과 땅의 차이가 있다고 생각합니다. 또 불법은 과학을 초월했으니 과학이란 말을 쓰지 말라는 충고도 받았어요. 그 말이 맞긴 맞습니다. 하지만 얘기를 하려면 과학적이란 말을 쓰지 않을 수 없어요. 까딱하면 관념이 되기 때문입니다. 나중에는 그 사람들도 과학이란 말을 쓰던데…….

어리석은 사람들은 환(幻; 꼭두)을 알지 못합니다. 꼭두를 알지 못해서 관념적으로 믿는 사람들은 꼭두 위에 또 꼭두이고, 그 위에 또 꼭두이고…… 관념으로 믿었기 때문에 곳곳에서 환(幻)이 또 환을 치고, 환이 또 환을 치고, 환이 또 환을 치고…… 우리나라 사람들 구십구 퍼센트가 관념으로 믿고 있어요. 높은 스님들이야 그렇지 않겠지만,

정말이지 바탕을 모르면 관념으로 믿을 수밖에 없습니다. 또 밥은 먹어야 되겠지, 절은 유지해야겠지…… 관념으로 하지 않을 수 없을 거예요. 하지만 거기에 따라 놀아나는 사람들은 어찌할 겁니까? 참말로 문제가 큽니다. 문제가 커요.

자, 이 공안에 대해 다른 선사는 이렇게 말하고 있습니다.

(본문) 회당심晦堂心이 이 이야기를 듣고서 말했다.
"삼세의 모든 부처도 이 꼭두요, 일대장경도 이 꼭두요, 달마가 서쪽에서 온 것도 이 꼭두요, 천하의 노화상들과 이어서 하늘, 땅, 해, 달, 별에 이르기까지 이 꼭두 아님이 없는데, 어떤 것이 이 묘한 마음인고?"
그러고는 양구良久했다가 말했다.
"원앙새 수놓은 것은 보여주지만 금바늘일랑 남에게 주지 못하느니라."

(강론) 이것이 꼭두이니 저것도 꼭두이네
저것이 꼭두이니 이것이 꼭두 아니랴.
꼭두는 꼭두를 들내 보이지만
꼭두가 아닌 금바늘은 못 들내 보이네.

산하대지가 법성신의 광영光影으로서 꼭두인데, 장엄불토인들 어찌 법성신의 광영으로서 꼭두 아니랴…… 한마디 일러보라. 법성신은 무엇인고. 바로 원앙을 수놓은 금바늘이니라. 히!

기가 막히지 않습니까. 관념으로 공부하는 분들은 몸이 벌벌 떨립니다. 이 설법은 지식인에게 하는 거예요. 한 고비 넘은 사람들에게 하는 겁니다.

회당심은 부처도 꼭두라고 했습니다. 사실 32상相 80종호種好가 실답지 않은 거예요. 실답지 않기 때문에 돌아가셨다 말입니다. 또 실답지 않기 때문에 부처님의 지위쯤 되면 천千으로 만萬으로 몸을 나툽니다. 그러니 환幻 아닙니까? 또 팔만대장경도 환이라고 했어요. 어째서 꼭두각시, 즉 환幻이죠? 여러분, 부처님은 중생을 제도하기 위해서 이 사람에겐 이 말 하고 저 사람에겐 저 말 했습니다. 그 사람의 근기에 따라, 처소에 따라, 인연에 따라 말씀이 전부 달라요. 이는 깨달음으로 인도하기 위한 말씀이지 말씀 자체가 도는 아닙니다. 알맹이는 그 말씀 밖에 따로 있어요. 그렇다면 환 아닙니까?

그럼 내 말은? 내 말도 환 아닙니까? 내가 지금 여러분에게 얘기를 하더라도 내 뜻은 내 말에 있지 않습니다. 그 알맹이는 내 말마디 밖에 있어요. 그러니 내 말이 귀에 들어가는 것이 어찌 환이 아니겠습니까? 심지어 달마대사가 서쪽에서 오신 이 소식도 환입니다. 결국 허공중에 벌어진 모든 법은 법이지만 다 환법이에요. 꼭두각시의 법입니다.

그 다음 양구良久는 무엇입니까? 벌써 양구 자체가 하늘과 땅을 앞한 소식입니다. 양구는 말하고 말하지 않고를 뛰어넘은 자리에요. 양구란 말마디가 있지만 입에서 말은 나오지 않았으니 말하는 것도 말하지 않는 것도 뛰어넘은 자리. 그 자리가 양구입니다. 그래서 양구를 한 다음에 수놓은 건 보여주어도 금바늘은 보여주지 않는 겁니다. 보여주지 않는 게 아니라 보여주지 못하는 거예요. 금바늘은 빛깔도 소리도 냄새도 없는 그 자리인데, 그 자리를 어떻게 보여준단 말입니까.

오늘 저녁 이 공안에서 원각묘심은 그야말로 말마디를 떠난 자리의 원각묘심이란 걸 알 수 있습니다. 부처님께서는 말마디를 굴려서 원각묘심이라고 말씀하셨지만, 투자청은 원각묘심이란 그 말마디를 빌어서 그 말마디 밖의 원각묘심을 말씀한 거예요. 벌써 원각묘심이란 그 말마디를 탁 치고 들어가면서 원각묘심이란 말마디가 끊어진 자리를 드러내려고 주장자를 획 던져버렸습니다. 이렇게 부처님도 꼭두, 팔만대장경도 꼭두, 조사가 서쪽에서 오신 뜻도 꼭두라고 하면서 이것도 치고 저것도 치고 일체를 다 쳐버렸어요. 일체를 다 쳤는데 뭐가 하나 있는지 말해보세요.

"원각묘심입니다."

좋아. 그렇게 말할 도리밖에 없어요. 아시겠죠? 오늘 저녁, 이 설법에서는 넘어야 할 고개를 지금 넘고 있어요. 그렇게 되면 여러분이 많이 달라질 거라고 생각합니다.

벽오동

백봉선시집

청산에 백운이 걸렸으니 시심詩心이 움직이고, 녹수에 명월이 잠겼으니 시심이 움직인다. 봄에 씨를 뿌림도 시심을 뿌리는 것이요, 가을에 열매를 거둠도 시심을 거두는 것이 아니던가.

이렇듯이 생노병사와 길흉화복으로 엮어지는 세간살이를 걷어잡고 초세간사의 입처立處에서 선악과 도의를 설하고 철학과 종교를 논하는 것 하나하나가 다 시심의 발로로 본다면, 이 또한 이대로의 훌륭한 인생놀이니 우선 좋다고도 이르겠다.

그러나 여기에는 하늘과 땅을 앞한 시심이 있다. 무엇인가. 선을 굴려서 악을 만드니 그 악으로 하여금 성현을 가르치고, 악을 굴려서 선을 만드니 그 선으로 하여금 중생을 건지는 버젓한 소식이 있으니, 이 바로가 시심의 발동이 아니랴.

어이할손 이에 천당을 한 주먹으로 때려 지옥을 만드니 문수가 노래를 부르는 인연이요, 지옥을 한 발로 차서 천당을 만드니 보현이 춤을 추는 시절이 아니던가.

어즈버야, 시심의 발동이로다. 옛날 어중이떠중이들이 달마대사가 서쪽에서 오신 뜻을 물을새 어떤 머저리 선사는 판대기 이에서 털이 났느니라 했는가 하면 또한 뜰 앞에 잣나무니라 하였다는 것이다. 머저리치고는 상머저리인지라 가도 가도 끝이 없이 당기면 늘어지고 놓으면 오그라드는 머저리의 행각임에 틀림이 없는데야 어찌하리요.

여기에서도 문수와 보현은 넌지시 고개를 돌려서 머저리의 행각을 살피고 싱긋이 웃으니 생각해보라. 어중이떠중이는 어중이떠중이며 머저리 선사는 참으로 머저리 선사일까. 알고 보면 이 또한 시심의 발동이라 하겠다.

나는 비록 사바세계에 색상신을 받았을지언정 본래의 소식인 시심을 날려서 가름할 바 못 되는 누리의 도리를 가름하여본다. 좋다! 눈이라는 기관을 두어서 보니 굉장한 존재요, 귀라는 기관을 두어서 들으니 굉장한 존재요, 입이라는 기관을 두어서 의사를 전하니 굉장한 존재라기보다 바로 시방을 꿰뚫는 누리의 주인공이 아니던가.

그렇기에 나는 되돌아 이미 태허 중에 뿌리어놓은 온갖 인연의 씨를 되새기면서 생각대로의 말귀를 끌어모아 한 가닥씩의 여김을 나투어본 것을 어쩐 일로 도반들은 선시라고 부르기도 한다니 나는 그저 따를 뿐이다.

-『백봉선시집』머리말

청산에 백운이 걸렸으니 시심詩心이 움직이고, 녹수에 명월이 잠겼으니 시심이 움직인다. 봄에 씨를 뿌림도 시심을 뿌리는 것이요, 가을에 열매를 거둠도 시심을 거두는 것이 아니던가.

이렇듯이 생노병사와 길흉화복으로 엮어지는 세간살이를 걷어잡고 초세간사의 입처立處에서 선악과 도의를 설하고 철학과 종교를 논하는 것 하나하나가 다 시심의 발로로 본다면, 이 또한 이대로의 훌륭한 인생놀이니 우선 좋다고도 이르겠다.

내가 이 선시집을 낼 때 『벽오동』이라고 이름을 붙였어요. 처음에는 『성불송成佛頌』이라고 했다가 나중에 『벽오동』이라고 했죠. 어째서 벽오동이라고 지었느냐면, 벽오동나무가 땅을 가리지 않고 그대로 잘 자라서 벽오동이라고 지었어요. 오늘은 머리말부터 한번 읽어보겠습니다.

'시심'이란 건 시의 마음이기 때문에 그 입처立處를 단단히 알아야 해요. 나중에 화두를 가졌을 때 그 입처를 모르고 말마디(言句)만 걷어잡다간 화두는 절대로 깨지지 않습니다.

이 책이 시심입니다. 이 책이 시로 되어 있거든요. 시심이라면 절대성 자리의 작용 아닙니까? 시심을 바탕으로 한 그 입처에서는 이렇게 말할 수 있는 겁니다. 그리고 시심을 움직이는 것은 인생놀이에요. 우리가 일상생활에서 친구를 대한다든지, 화두를 가져서 공부를 한다든지, 또 동적動的으로 일을 하면서 화두를 생각한다든지 전부 인생놀이입니다.

그러나 여기에는 하늘과 땅을 앞한 시심이 있다.

무엇인가.

선을 굴려서 악을 만드니 그 악으로 하여금 성현을 가르치고, 악을 굴려서 선을 만드니 그 선으로 하여금 중생을 건지는 버젓한 소식이 있으니, 이 바로가 시심의 발동이 아니랴.

어려운 문제가 나왔습니다. 선을 굴려서 악을 만든다는 건 우리 불교계에서 할 수 있는 말이에요. 선을 굴려서 악을 만들어 성현을 가르친단 말입니다. 과거에 성현들이 많은데 이 사람들을 가르쳐야 해요. 왜 그렇겠습니까? 이분들이 전부 좋은 말만 했는데, 무엇보다도 선과 악을 완전히 두 개로 보고 있기 때문이에요. 이거 여러분들 알아야 합니다. 그렇다고 해서 악한 일 하자는 말도 아니에요. 선의 성품과 악의 성품은 동일합니다. 이 선의 성품과 악의 성품이 동일한 줄 알고 쓴다면, 선이라고 해서 무슨 상관 있으며 악이라고 해서 무슨 상관 있느냐 이 말이에요.

악을 굴려서 선을 만들거나 선을 굴려서 악을 만들거나 아무 상관이 없는 겁니다. 공부하는 사람들은 이 말을 깊이 알아들어야 해요. 결코 선과 악의 성품을 두 가지로 보지 말아야 합니다. 다시 말해서 남자와 여자를 둘로 보지 말아야 해요. 물론 둘은 둘이지만 그 성품 자리는 꼭 하나입니다. 우리는 지금 이 성품 자리, 즉 이적理的인 자리를 추구하고 있지 사적事的인 면을 추구하고 있지 않아요. 여러분들이 지금은 알아들을 만하니까 이런 말도 하는 겁니다. 그러니 여러분 단단히 이 대목을 알아야 해요.

　사실상 "선을 굴려서 악을 만드니 그 악으로 하여금 성현을 가르치고, 악을 굴려서 선을 만드니 그 선으로 하여금 중생을 건질 수 있어야" 비로소 알았다고 하지 그렇지 않으면 알았다고 할 수 없습니다. 이렇게 하지 못하면 천당과 지옥을 스스로 만들지 못해요. 실제로 천당이든 지옥이든 전부 내가 만드는 것 아닙니까? 그걸 의타적으로 남이 만들었다고 생각한다면, 부처님이 만들었나요 하느님이 만들었나요? 말이 됩니까! 천당이든 지옥이든 전부 자기가 만들고 자기가 들어갑니다. '하나의 완전한 사람'이 되지 못하면 이 말을 이해하지 못해요.

　모든 성현들이 선과 악을 두 가지로 보았지만, 부처님은 선악을 뛰어넘어 있습니다. 그래서 남자도 아니고 여자도 아니라고 했단 말예요. 하지만 본래 남자도 아니고 여자도 아니기 때문에 남자로 태어나고 여자로 태어나는 겁니다. 인연에 따라 그렇게 되므로 인연대로 맡길 일이지 성품까지 뜯어고치려면 안 되는 거예요. 요컨대 '하나의 완전한 사람'이 되어야 이걸 볼 수가 있습니다. '선을 굴려서 악을 만든다'는 말을 듣고 내가 무슨 일을 해도 괜찮다고 생각한다면 크게 죄를 범하는 거예요. 그건 부처님에게 죄를 짓는 것이고 또 스승에게 죄를 짓는 겁니다. 이 책은 '하나의 완전한 사람'의 경지에서 보아야지 무지한 사람들이 이 책을 보면 사람 버려요. 이걸 단단히 알아야 합니다.

어이할손 이에 천당을 한 주먹으로 때려 지옥을 만드니 문수가 노래를 부

르는 인연이요. 지옥을 한 발로 차서 천당을 만드니 보현이 춤을 추는 시절
이 아니던가.

좋다. 이 자리에서 한마디 말을 안 할 수가 없습니다. 어째서 그런
가요? 아니, 집 하나도 부수지 못하는 판에 천당을 때려서 지옥을 만
들고 지옥을 차서 천당을 만든다고 하는 게 말이 됩니까? 가능성이
있나요, 없나요?

이론적으로라도 이 말마디를 납득시키려면 몇 달이 걸립니다. 하
지만 누리의 도리를 알면 이거 문제가 아니에요(그래서 불법은 스승을 만
나야 합니다). 전부 내 마음이 만드는 것 아닙니까? 전부 내 마음이 만
드는 것이에요. 내 마음 하나 작정하는 데 따라서 천당이 되고 지옥
이 되는 것 아닌가요? 또 지옥을 이루었다가 천당도 이룰 수 있는 것
이고. 천당을 갖다가 지옥도 만들 수 있는 겁니다. 가만히 생각해보세
요. 이거 과학적 아닌가요?

보통 사람들은 이 무정물(육신을 가리킴)을 걸어잡고 공부를 한다고
애를 쓰는데, 그처럼 바보 같은 짓이 어디 있나요. 부처님의 삼십이상
팔십종호나 저기 모셔놓은 부처님 석상石像을 빤히 알면서도 부처님
이라 생각한단 말입니다. 빛깔도 소리도 냄새도 없는 그 자리에 엄연
한 부처가 있건만 무정물인 육신이나 삼십이상 팔십종호를 부처로 안
단 말예요.

이 때문에 『금강경』에서도 가장 먼저 "무릇 있는 바의 모습은 다 허
망하나니, 만약 모든 모습을 아닌 모습으로 보면 바로 여래를 본다(凡

所有相 皆是虛妄 若見諸相非相 卽見如來)"라고 말씀했어요. 통상 비상非相을 '모습이 아니다'라고 해석하지만 난 '아닌 모습'이라고 해석합니다. '아닌 모습'으로 보는 것은 허망하게 본다는 뜻이에요. 이걸 부처님도 분명하게 말씀했고, 또 과학자들, 의학자들에 의해서도 육신이 무정물임이 밝혀졌습니다. 그럼, 말도 하고 생각도 하고 오고가기도 하는 건 무엇이 합니까? 그 자리가 따로 있어요. 바로 빛깔도 소리도 냄새도 없는 절대성 자리인데, 이걸 공부하는 사람들이 특히 알아야 합니다. 만약 이걸 모르면 헛공부를 하는 거예요. 진짜는 빛깔도 소리도 냄새도 없단 말입니다. 내가 지금 입을 가지고 말을 하고 있지만, 어디 이 입에 자성自性이 있던가요? 지혜가 어디 있습니까? 없어요. 절대성 자리를 빼버리면, 그만 불구덩이나 흙구덩이 집어넣으면 타버리는 겁니다. 이 때문에 내가 늘 눈이 보는 것 아니고 귀가 듣는 것이 아니라고 말하고 있잖아요?

그런데도 중생들은 전부 무정물 걷어잡고 공부한다고들 야단입니다. 이 모습을 걷어잡고 공부라고 하니 천 년을 한들 공부가 되겠습니까? 부처님도 말씀하셨고 조사들도 친절을 다해 말씀했지만 못 알아들어요. 아무튼 여러분, 천당과 지옥도 내가 만든다는 걸 단단히 알아두세요. 내가 만드니 우리가 누리의 주인공이지, 어찌 천당도 하나 못 만들고 누리의 주인공이 되겠습니까?

솔직히 죄를 많이 지어서 지옥에 간다고 해도 내가 죄를 지어서 내가 지옥에 가지, 딴 사람이 죄를 지은 걸 내가 대신해서 지옥에 갑니까? 택도 없는 소리에요. 내가 지어서 내가 가기 때문에 죽어도 내가 죽고 살아도 내가 사는 겁니다. 죽어도 내가 죽고 살아도 내가 산다는 이 도리를 뻔히 알면서도 실감이 나지 않아요. 천당은 너무 좋아서 말할 나위가 없으니까 지옥을 두고 얘기합시다. 우리가 나쁜 일 하면 지옥에 떨어질 게 아닙니까? 나쁜 일은 누가 하죠? 내 스스로 나쁜 일 해서 지옥에 떨어질 만한 인연을 만들었기 때문에 떨어지는 것 아닌가요? 지옥에 떨어질 인연 관계를 만들어서 지옥에 떨어졌다면, 천당에 가는 것도 내가 천당에 갈 만한 인연 관계를 만들면 천당에 가는 것 아닙니까? 또 부처가 될 수 있는 것도 내가 부처 될 수 있는 인연을 만들어서 공부하면 부처 되는 것 아닌가요? 불법은 이처럼 물샐 틈이 없어요. 절에 가서 무정물(즉, 불상을 말함)에게 손을 비비는 그 마음씨가 미혹을 하면 미혹한 데로 갈 수밖에 없습니다.

어즈버야, 시심의 발동이로다. 옛날 어중이떠중이들이 달마대사가 서쪽에서 오신 뜻을 물을새 어떤 머저리 선사는 판대기 이에서 털이 났느니라 했는가 하면 또한 뜰 앞에 잣나무니라 하였다는 것이다.
머저리치고는 상머저리인지라 가도 가도 끝이 없이 당기면 늘어지고 놓으면 오그라드는 머저리의 행각임에 틀림이 없는데야 어찌하리요.

여기서 머저리라는 말을 했어요. 조주 화상은 판치생모板齒生毛, 즉 '판대기 이에서 털이 났느니라'고 했으며, '뜰 앞에 잣나무', '마삼근' 등의 얘기도 했습니다. 이 문답은 머저리가 머저리에게 물은 셈인데, 이 머저리란 말은 부처님으로부터 역대 조사까지 우리와 다를 것이 없다는, 즉 다르다는 고정관념을 깨트리기 위해 한 말입니다. 그런데 어떤 스님이 이 글을 보다가 집어던졌다고 해요. 조주 화상을 머저리라고 해서 집어던졌답니다. 하지만 부처로부터 우리에 이르기까지 층차를 둘 필요가 없어요. 머저리면 다 같은 머저리거든. 괜히 입을 나불나불대서 '판대기 이에서 털이 났다'느니, '뜰 앞에 잣나무'니 했지만 다 쓸데없는 말을 한 거 아닙니까? 그게 무슨 별말이냐는 뜻이에요. 결국 이건 시심詩心을 바탕으로 하기 때문에 머리말을 이렇게 써보는 겁니다.

머저리치고는 상머저리라고 했어요. 그럼 부처님도 머저리 아닙니까? 부처님만큼 큰 머저리가 어디 있나요? 머저리는 부처님이 가장 큰 머저리지 뭡니까? 본래 갖추어져 있어요. 본래 그 자리입니다. 사람마다 부처 아닌 자가 어디 있나요? 우리의 절대성 자리가 부처 아닙니까? 그런데도 이러쿵저러쿵 하니 정말로 머저리치고는 부처님을 가장 머저리라고 해야 하지 않겠어요? 그렇다면 조주 화상을 머저리라 한 것도 당연하지 않습니까? 이건 예를 들면 그렇다는 말입니다. 이 가운데는 어떤 의미가 숨어 있어요. 상머저리라 해서 위 상上 자를 놓은 이유가 여기 있습니다.

> 여기에서도 문수와 보현은 넌지시 고개를 돌려서 머저리의 행각을 살피고 싱긋이 웃으니 생각해보라. 어중이떠중이는 어중이떠중이며 머저리 선사는 참으로 머저리 선사일까. 알고 보면 이 또한 시심의 발동이라 하겠다.

이게 전부 시심의 발동이에요. 물론 불교의 입장에서, 시를 짓는 사람의 분수로서 하는 말입니다. 설법을 하는 이것도 시심의 발동이거든요. 설법을 듣는 것도 전부 시심의 발동이에요.

나는 비록 사바세계에 색상신을 받았을지언정 본래의 소식인 시심을 날려서 가름할 바 못 되는 누리의 도리를 가름하여본다. 좋다! 눈이라는 기관을 두어서 보니 굉장한 존재요, 귀라는 기관을 두어서 들으니 굉장한 존재요, 입이라는 기관을 두어서 의사를 전하니 굉장한 존재라기보다 바로 시방을 꿰뚫는 누리의 주인공이 아니던가.

참 굉장한 존재인데, 이 굉장한 존재를 모를 따름입니다. 여러분이 이 굉장한 존재, 즉 누리의 주인공이라는 이 입처立處에 다다라서 지금 이 시간에 그렇다고 결정하면 그만 그대로에요. 이 몸뚱이를 전혀 바꾸지 않고 바로 부처를 이룹니다. 석가세존이 어디 몸뚱이를 바꾸어 부처를 이루었나요? 몸뚱이를 바꾸어 부처를 이루었다면 그건 사도邪道입니다. 이 몸뚱이는 누리의 진리, 누리의 지도리, 바로 그 절대성 자리의 나툼이에요. 물에서 물거품이 일어나는 것과 같습니다. 물거품이 일어났다 해서 그 물거품이 물 아닌 것은 아니거든요. 물거품이 꺼지면 다시 물이죠. 그거나 꼭 마찬가지입니다.

우리가 사람으로 태어난 것도 굉장한 일이에요. 본래면목을 알든 모르든, 우리의 육신은 내 관리물은 될지언정 내 소유물은 아닙니다. 어떤 사람들은 이 몸뚱이를 자기 소유물처럼 생각하고 있는데, 어찌 이것이 내 소유물입니까? 내 소유물이라면 늙고 죽는 것도 내 뜻대로 해야 하죠. 하지만 관리물이기 때문에 인연이 다하면 그대로 가는 거예요.

그대로 가면 절대성 자리, 본래의 소식 자리, 본래의 부처 자리, 빛깔도 소리도 냄새도 없는 이 자리가 평상시에 익히던 습성에 따라 다시 몸을 받아서 하늘에 가기도 하고 인간으로 태어나기도 합니다. 이건 자기 자신도 모르게 그렇게 되어버려요. 그 습성을 따르는 것은 술 많이 먹는 사람이 눈만 뜨면 술집으로 쫓아가는 거나 마찬가지에요. 노름꾼들이 눈만 뜨면 도박장으로 가는 거나 꼭 한가지입니다.

여러분, 이 공부는 무엇보다도 하나의 완전한 사람이 되어야 해요. 완전한 사람이 되지 않으면 알아봤자 쓸모가 없거든요. 까딱하면 재주 부리는 사도밖에는 떨어질 곳이 없습니다. 우리가 배고프면 밥 먹을 줄 알고 친구하고 말할 줄 아는 이런 재주를 제쳐두고 딴 재주를 부리려고 합니까? 그런 정신 자체가 이미 사도邪道에요. 그렇기 때문에 하나의 완전한 인간으로 인격을 갖추어서 이 도리를 알아야 합니다. 그래야 성불할 수가 있어요. 그렇지 않고 아는 것 갖고 재주나 부린다면, 설혹 산과 강을 옮겨놓은들 무슨 소용이 있겠습니까? 각자의 인연에 따라서 그대로 되는 겁니다. 아무튼 무엇보다도 이 공부는 하나의 완전한 사람으로서 인격을 갖추어야 한다는 걸 명심하십시오.

그렇기에 나는 되돌아 이미 태허 중에 뿌리어놓은 온갖 인연의 씨를 되새기면서 생각대로의 말귀를 끌어모아 한 가닥씩의 여김을 나투어본 것을 어쩐 일로 도반들은 선시라고 부르기도 한다니 나는 그저 따를 뿐이다.

이렇게 머리말을 썼습니다.❶⁶

---

❶⁶ 머리말 다음에 본문은 '벽오동'부터 시작된다. 백봉거사는 이 '벽오동' 60여 수의 이야기와 그 중 한 수의 시를 소개하면서 선시집을 어떤 마음으로 읽어야하는지 강조한다.

벽오동

벽오동이라는 나무가 있어요. 밤에는 벽오동에 달이 턱 걸립니다. 몇 년 지나서 상당히 컸는데, 어느 날 도끼에 찍혀서 넘어졌어요. 나중에는 톱으로 썰고 대패질해서 가야금이 되었죠. 부잣집의 가야금이 되어서 어여쁜 아가씨의 손에 놀아나지 않았겠습니까? 그런데 나중에 집에 불이 나서 가야금이 타버렸습니다. 어찌 됐든 동네의 영감쟁이가 불탄 재를 거름으로 삼고 씨를 뿌렸어요. 그랬더니 밀보리가 익어서 풍성해졌죠. 밀보리를 베고 나니 나중에 소와 말의 입으로 들어갑니다.

난 벽오동을 하나의 사람으로 연상해서 생사에 비유했습니다. 도대체 나는 무엇이기에 처음에는 벽오동이었다가 나중에는 가야금이 되고,…… 도대체 죽고 사는 것이 무엇인가? 이렇게 생각을 거듭한 끝에 다음 시구가 나왔습니다.

마음머리가 산기슭에 궁하니(心頭窮山脚)

몸을 굴려도 머물 곳이 없고(轉身無住處)

뜻 길이 물줄기에 끊어지면서(意路絶水脈)

땅을 뒤칠새 푸른 허공이 찢어지는구나(驀地碧空裂)

이 구절을 말하려고 지금까지 장황히 얘기를 한 겁니다. 사유를 하든 화두를 갖든 어쨌든 마음 머리가 산기슭에 궁해요. 도대체 이렇게 생각해도 안 되고 저렇게 궁리해도 안 돼요. 도대체 무엇인가? 그 전에 답답해서 동남풍을 통해 달마대사와 유마거사에게 묻기도 했죠. 그렇지만 결국 마음 머리가 산기슭에 궁해요. 어찌해볼 수가 없단 말입니다. 진퇴양난이에요. 몸을 굴려도 머물 곳이 없으며, 죽으려 해도 죽지 못하고 살려고 해도 살지 못하겠습니다. 나가려 해도 나가지 못하고, 들어가려고 해도 들어가지 못하고, 물러나려고 해도 물러나지 못해요. 이 경지에 다다라야 여러분들이 공부가 됩니다. 어찌할 도리가 없는 요지부동이라서 죽으려 해도 죽지 못해요. 죽을 수만 있으면 죽는 길이 하나 있지 않겠습니까? 그런데 죽지도 못해요. 살려고 해도 살지 못해요. 앞으로 나가려 해도 나가지 못하고, 뒤로 물러서려 해도 물러서지 못합니다.

이 경지에 다다라야 돼요. 저절로 그렇게 되는 겁니다. 무슨 말마디를 듣고서 되는 것도 아니에요. 궁하면 통하는 겁니다. 그 다음에 뜻 길이 물줄기에 끊어지면서 푸른 허공이 깨져요. 그때 허공이 내려앉습니다. 여기에 무슨 선생이 필요합니까? 선생이 필요하다면 이전 조사 어른까지 해서 수천 명의 이름을 써서 빌어본들, 비는 건 비는 것이지 도가 통하는 건 아니거든요. 마음이 탁 벽에 부딪혀야 합니다. 진퇴양난이라서 죽으려 해도 죽지 못한다면 말 다한 것 아닙니까? 죽지도 못하고 살지도 못하고 어쩌란 말입니까? 여기에 다다르면 허공이 내려앉아요. 푸른 허공이 내려앉습니다.

대체로 화두를 갖고 공부하는데, 마지막 경지에 가서는 진퇴양난입니다. 참말로 살지도 못하고 죽지도 못해요. 공부 안 하는 사람들은 죽고 싶으면 독약도 먹고 물에 투신자살도 하지만, 그건 독약을 먹거나 물에 빠질 만한 여유가 있는 셈이거든요. 하지만 이건 물에 빠질 여유조차 없습니다. 왜냐하면 영원한 큰 문제를 해결하기 위한 출발점이 다르기 때문이죠. 아주 갑갑합니다. 여러분은 아직 그런 갑갑한 경지에 이르지 못했어요. 갑갑해 죽겠으면 밥맛까지 떨어집니다. 내 경우가 그랬어요. 먹으라고 하니까 먹긴 먹는데, 그저 먹는 둥 마는 둥입니다. 이때가 한 고비 넘는 소식처에요.

그런데 예전 선사들은 학인들의 모습을 봐서 매질을 합니다. 멱살을 잡는다든지 때리고 밟으면서 "말해라, 말해라"라고 해요. 그렇지 않아도 답답해 죽겠는데 매질까지 한단 말입니다. 멱살을 잡거나 발로 밟으면서 야단을 치는데, 이건 당해보지 않으면 몰라요. 스스로 어느 정도 당해봐야 압니다. 이렇게 매질을 하면 아픈 건 인정해요. 멱살을 잡으면 갑갑한 건 인정한단 말입니다. 왜 그럴까요.

어제도 말했듯이 불교는 절대로 무정물을 숭배하는 종교가 아닙니다. 무정물은 무엇인가? 모습. 즉 부처님의 삼십이상 팔십종호 같은 거예요. 어떤 사람들은 염불할 때 삼십이상 팔십종호를 연상하면서 염불을 하는데, 이건 벌써 무정물을 연상하는 겁니다. 하지만 이 몸뚱이는 자체성이 없어요. 자체성이 없으니까 무정물 아닙니까.

이 불법은 사실을 사실대로 밝히는 거예요. 조금도 사私가 없어요. 이거 무서운 겁니다. 사실을 사실대로 밝히는 겁니다. 무정물인 모습을 걷어잡는 종교도 있지만, 불교에서는 전부 타파하고 있어요. 이 때문에 부처를 부처라 하면 부처가 아니고 불교를 불교라 하면 불교가 아니라는 말이 나오는 겁니다. 이건 대승 도리에서 나온 설법이에요. 일반적으로는 이런 말 하겠습니까? 그러나 대승의 도리를 벗어나면, 그때는 모습으로 나갑니다. 말은 안 해도 모습에 저절로 빠져버려요. 염불하면서 대체로 관세음보살을 연상하는 사람들이 많은데, 이때 관세음보살이 나타나고 불상이 움직이면서 내려오는 수가 있습니다. 하지만 전부 환상이에요.

그러나 이 대승의 도리에서는 진짜를 걷어잡지 가짜를 걷어잡는 법이 아닙니다. 우리의 색신인 몸뚱이나 삼십이상 팔십종호는 가짜인데, 어찌 가짜를 걷어잡고 공부를 하겠습니까. 진짜라야 해요. 그래서 대승 도리에서는 빛깔도 소리도 냄새도 없는 진짜 '나', 가짜를 이렇게 쓰고 저렇게 쓰는 진짜 '나'를 걷어잡습니다. 부처님도 이 자리에서 삼십이상 팔십종호를 자유자재 써요. 우리도 삼십이상 팔십종호를 갖추고 있는데, 물에 비유하자면 부처님의 삼십이상 팔십종호는 아주 깨끗한 물이고 우리는 탁한 물입니다. 그러나 이 탁한 물을 마음대로 쓰는 자리나 옥수와 같은 깨끗한 물을 쓰는 자리나 똑같이 빛깔도 소리도 냄새도 없는 자리거든요. 이 자리를 마음이라고도 하고 성품이라고도 합니다.

바로 이 자리를 끄집어내는 일이 좀처럼 되지 않기 때문에 '내 마음이 물가에 궁했다'는 말입니다. 다 궁했어요. 내가 있는지 없는지도 모릅니다. 완전히 나를 잊어버리는 거예요. 어슴푸레 아는지 모르지만 잊어버려요. "뜻길이 물줄기에 끊어지면" 사고가 딱 끊어져버립니다. 내가 지금 여러분의 공부를 도와주려고 이런저런 수단도 쓰고 있지만, 참말로 여러분은 아직은 택도 없습니다. 밥 먹을 여유가 있고, 공부에 대해 이러쿵저러쿵 생각할 여유도 있으니까요. 하지만 그런 사고방식으로는 만년을 간들 본 당처當處가 나오겠습니까.

어쨌든 공부하는 학인의 입장이라면 일체가 완전히 끊어져야 합니다. 완전히 끊어져도 답답한 그 마음 씁쓸이는 그대로 남아 있어요. 사고가 사방이 확 끊어졌죠. 아니, 그보다는 내 자신부터 끊어진 겁니다. 내가 있는지 없는지를 몰라요. 이 정도라면 거의 반은 이루어진 상태입니다. 이때 매질을 하면 깨치지 않을 수 있겠습니까. 궁하면 통한다는 말도 있지만, 본인들이 당해봐야 알아요. 이때 나오려야 나올 것이 없습니다. 그 자리에서 뭣이 나오겠습니까. 그래서 허공이란 말이 나온 겁니다.

땅을 뛰칠새 푸른 허공이 찢어지는구나.

좌우간 명자名字를 둔다면 허공밖에는 없습니다. 실제로는 허공이든 뭣이든 일체가 상하좌우로 완전히 끊어졌어요. 이쯤 되는 심경을 혀를 굴려서 말을 한다면, '땅을 뛰칠새 푸른 허공이 찢어지는구나' 하고 말할 수 있습니다. 땅을 굴려서 몸부림을 쳐요. 그리고 푸른 허공이 찢어집니다. 이건 설명을 해도 알기가 어려워요. 그 경지에 이르지 못했기 때문에 어려운 겁니다. 그러나 여러분은 모두 이 경지를 한 번 지나야 해요. 그래서 허공이 찢어진다느니, 허공이 내려앉는다느니 하는 말을 쓰는 겁니다.

자, 일단 공부하겠다고 나섰다면 이 과정을 거쳐야 합니다. 그렇지 않고 중간에 그만두면 사도에 빠집니다. 사도에 빠지면 이 육신 가졌을 때는 좀 괜찮을지 모르죠. 점쟁이도 되고, 이름도 지어주고, 산수도 보면서 사회에서 대우 받을지도 몰라요. 하지만 영원한 인생 문제를 놓고 볼 때 도대체 그게 뭡니까. 술수가 있어서 이 산을 저기 갖다 놓고 저 산을 여기 갖다 놓은들 무슨 상관이 있습니까. 그까짓 것 사도邪道 짓거리밖에 더 됩니까?

따라서 마음 머리가 궁하고 뜻길이 끊어져서 어찌할 수가 없으면, 되돌아서지도 못하고 나가지도 못한 경지에 딱 다다르면, 바로 그때 허공이 내려앉는다는 말을 할 수 있는 거예요. 이때는 다만 눈에 보이는 것이 허공밖에 없습니다. 눈에 보이는 것이 아무것도 없어요. 그러다가 나중에는 이 허공도 없어지네. 자, 이게 어떠한 경지인가요. 그

---

⑰ 이 게송의 앞 두 구절은 이렇다:
깨쳐옴에 바탕은 금강이러니(覺來體金剛)/차가운 빛깔은 하늘땅을 먼저 하였구나(寒光先天地).

경지를 지나면 어떠한 결과가 있느냐. 다음 구절을 보겠습니다.

깨쳐옴에 바탕은 금강이려니
차가운 빛은 하늘땅을 먼저 하였구나.

'차갑다'는 말은 '시원하다'는 의미도 있는데, 차가워서 차가운 것이 아닙니다. 모든 것이 전부 끊어져버렸어요. 전부 끊어져버렸지만 그래도 뭔가 하나 남았어요. 허공이 내려앉는 것까지도 알았지만, 알았다는 그 자리는 있지 않습니까? 그 자리가 깨친 겁니다. 이 자리는 금강이나 마찬가지라서 굉장합니다. 지구만 한 포탄을 가지고도 이 자리를 깰 수 없어요. 그럼 이 자리는 언제부터 있느냐? 바로 하늘땅에 앞섰어요. 여기서는 도저히 말로 형용할 수 없다는 걸 알게 되고, 알게 되면 결국 이런 말도 나오기 마련입니다.

하늘땅의 앞소식이라면 시간이고 공간이고 딱 끊어진 자리입니다. 시간이다, 공간이다, 하늘이다, 땅이다, 내 몸이다, 내 자신이다, 이런 게 다 없어요. 자, 다음으로 넘어가죠.

한 여김(一念)은 만리萬里의 성城이려니❼(一念萬里城)
삼계三界라서 두 뿔다구니의 토끼일러라(三界兩角兎)

깨치고 나면 이런 시가 나옵니다. 되돌아서 한 여김, 즉 일념一念은 만리의 성입니다. 중국에 만리장성 있잖아요? 그와 마찬가지로 한 여김은 만리의 성입니다. 참 굉장하다는 뜻으로 이렇게 말했어요. 삼계는 욕계, 색계, 무색계를 말하는데, 이 삼계가 두 뿔을 가진 토끼란 말입니다. 토끼에게 뿔이 있던가요? 이게 무슨 말이죠? 여러분 단단히 알아야 해요. 이 경지까지 가면 무슨 말이든지 말이 나옵니다. 내가 이걸 쓰면서도 좋았어요. 삼계가 두 뿔을 가진 토끼라고 한 말은 별거 아니라는 뜻입니다. 토끼에게 두 개의 뿔이 있을 수도 없지만 있다고 한들 그게 어디 별 건가요?

다시 말해서 뿔이 났다는 건 거짓 아닙니까? 말마디(言句)나 마찬가지입니다. 말은 하면 되거든요. 그렇다면 전부 허망하다는 말 아닌가요. 부처님께서도 『금강경』에서 "무릇 있는 바의 모습은 다 허망하나니, 만약 모든 모습을 아닌 모습으로 보면 곧 여래를 보리라"고 하지 않았나요? 일체의 모습은 실답지 않다는 뜻이 아닙니까? 내가 이렇게 말하는 것도 딱 맞는 것은 아닙니다. 나의 말은 길을 틔워줄 뿐 정해진 법(定法)은 있을 수가 없어요. 우리가 욕계, 색계, 무색계를 논하는데 정해진 법을 말하는 것이 아닙니다.

어쨌든 삼계라고 하면 지구도 들어가고 태양계도 들어가고 천당과 지옥도 들어가는데, 다 두 뿔을 가진 토끼밖에는 되지 않아요. 가소롭지 않습니까? 어째서 가소롭냐고요? 자, 그 자리, 허공이 내려앉은 자리에서 한번 보십시오. 허공이 내려앉은 자리에서 턱 보면 가소롭지 뭡니까. 여기서 돌아야 해요. 여기가 획 도는 자리입니다. 지금까지 들은 설법을 싹 내버려야 합니다. 그렇기 때문에 여기서 돌 자리거든요.

사실 이건 내 글이니까 내가 비판해도 좋아요. 무슨 의미로 썼든지 간에 이거 굉장한 글입니다. 삼계를 두 뿔을 가진 토끼로 보았으니까요. 그럼 내가 미쳤습니까? 몰라. 미쳤는지도 모르죠. 여러분들은 어때요? 삼계 내에는 천당도 있고 지옥도 있고 아미타불이 건설한 극락세계도 있지만 전부 두 뿔을 가진 한 마리 토끼로 보았으니, 내가 어디 사람인가요? 어떻습니까? 그렇다면 자네(O군을 가리키며)도 한 마디 해야 된단 말이야. 자네도 꼬리에 뿔이 달린 한 마리 뱀이라든지 무슨 말이 있어야 해.

어쨌든 내가 이런 말을 하는 것도 여기가 공부하는 자리니까 하는 겁니다. 또 예전 선사들이 이런 말을 했다면, 나는 이까짓 말 만들지 않겠어요. 이건 내가 쓴 거니까 딱 깨놓고 얘기하는 겁니다. 좋으나 나쁘나 내 살림이기 때문에 이런 말 하는 거예요. 그렇지 않으면 이런 말 하지 못합니다.

빛깔도 아니고 빛깔 아님도 아니나(非色非不色)
맑고 적적하여서 네 모퉁이에 뻗치고(湛寂徧四維)
더함도 없고 또한 덜함도 없으나(無增更無減)
옛과 지금(古今)을 꿰뚫어 삼킨 것을(吞却貫古今)

고금이 없습니다. 자, 이 자리에서 내가 확실히 한마디 해두겠습니다. 사실은 전생과 후생이 없어요. 있을 턱이 없단 말입니다. 전생과 후생을 가름해서 거기에 들어앉았다고 하면, 이런 글이 나올 수가 없어요. 그럼, 우리가 몸뚱이를 갖고 있고 본래의 당처는 하나일지라도, 지금 몸을 갖고 있는 이 자리는 현세이고, 이전에 몸을 가졌을 때는 전생이고, 우리가 죽고 나서 딴 몸을 가지면 후생 아닙니까? 물론 지금 말한 그대로이긴 하지만 이게 다 헛말입니다. 실은 전생, 후생이 없어요. 왜냐하면 이 빛깔도 소리도 냄새도 없는 자리는 생사가 없거든요. 전생에도 내가 이 슬기를 갖고 살았습니다. 그때 경우에 따라 지금보다 더 영리할 수도 있고 더 우매할 수도 있지만, 그건 별 문제란 말예요. 슬기 자리 자체는 생사가 없습니다. 다만 중생계에서 생사는 뭣을 뜻합니까? 이 육신을 뜻하고 있거든요.

그런데 이 육신도 알고 보면 우리가 매일 생사를 쓰고 있어요. 나고 죽고 나고 죽고를 반복하고 있죠. 이건 의사들이 가장 잘 아는데, 우리 육신은 세포로 이루어졌고 이 세포들이 매일 수십만 개씩 죽고 또 생겨납니다. 그렇다면 이 육신도 나고 죽음의 연속이에요. 그게 생사 아닙니까? 또 법신의 입장에서도 역시 마찬가지입니다. 우리 중생들이 갖고 있는 법신이 한 생각 일으키면 생겨난 것이고 한 생각을 잊으면 멸한 겁니다. 그러니까 법신의 분수로 보든 육신의 분수로 보든 생사, 생사의 연속입니다. 그런데도 중생들은 어찌나 어리석은지 이 육신이 몽땅 가는 것만 죽는다고 해요.

종소리 鍾聲

홀연히도 들리나니 종소리는 얼로 오노 (忽聞鐘聲何處來)
까마득한 하늘이라 내 집안이 분명허이 (寥寥長天是吾家)
한입으로 삼천계를 고스란히 삼켰더니 (一口呑盡三千界)
물은 물은 뫼는 뫼는 스스로가 밝더구나 (水水山山各自明)

이건 나의 심정을 나타낸 글입니다. 당시 저녁 무렵이었는데, 종소리가 들렸습니다. 예배당 종소리였어요. 내가 있던 자리에서 삼 마장이나 사 마장쯤 떨어진 예배당에서 울린 소리를 듣고 그 감회를 나타낸 겁니다.

이 글을 지을 때의 심정을 얘기하죠. 당시 내가 공부를 할 때인데, 신 선생이라는 분을 비롯하여 남녀 합쳐서 아홉 명이 절에 공부하러 갔어요. 서울에서도 가고 인천에서도 갔죠.

다른 건 모르겠는데, 어찌 됐든 그곳에 가기 전에 내게 심경의 변화가 있었습니다. 한 이, 삼 일 전부터 변화가 있었지만, 그 변화가 무엇인지는 몰랐죠. 좌우간 마음이 들떠 있었어요. 그렇다고 공부에 지장이 있지는 않았지만, 좌우간 좋은 방향으로 마음이 들떴습니다. 당시 보름을 예상하고 떠났는데, 이미 집에서부터 내 마음이 좀 들떠 있었어요. 게다가 그 절에 가니까 마음이 더 들떠요. 어떻게 된 일인지…….

또 밥맛도 없는 데다가 밥을 먹어도 어쩐지 마음이 차분하지 않아요. 마치 내 보물을 내가 어디 간직해놓고 잃어버린 생각이 듭니다. 이상하다…….

당시 내가 무자無字 화두를 가졌습니다. 처음 한 달이나 두 달은 화두가 잡히지 않아서 욕을 봤어요. 다른 사람은 어떨지 모르겠지만 난 화두를 자꾸 놓쳤습니다. 그럼 어떻게 해서 화두를 놓치지 않을 각오가 됐는가? 정확히는 나도 모르겠어요. 다만 내 팔자가 나쁜 것이 큰 도움이 된 듯합니다. 소위 돈도 있고 지위도 있고 자녀들도 많으면 팔자가 좋다고 하지 않습니까? 그런데 나는 다 나빠요. 돈도 지위도 없고 자식들도 없습니다. 그래서 내 자신을 돌아볼 때 늘 팔자가 나쁘다는 생각을 가졌죠. 말하자면 팔자가 나쁘기 때문에 이 공부를 해야겠다, 그렇지 않으면 차라리 죽는 것이 낫다, 살면 뭐하겠는가? 그러나 이 공부를 해서 팔자를 좀 뜯어고칠 수 있다면 이 공부를 해야겠다, 말하자면 팔자가 나쁘기 때문에 화두를 갖게 된 거죠.

당시 신 선생과 노 선생은 불교 공부를 굉장히 오래 한 분들입니다. 또 공부를 하기 위해서 고생도 한 사람들이에요. 아마도 노 선생과 신 선생 두 분의 힘으로 공부를 한 것 같습니다. 무자 화두도 그때 들은 것 같아요. 나는 누가 말하면 그대로 믿는 습성이 있습니다. 이건 좋은 점도 있고 나쁜 점도 있죠. 예를 들면 누가 돈을 내일 갚겠다고 하면서 빌려달라면 빌려줍니다. 돈이 있으면 빌려줘요. 제 날짜에 갚지 않으면 기다립니다. 한 서너 번까지는 내가 참아요. 결국 누가 거스르는 말을 하지 않으면 내가 잘 속는 성질입니다. 남이 말을 하면 그대로 콱콱 믿어버려요.

아무튼 공부를 한답시고 하는데, 처음에는 화두가 잡히지 않아서 애를 먹었어요. 하지만 내가 팔자가 나쁘니 공부하지 않으면 어떻게 되겠는가, 이 공부마저 못하면 진짜로 나쁘지 않겠는가, 그래서 이 공부를 해야겠다고 결심하면서 화두를 가졌죠. 그런데 자꾸 잊어버려요. 그때는 팔자가 나쁜 내가 화두를 잊어버리고 공부를 하지 않으면 되겠는가? 이렇게 각오를 다지면서 또 화두를 가집니다. 좌우간 한 달 반쯤은 자꾸 화두를 놓쳤어요.

그런데 두 달 가까이 되니까 화두가 슬며시 잡히기 시작했습니다. 술자리를 가도 화두가 그대로 붙어 있네요. 화두가 잡히기 시작하자 내 딴에는 재미가 났습니다. 술자리에서 방광放光하기도 했어요. 한 서너 달 되니까 화두가 딱 들어붙어서 떨어지지 않았습니다. 내 몸이 아팠어요. 화두를 들 땐 들게 되고 놓을 땐 떨어져야 편안하게 잠도 자고 건강에도 이로울 텐데, 화두가 떨어지질 않으니 큰일 났단 말이죠. 나중에 넉 달, 다섯 달쯤 가서는 이놈의 화두를 버리려고 애썼어요. 이놈의 화두 때문에 내가 죽겠거든요.

처음에 화두가 잡히지 않을 그때는 화두를 육조 스님의 말씀으로 알았습니다. 그만큼 내가 무식했어요. 조주 스님의 말씀이란 건 나중에 알았죠. 아무튼 그때 육조 스님의 멱살을 잡고 지근지근 씹다시피 했어요. 나중엔 집어삼키기까지 했습니다. 그러자 뱃속에서 '날 살려다오' 해요. 나는 '왜 무無라고 했느냐'고 하면서 지근지근 씹고 마시다시피 했습니다. 그러다가 나중에 가서는 화두가 딱 들어붙는 바람에 내버리려고 무척 애를 썼어요. 하지만 '이놈의 화두 때문에 내가 죽겠다'고 해서 버리려고 하는 그것이 화두를 가진 것이나 마찬가지입니다. 내버리려고 해도 말이죠……. 그래서 고생을 하면서 병원에도 다니고 그랬습니다. 병원에 가도 화두가 딱 들어붙어서……. 그것 참, 내가 너무 고지식해서 그런 것 같아요. 남의 말을 잘 믿고 고지식해서…….

한 육 개월쯤 되자 내가 포기했습니다. 내버리려고 하는 짓을 포기한 거죠. 내버리려고 해도 내버려지지 않으니 어쩔 도리가 없단 말입니다. 되든 안 되든 그대로 갖고 가자. 또 이 친구들의 말을 들어보면, 화두를 깨면 굉장하다고 하니까 죽으나 사나 그대로 가야겠다. 화두를 잡아도 죽게 되고 화두를 버리지도 못해서 죽게 되니, 이래도 죽고 저래도 죽게 됐으니 어쩔 도리가 없었어요. 이런 상황이 한 달 이상 계속됐습니다.

그런데 내일 산사山寺로 갈 날이거든요. 그 전에는 망상이 굉장히 일어났습니다. 처음에는 헛것이 보여요. 내가 과학, 과학 하는 습성이 있어서 과학적으로 딱 들어맞지 않으면 불교도 치워버려야 한다고 생각했습니다. 처음 한 달쯤은 이런 망상이 나타나다가 나중에는 차츰 차츰 좋은 게 뵈기 시작해요. 앉아 있으면 눈을 감고 앉았든 눈을 뜨고 앉았든 처음에는 흑백으로 많이 보입니다. 그때는 대체로 방에 불을 껐어요. 당시 환상이 보이는데, 머리가 열두 개 달린 사람이 다 보이고, 뱀 하면—그때는 어째서 그런 생각이 들었는지 모르겠어요—머리가 다섯 개, 여섯 개 달린 뱀이 나타나요. 또 돼지를 생각하면 돼지가 사람을 물려고 달려들어요. 망상이 이렇게 무서운 겁니다. 예전에 공부하다가 미치는 수가 있다는 말을 들은 적이 있는데, 정말로 돼지가 날 물려고 달려듭니다. 이게 망상이고 환상이란 생각이 없었다면 날 잡아먹는 형국이에요. 하지만 다 내 마음이 부실해서 그렇다는 생각을 늘 가졌습니다.

이렇게 두, 세 달이 지나니까 색깔이 나와요. 푸른색, 붉은색 등등. 방 안에서도 산천이 그대로 보이고 파란 나무도 그대로 보입니다. 낮에 소나무를 보면 가지가 잔잔하지 않습니까? 그러나 방에 딱 앉으면 말이죠. 눈을 뜨고 보는 것보다 더 자세히 보여요. 솔잎 하나하나가 다 보입니다. 그리고 나중에는 빛이 보여요. 해도 보이고 달도 보이면서 환히 나타납니다. 하지만 이것도 망상이다, 내 마음의 작용이다, 이 환상은 좋은 거다. 좋은 환상은 그냥 두어야 하지 않겠나?—내가 어째서 이런 생각을 했는지 모르겠어요. 본래 지혜라는 것도 내가 모를 때인데 말입니다.

절에 가기 전날 밤에는 잠을 좀 자야 하는데 잠이 도저히 오지 않아요. 내일 출발인데도 당최 잠이 오지 않았습니다. 결국 아침 기상나팔을 불 때가 되었죠.

"아이고, 이거 시간이 다 되었네. 한숨 자야 하는데……."

그래서 자려고 하는데 갑자기 방 안이 환합니다.

"이거 또 망상이 일어나는구나. 하지만 이 망상은 좋구나."

그러다가 옆을 보니 흰 옷을 입은 세 분이 앉아 있어요. 누군지는 모르죠. 망상이라고 생각했으니까요.

"이 망상은 좀 이상한 망상이다. 두고 봐야겠다."

당시 내 앞에 그림이 한 장 있었어요. 초등학교 5, 6학년 정도의 학생이 사람을 그린 겁니다. 눈썹, 코, 눈, 그리고 입 등을 그렸어요. 그때 한 분이 그림을 손으로 잡지는 않고 가리키면서 말했습니다.

"이 그림이 저 하늘의 달과 원리가 하나다. 그런데 기추 네가 말이지(내 이름을 딱 불러요), 분별이 많기 때문에 하나라는 원리를 모를 따름이다."

이렇게 얘기를 하는데 그때 내가 깜짝 놀랐어요. 목소리가 바로 내 목소리였거든요. 그런데 참말로 쳐다보니까 달이 있습니다. 그때는 달이 없을 때라는 걸 내가 알고 있었거든요.

"달이 없을 땐데 달이 있네. 그거 참 이상타."

그러면서도 무슨 계시를 한다고 생각했지만, 그러나 저러나 목소리가 내 목소리이니 결국 내가 만든 하나의 망상이 아니냐는 결론을 내렸어요. 그러다가 세 분은 없어졌습니다. 그래서 드러누워 잠을 좀 잤죠. 한, 두 시간을 자고 나서 절에 갔습니다.

당시 함께 간 사람이 아홉 명일 거예요. 난 여전히 마음이 들떠 있었고요……. 그런데 나중에 알고 보니, 신 선생, 노 선생이란 분들이 자기들끼리 의논을 했다고 합니다.

"백봉이 좀 이상하니, 신 선생이 돌보아야겠다."

이렇게 논의한 모양입니다.

일주일이 지나면서 차차 밥맛도 없어집디다. 식사 때만 되면 귀찮아 죽겠어요.

"젠장, 밥이 뭐라고 안 먹으면 그만이지."

이런 생각이 다 들어요. 나중에는 웬일인지 신 선생이 나에게 딱 달라붙어요. 그러다가 어느 날 내게 말했습니다.

"형님, 좀 나갑시다."

당시 눈이 쌓인 겨울이었습니다. 나는 "응" 하면서 더 이상 대꾸하기 싫어 그만 따라 나섰어요. 어디로 가는지도 묻지 않았습니다. 말하는 것조차 귀찮았거든요. 왜 그랬는지 나도 모르겠습니다. 신 선생이 나를 위해 그런다는 것도 알았거든요. 내가 밥도 잘 먹지 못하고 있으니, 날 위해 그런다는 것도 내가 알았어요. 그러니 고맙지 않습니까? 고맙다는 생각도 전혀 변함이 없어요. 그런데도 대꾸하기 싫어서 따라 나섰습니다. 어디로 가나 했더니 동네로 내려가잖아요. 동네가 한 삼십여 호 되는데, 그 동네를 한 바퀴 돌았습니다. 다 돌고 나니 어디 갈 데가 없어요. 신 선생이 평소 말 많은 친구인데 그때는 말이 도통 없어요. 난 말이 없는 걸 보고 다행이라고 생각했죠. 그런데 이상한 점은 걸음을 디뎌도 발이 어디 놓이는지를 모르겠어요. 당시는 내 몸이 건강할 때인데도 말입니다.

나중에 동네에서 다시 절로 돌아가려고 할 때 나무가 한 그루 있고 잔디가 나 있는 곳에서 내가 먼저 말을 했습니다.

"여기 좀 앉으세."

그런데 도리어 신 선생이 말이 없어요. 눈을 똥그랗게 해서 쳐다보다가 내가 앉으니 자기도 앉아요. 당시의 내 심정이 이 노래에서 나오는 거나 한가집니다. 내 심정을 뭐라고 해야 좋을지 모르겠지만, 뭔가 알 듯한데 알지는 못해요.

"절로 가세."

이렇게 말하자 신 선생도 아무 말 없이 불쑥 일어나요. 내가 앞장서서 절로 갔죠. 절에 가도 다른 사람들이 날 이상스럽게 보는 것 같아요. 내가 그렇게 생각해서 그런지도 모르죠. 좌우간 일주일 후부터는 목탁 소리가 항상 두 개로 들려요. 그래서 신 선생한테 물었죠?

"목탁 소리가 난 두 개로 들리는데, 자네는 어떻게 들리나. 하나로 들리나 둘로 들리나?"

신 선생이 "하나로 들린다"고 그래요.

"그래, 하나로 들려야 옳다. 그래야 과학적이지 둘로 들리면 비과학적 아닌가?"

또 다른 사람들은 목탁을 치고 나면 견성성불見性成佛을 기원하면서 울어요. 하지만 난 눈물이 나오지 않아 애를 먹었죠. 다른 사람들이 울면 같이 울어줘야지 자기 고집을 부리면 못 쓰는 겁니다. 나의 대중생활 경험은 젊을 때 청년 운동 하면서 쌓은 거예요.

허나 눈물이 나오지 않아서 무척 애를 썼습니다. 어쩌다가 조금 눈물이 난다 싶으면 쏙 들어가버려요. 신장神將. 지금도 그림을 그리려면 그릴 수 있어요. 투구 쓰고 갑옷 입고 칼 차고, 신발도 우리가 장가갈 때 신던 그런 신발이에요. 그래서 바로 옆에 있던 신 선생에게 물었습니다.

"신장이 보이는가?"

"신장이라니? 신장이 보일 리가 있나?"

"그럼, 그렇지. 요즘 신장 같으면 양복을 입고 권총을 차야 할 텐데, 도대체 옛날 모습의 신장이 보이니 내가 눈 병신이 되었구나. 없는 신장이 보이니, 눈 병신이 아닌가. 또 목탁 소리가 두 개로 들리니 귀 병신이 아닌가. 아니, 이 공부를 하면 똑똑해진다고 하는데 눈 병신이 되고 귀 병신이 되다니, 아이고……."

그때 내가 좀 울었습니다. 하지만 이제 울음이 나오는구나 생각하자 눈물이 그만 쏙 들어가버려요. 참, 애를 먹었어요.

그 다음에는 방에 앉아 있지를 못했습니다. 방에 앉아 있어도 뭐라고 할 사람도 없는데 말이죠. 그래서 눈 쌓인 산에서 바위 하나를 찾아서 앉았습니다. 아주 참 편해서 엉덩이 아픈 줄도 몰랐어요. 당시 내가 열이 굉장히 났나 봅니다. 머리와 어깨 위에 눈이 쌓였는데, 무릎 위에 놓인 손에 닿은 눈은 전부 녹았거든요. 가만히 보니까 밑에 얼음도 보여요. 아마 눈이 녹을 만큼 뜨거운 열이 있었나 봅니다.

(그러다가 온몸이 언 채 바위 위에 앉아있는 백봉거사를 신 선생이 방으로 안고 들어가서 몸을 주물러 녹였다). 이제 방에 들어갔단 말이죠. 신 선생이 나에겐 큰 은인입니다. 그때 신 선생이 책을 한 권 내밀어요. 이게 뭐냐고

물으니까 어록語錄이라고 합다. 그때까지도 난 어록 한 번 못 봤어요. 신 선생이 책장을 넘기는데 직심직불直心直佛이 나와요. 하지만 여러분이 지금 직심직불을 들어서 아는 것처럼 아무 충격도 받지 못했습니다. 또 신 선생이 다른 수단을 주는 것도 아니고 그저 문제를 제시할 따름이에요.

신 선생이 다시 내 얼굴을 보더니만 한 장인가 두 장인가 넘겼어요. 그때 비심비불非心非佛이 나왔습니다. 처음에는 직심직불이 나왔다가, 한 장이나 두 장을 넘기자 비심비불이 나와요. 여기에 내가 놀랐습니다. 그래서 내가 벌떡 일어났어요. 먹먹할 뿐인데, 나중에 신 선생 하는 말이 공부하는 사람들이 전부 나에게 절을 했다는 겁니다. 하지만 그때는 전혀 몰랐어요. 당시 방에는 창문이 하나 있는데, 창을 통해 산을 보니 별다른 것이 전혀 없었습니다. 하나도 변한 것이 없어요. 변했다면, '아하, 이거 또 망상을 부리는군'이라고 했을지도 모르죠.

그때 종소리가 울려왔습니다. "문득 들리나니 종소리는 어디서 오는고"라고 지었지만, 예배당 종소리인 줄 알고 있었어요. 그러나 예배당이 예배당이 아닙니다. 예배당만이 아니라, 유정과 무정이 본래의 지혜로부터 나와서 유정과 무정으로 갈렸지만 그 당처는 하나에요. 물론 쓰는 데 있어서는 유정과 무정이 영 다르죠. 돌멩이와 사람이 영 다르지 않습니까? 영 다르지만 그 출처는 하나입니다. 그러므로 종소리 나는 곳도 한 군데 아니겠어요? 우리가 분별해서 예배당 종이다 뭐다 할 뿐이죠(물론 분별하지 말라는 것도 아닙니다).

그 당처는 하나로서 바로 '나'로부터 오는 것입니다. 바로 온 누리가

'나'에요. 나를 여의고서 누리가 있을 수가 없고 허공이 있을 수가 없습니다. 내가 있기 때문에 삼라만상이 벌어져요. 만약 삼라만상이 나에게서 온다는 사실을 모른다면, 즉 이 종소리가 나한테서 온다는 사실을 모른다면 종소리가 나하고 무슨 상관이 있느냐 말입니다. 그 당처가 하나이므로 바로 부처님과 나는 일체―體입니다. 내가 부처님하고 아무 상관이 없다면, 내가 불교 공부를 아무리 해도 공부가 되지 않아요. 원래 부처님과 내가 뿌리가 하나이기 때문에 공부해서 부처를 이루는 겁니다. 이런 등등의 생각이 번개같이 지나가요. 정말로 번개같이…… 그래서 주변 사람들이 절하는 것도 몰랐습니다.

그럼, 홀연히 들리는 이 종소리는 어디서 옵니까? 여러분 생각해보세요. 이 종소리가 예배당에서 오지만 예배당 자체가 나와 한 몸이나 마찬가지입니다. "까마득한 하늘이 내 집일러라"―내 집안이 어디냐. 허공 전체가 내 집입니다. 허공이 내 몸이나 마찬가지에요. 몸 신身자를 쓰려고 하다가 집 가家자를 썼습니다. 아무튼 몸이라고 했든 집이라고 했든 마찬가지 아닙니까? 그리고 "한 입으로 삼천대천세계를 마셔버렸는데", 이 구절은 "한 입으로 서강의 물을 마신다"고 한 어느 조사의 말과 비슷해요. 이 "한 입으로 삼천대천세계를 마셔버린다"는 말은 거짓말이 아닙니다. 물론 이 몸뚱이, 육신으로는 감히 말이 되지 않지만, 가만 생각해보세요, 내가 어떻게 삼천계를 마시겠습니까? 당시의 심정은 허공이 바로 내 몸이었습니다. 욕계, 색계, 무색계뿐만 아니라 천당과 지옥도 전부 허공성의 작용이라서 이러한 말이 나온 것 아니겠어요? '허공이 나'라는 생각이 들면, 여러분이 달라집니다.

이 '나'를 여의고는 어떤 것도 있을 수 없어요. 내가 없는데 바다가 있겠습니까? 내가 없는데 부처님이 있겠습니까? 이 때문에 부처님과 나는 뿌리가 하나에요. 문제는 우리가 중생놀이 하는 것도 이 무정물 (즉, 육신; 편자 주) 때문에 중생놀이 하는 것이고, 또 우리가 공부를 해서 부처가 되고자 할 때도 이 육신을 방하착하는 곳에 부처가 있지 이 놈을 그대로 가져서는 안 됩니다. 물론 이건 마음으로 그렇다는 것이지 여러분에게 자살하라는 뜻은 아닙니다. 그저 이 육신을 하나의 작용으로 알아서 잘 쓰되 거기에 들어앉지 말라는 뜻일 뿐 다른 의미는 없습니다.

일심송 一心頌

이 마음 밖에(於此心外)

다시 다른 부처 없고(更無別佛)

이 성품 밖에(於此性外)

다시 다른 법이 없는 것을(更無別法)

중생의 마음이란(衆生之心)

본래 머무는 바 없으므로(本無所住)

경계에 인하여 닿질려서 나투우나(因境觸現)

경계가 사그라지면 곧 적적하느니(境滅卽寂)

희도 않고 푸르도 않으면서(非白非靑)

허공으로 더불어서 같고(與虛空同)

가지도 않고 오지도 않으면서(不去不來)

삼세를 옮기네(運掌三際)

이 시에 대해서는 많은 말이 필요 없습니다. 마음이 부처란 건 여러분도 알지 않습니까? 이 시는 마음을 설명한 겁니다. 어떻게 하면 마음을 이렇게 나타낼 수 있나요? 망상을 말하는 것이 아니에요. 경계에 닿질려서(抵觸) 일어나는 마음, 즉 망상은 진짜 마음이 아닙니다. 여기서 말하는 마음은 순수한 마음을 말합니다.

여러분, 명심하세요. 먼저 무념無念을 마루(宗)로 삼아야 합니다. 눈으로 빛깔을 보지만 빛깔과 타협하지 않고, 귀로 소리를 듣지만 소리와 타협하지 않는 것이 무념을 종宗으로 삼는 겁니다. 이 무념은 집의 대들보와 같습니다.

그러다가 나중에는 무상無相, 즉 '모습 없음'을 체(體; 바탕)로 삼아야 합니다. 온갖 모습의 성품은 비었어요. 헛것이란 말입니다. 저기 보이는 촛불이든, 집이든, 우리 몸이든 전부 무상으로 볼 줄 알아야 해요. 무상으로 볼 줄 모르면 안다고 해도 정말로 아는 것이 아닙니다. 이 무상은 집의 기둥과 같아요.

다음은 무주無住, 즉 머물지 않음을 근본으로 삼아야 합니다. 가령 우리가 뭘 보면 그 경계에 탁 걸려들지 않습니까? 하지만 그 모습을 그대로 보면서도 거기 머물지 말아야 합니다. 다시 말해서 어떤 경계에도 집착하지 말아야 해요.

이상 세 가지를 항상 잊지 말아야 합니다. 이 세 가지가 갖추어져야 빛깔도 소리도 냄새도 없는 그 자리가 나타납니다. 그 자리를 어떤 사람들은 마음이라 하는데, 그 말이 맞긴 맞아도 그 마음의 당처가 무엇인지는 몰라요. 이 빛깔도 소리도 냄새도 없는 자리를 알려면, 우선 무념을 마루로 삼을 줄 알고, 무상을 바탕으로 삼을 줄 알고, 무주를 근본으로 삼을 줄 알아야 합니다. 이 세 가지를 완전히 갖추면 그 자리가 저절로 나와요. 말하자면 날씨가 좋은 날도 허공이고, 구름이 꽉 낀 날도 허공인 것과 마찬가지입니다. 이 세 가지를 스스로 알아서 행할 줄 알면 그만 그대로 그 자리가 나타나는 거예요. 이때 비로소 자기가 갖고 있는 마음을 보았다고 할 수 있습니다. 그 전에는 아닙니다. 왜냐하면 뭔가 다른 것이 걸려서 꽉 막혀 있기 때문이죠. 마치 비가 올 때는 검은 구름이 꽉 끼어서 태양이 보이지 않듯이 말이죠. 검은 구름이 끼면 허공은 허공이지만 보이지가 않습니다. 그러나 구름이 싹 걷히면 허공이 완전히 보이죠.

무념, 무상, 무주는 세 가지 중 한 가지만 들어도 세 가지가 다 함께 일어납니다. 세 가지가 다 똑같은 말이기 때문이죠. 그렇다면 마음을 가히 짐작할 수 있지 않아요? 본래의 그 소식을 알려면 그 자리가 탁 나타나야 해요. 생각하지 않아도 저절로 나타나도록 해야 합니다. 이 무념, 무상, 무주를 모르고는 만 년을 애를 써도 되지 않습니다.

삼선칠구 三禪七句

어떠한 것이 여래선인고?

한 톨의 쌀도 간직하지 아니하고
한 줄기의 나물도 갈지 아니하였네.

한 톨의 쌀도 간직한 것이 없어요. 또 쌀이 나왔으니까 나물이 나와야 하거든. 한 줄기의 나물도 갈지 않았단 말입니다. 이게 무슨 말이죠. 빤하지 않습니까? 선은 여래선如來禪이 근본이에요. 여래선이 바탕이거든. 그러니 부처님 선이라고 해도 좋습니다. 한 톨의 쌀도 없어요. 거지에요. 거지라고 나쁘게 생각할는지 모르지만 거지입니다. 극히 빈궁해요. 바늘 하나 찌를 땅이 없습니다. 한 톨의 쌀도 나물도 갈 자리가 없어요. 텅 비었다 이 말입니다. 공리空理를 요달했다고 해도 돼요. 빈 이치에 통달했다는 말이야. 원래 누리의 진리란 이렇다는 말입니다. 그 자리가 완전히 해말쑥해서 바늘 하나 꽂을 자리가 없어요.

어떠한 것이 조사선인고?

사람을 죽이는 칼은 사람을 살리는 칼로 더불어
호랑이의 머리와 꼬리를 한때에 거두더라.

이 조사선祖師禪은 중국에 와서 이루어졌어요. 공부하는 사람들은 조사선을 그대로 가지고 있는데, 참 무서운 겁니다. 사람을 죽이고 사람을 살리는 것이에요. 사람을 죽일 줄 알아야 하는데, 그럼 정말로 살생을 뜻하는 겁니까? 아니죠. 망상을 때려 부술 줄 알아야 해요. 하나의 사람이라고 할 때는 망상과 분별 덩어리거든요. 그래서 사람을 죽이는 칼과 사람을 살리는 칼이 있다는 표현도 쓰는 겁니다.

어떠한 것이 보림선寶林禪인고?

말머리가 떨어져도 말이 붙지 않으니
한이 없는 맑은 바람은 큰 땅을 말아내누나.

여래선은 그 바탕만 있을 따름이지 수단방법은 없어요. 그러나 조사선은 전부 수단과 방법입니다. 그럼 이 두 가지면 됐지, 보림선寶林禪은 또 뭡니까? 원래 선은 여래선이면 그만입니다. 조사선이 따로 있을 수 없어요. 조사선은 그 수단과 방법을 이리 굴리고 저리 굴렸을 뿐입니다. 그렇다면 보림선도 있을 수가 없단 말이에요. 그런데 왜 보림선을 두었는가요?

　내게는 까닭이 있습니다. 내가 불법과 인연을 맺고 나서 어찌하다 보니 자연스럽게 사람들이 모이기 시작했어요. 그렇다면 내 선禪이 하나 있어야 되지 않겠습니까? 자기 선 없이 남을 가르치는 건 동냥꾼밖에 되지 않아요. 다시 말해서 금강경은 부처님께서 말씀하셨기 때문에 부처님이라야 금강경 설법이 됩니다. 부처님이 아니고 글자만을 갖고 설법한다는 것은 동냥꾼밖에 되지 않아요. 말하자면 자기 살림이 있어야 합니다. 선도 마찬가지라서 제자들에게 선을 설법할 때는 선을 주무를 줄 알아야 해요. 선을 주무를 줄 모르고 선에 대한 얘기를 어떻게 할 수 있단 말입니까. 그래서 보림선이라는 이 말도 내 살림을 한마디 하고 싶어서 둔 것이지 다른 이유는 없습니다.

　사실 어떻게 보면 지극히 건방지다고 볼 수도 있어요. 그러나 내 밑에 찾아오는 사람들에게 나는 나대로 가르쳐야 하니까 내 선이 하나 있어야 되겠단 말입니다. 내게도 간직하고 있는 수단과 방편이 있어요. 그 수단과 방편이 부처님의 수단과 방편과 다릅니까? 다르지 않아요. 또 이전 조사님들의 수단 방편과도 다르지 않습니다. 그러나 어딘가 내 것이 하나 있어야 되겠단 말예요. 내 것이 하나 있어야 내 마음대로 말을 하지 않겠습니까? 허나 예전의 다른 어른 것이라면 마음대로 굴리지 못한단 말입니다. 어떻게 감히 마음대로 굴리겠느냐 말예요.

그래서 내가 보림선을 하나 굴린다는 건 내 선을 하나 갖고 있단 뜻입니다. 내 선을 내가 가지고 있으니 이걸 마음대로 내가 굴릴 수 있단 말예요. 그래서 내가 보림선을 지은 겁니다. 자, 여러분은 이걸 어떻게 생각합니까? 이거 건방지지 않습니까? 하지만 건방지더라도 조사들을 뛰어넘은 것이거든요.

말머리가 떨어져도 말이 붙지 않으니
한이 없는 맑은 바람은 큰 땅을 말아내누나.

예전에 설봉 스님—부산에 계시던 설봉 스님이 아니고—이 계셨는데, 어찌하다 이분을 내가 알게 됐습니다. 이분이 경기도 용문사에 있었는데, 내가 갈 때는 꼭 술을 담구어놓았어요. 어느 날 이 양반이 돌아가셔서 내가 화장터까지 갔습니다. 일반인도 오고 스님들도 여러 명 왔어요. 처음엔 뭣도 모르고 갔는데, 그 사람들이 전부 조사弔辭를 하대요. 그때 번뜩 생각나는 것이 스님 시신은 타고 있는데 맑은 바람이 대지를 거느리는 그런 기분이 났습니다. 그래서 내가 백운이라는 사람에게 "우리도 설봉 스님에게 조사를 하나 쓰자"고 말했어요. 백운이란 분은 나보다 나이가 좀 많은 사람으로 일제日帝 때 조동종 대학을 나왔습니다. 그분이 무슨 글이 나올까 싶어서 사무실로 쫓아가 종이와 필기구를 갖고 왔어요. 그래서 내가 이 글을 썼습니다.

말머리가 떨어져도 말이 붙지를 않으니—설봉 스님도 승려 생활을 오래 했어요. 그러니 전혀 애착이 없습니다. 말머리가 떨어져도 말이 붙지를 않아요. 사량분별에 얽매이지 않습니다. 알아듣기 쉽게 말하자면, 죽음을 죽음이라고 생각하지 않고 생사를 뛰쳐난 자리에요. 생사를 뛰쳐난 자리이니, 불을 불로 보겠습니까? 불을 불로 본다면 그건 분별 아닙니까? 망상 아닙니까? 이처럼 불을 불로 보지 않고, 생사를 생사로 보지 않는다는 말이에요.

생사를 생사로 보지 않는다면 어떻게 되죠? 그 당처에 맑은 바람이 있을 따름입니다. 그래서 "한이 없는 맑은 바람은 큰 땅을 말아내누나"라고 한 거예요. 자, 공부하는 사람들에게 큰 도움이 될까 싶어서 말하는데, 여러분들 이거 의심나지 않습니까? 의심나는 그것이 공부에 도움이 되는 겁니다.

내가 여러분의 스승이라면, 여러분은 스승을 알아야 해요. 하지만 여러분은 아직 나를 모릅니다. 물론 얼굴이야 알겠지만 진정한 나는 모른다고 생각해요. 그러나 나는 여러분을 자식이나 마찬가지로 보기 때문에 이렇게 기탄없이 말하는 겁니다. 기탄없이 말할 수 있어야 말머리가 떨어져도 말이 붙지를 않습니다.

지금까지는 삼선을 말했고, 다음은 칠구七句입니다. 이 삼선과 칠구는 공부하는 자리니까 말하는 거지 공부하는 자리가 아니면 말하지 않아요. 공부라도 예사 공부가 아니라 참으로 허공을 단숨에 마시는 공부입니다. 그러니 어찌 이런 말을 하지 않을 수 있단 말입니까? 칠구는 최초구最初句, 말후구末後句, 향상구向上句, 향하구向下句, 기특구奇特句, 격외구格外句, 전신구轉身句입니다.

어떠한 것이 최초구인고?

가이없는 허공에서 한 구절이 이에 오니
허수아비 땅 밟을새 크게 둥근 거울이라.

J보살, 단단히 들으세요. 설사 뜻을 몰라도 들어놓으세요. 부처님 말씀에도 설사 알지 못해도 들어놓으면 악한 길(惡道)에는 떨어지지 않는다고 했습니다. "허수아비 땅 밟을새 크게 둥근 거울이라"—여기서 뭔가 느끼는 바가 없습니까? 이 이상 더 얘기를 할 수가 없어요. 여기서는 이렇다느니 저렇다느니 말하는 것이 아닙니다.

당시 지금은 대학교수를 하고 있는 S군에게 허수아비를 만들어놓고 절을 하도록 시켰어요. 그러면서 절하는 놈은 누구이며 절 받는 놈은 누구냐고 물었는데, 여기서 조금 눈이 달라지더군요. 어떤 사람이든 허수아비 아닌 사람이 누가 있습니까?

내가 '강산월江山月'이란 시에서 "부처를 껴안고 다리 펴고 누웠노라"고 하였는데, 이 도리를 모르면 전부 해골을 걷어잡고 밤에 자고 있는 겁니다. 허수아비가 땅을 밟았으니 되긴 됐어요. 그런데 허수아비를 걷어잡고 생각하면 늘 허수아비에만 들어붙어서 생각을 하고, 해골을 걷어잡고 생각하면 늘 해골만 생각한단 말입니다. 그래서 "허수아비 땅 밟을새 크게 둥근 거울이라"고 했어요. 크게 둥근 거울, 즉 대원경大圓鏡이라고 하면 답을 다한 것 아닙니까? 이게 최초구입니다. 좌우간 분별망상을 싹 버려야 여기서 답이 나와요. 분별이 있다든가 망상이 있으면 절대로 답이 나오지 않습니다.

어떠한 것이 끝구(末後句)인고?

손가락에 눈이 있으니
소리와 빛깔이 같이 피어나네.

이 구절도 말할 필요가 없습니다. 말할 필요가 없지만, 우리의 눈, 우리의 귀는 손가락에도 있어요. (주장자를 가리키며) 이것을 뭐라고 하나? 주장자라 하는가. 이거에서 소리도 나와요. 마찬가지로 사람의 몸에는 숱한 기관이 있고 각각의 소임도 다르지만 그 당처는 하나입니다. 하나이기 때문에 이런 말—손가락에도 눈이 있으니 빛깔과 소리와 같이 피어난다는 말도 할 수 있는 거예요. 이건 절대적으로 사실입니다. 이건 손가락이니 모른다고 생각하면 안 돼요.

어떠한 것이 향상구인고?

화살이 활줄을 떠나 돌아오지 않으니
달은 밝아서 밤길 가는 사람을 비춰보더라.

다시 말해서 '어떠한 것이 공부하는 구절인가' 하는 말이에요. 화살이 돌아올 줄을 모르는데, 밤길 가는 사람이 환하게 보인다는 말입니다. 그렇다면 '환하다'는 말 아니겠어요? 우리가 (지견이랄까 뭐랄까) 지견이 턱 생겨놓으면 돌아오고 뭐고가 없습니다. 이 문제는 분별만 완전히 놓으면 오늘 저녁 얘기가 쏟아질 거예요. 어찌하면 분별을 놓겠습니까? 방망이질을 하면 분별을 놓을까요?

다음은 '어떠한 것이 향하구인가'입니다. 향상과 향하가 둘이 아니에요. 원래 동서남북이 하나인 것처럼 향상이 있으니 향하가 있는 것입니다.

어떠한 것이 향하구인고?

슬기로운 사람은 밑 빠진 바루의 밥을 먹고
어리석은 사람은 줄 없는 거문고의 소리를 듣는구나.

밑 빠진 바루가 어디 있습니까? 바루는 밥그릇인데 밑이 있어야 밥을 담죠. 석가세존 이후의 도인들을 가만히 보니까 전부 밑 빠진 바루에다 밥을 먹었어요. 말하자면 슬기로운 사람은 밑 빠진 바루의 밥을 먹고, 또 어리석은 사람은 줄 없는 거문고를 뜯을 줄 압니다. 지혜로운 사람과 어리석은 사람을 동일 선상에 놓고 있으니 줄 없는 거문고의 뜻도 짐작할 거예요. 지혜가 있든 없든, 미혹했든 깨쳤든, 그 당처에서는 하나임을 뜻하는 것 아닙니까? 사실 부처님도 중생이 일시一時에 성불한다고 그랬어요. 그 시기가 어떤 시기를 뜻하느냐? 지구가 깨질 때입니다. 이대로 지구가 깨질 때죠. 내 농담이니까 여러분은 그렇게 알아두세요. 이건 경에 있는 말이 아니라 내 딴에는 공부한답시고 스스로 잠깐 한 생각입니다. 지구가 산산조각이 나면, 가족은 어디 있으며 친구는 어디 있습니까? 아무도 없어요. 나 혼자뿐이죠. 그 전까지는 가족이 있습니다. 그러나 죽음을 딱 맞이하면 가족도 잊어버려요. 나부터 살아야 하거든요. 지구가 자꾸 떨어집니다. 어디까지 갈는지 모르지만, 허공이 끝없으니 끝없이 떨어질 수밖에는 없죠. 그때 '이때다' 하는 때가 와요. 이때는 어떤 때를 뜻하는가? 절벽에 탁 부딪혔어요. 그러나 절벽도 없고 뚝 떨어집니다. 이때란 말예요.

그래서 내가 늘 사량과 분별을 치우라고 말합니다. 여기에 무슨 놈의 분별이 있겠습니까? '아이고, 나 죽는다' 밖에는 없어요. 단지 하나의 생각뿐이지 다른 것은 아무것도 없습니다. 이때 비로소 '아, 이거로군' 하면서 깨닫는다고 예전에 얘기한 적이 있어요.

어떠한 것이 기특구인고?

하나를 듦에 셋을 밝히니
문득 돌 호랑이 머리를 부수네.

덕산 화상은 남방의 용담 화상이 중생을 제도한다는 말을 듣고 그를 시험하고자 했습니다. 그래서 『금강경』을 짊어진 채 몇날 며칠을 걸어서 가다가 도중에 떡을 팔고 있는 노파를 만났죠. 덕산이 지치고 배가 고파서 짐을 내려놓고 떡을 사서 먹으려고 하자, 그때 노파가 물었습니다.

"저게 무슨 책입니까?"

"『금강경』입니다."

"『금강경』에 '과거의 마음도 얻을 수 없고, 현재의 마음도 얻을 수 없고, 미래의 마음도 얻을 수 없다'고 했는데, 화상께서는 어느 마음으로 점심을 들고자 하십니까?"

여러분이 '어느 마음으로 떡을 먹으려 하는지'를 모르면 어느 마음으로 내 말을 듣고 있는지도 모르는 겁니다. 그럼 나에게는 전부 소경이에요. 소경을 데리고 말하는 거나 마찬가지죠. 어느 마음으로 떡을 먹는지 알면 어느 마음으로 설법을 듣고 있는지도 압니다. 자, 여러분은 어느 마음으로 내 설법을 듣습니까? 발 위에 불이 떨어졌어요. 참말로 불이 떨어졌어.

내가 이걸(이 화두를) 깰까요? 깨지 말까요? 깨는 것도 좋지만 깨지 않는 것도 좋습니다. 실은 깨지 않는 것이 좋기는 좋아요. 그러나 이 설법 듣는 마음은 과거, 현재, 미래를 걷어잡지 못합니다. 과거는 지나가서 없고, 현재는 입 벌리자마자 지나가버리고, 미래는 아직 오지 않아서 없으니, 어느 마음으로 먹을 겁니까? 이거 깨지 않는 것이 나으니 그대로 간수하도록 합시다. 이건 여러분을 위해서 하는 말이에요. 안 깨는 것이 낫겠지?

"예."

실은 간단한 겁니다. 너무 쉬워요. 그러나 너무 쉽기 때문에 너무 어려워요. 너무 쉬워서 내가 말을 해버리면 '아이고, 그렇구나. 그까짓 걸 내가 모르다니……'라고 하면서 무릎을 칠 겁니다. 그러나 어려우면 어려운 대로 고민을 좀 해야 합니다. 그래야 실감이 오거든요.

어떠한 것이 전신구인고?

> 천하인의 혓바닥을 바꾸어버리면
> 왼쪽으로 굴리고 오른쪽으로 굴림을 스스로가 하네.

천하 사람들의 혓바닥을 바꾸어버립니다. 혓바닥이 없으면 말을 못하거든요. '혓바닥을 뺐으면' 해도 좋습니다. '바꾸었으면'이나 '뺐으면'이나 마찬가지 아닙니까? 이렇다 저렇다 말하는 그것만 싹 빼버리면 분별하지 않는 혓바닥만 남는단 말예요. 그러면 왼쪽으로 굴리고 오른쪽으로 굴리고 마음대로 한단 말입니다.

어떠한 것이 격 밖의 구인고?

> 눈을 두고 귀를 두면서 소경과 귀머거리 같으니
> 하늘 사람 땅 사람은 몇이나 알리.

격格 밖의 구절은 눈은 소경과 같고 귀는 귀머거리와 같아야 합니다. 사람이 크게 어질면 크게 어리석다는 말이 있는데, 옳은 말이에요. 크게 어질면 남 보기에는 어리석게 보입니다. 그러나 보통 사람들은 똑똑하게 보이려고 애쓰죠. 눈을 바꿔서 소경이 되고 귀를 바꿔서 귀머거리가 되면, 하늘 사람 땅 사람이 몇이나 알겠습니까? 바꿔 말하면 하늘 사람 땅 사람이 알든 모르든 문제가 되지 않아요, 그렇지 않은가?

A: "예."

다시 말해서 나보고 도둑놈이라 한들 무슨 상관이 있습니까. 또 멍텅구리라고 한들 무슨 상관입니까. 모르는 사람들은 자기끼리 업만 자꾸 지어요.

사계변 四季辯

봄에는 어떻게 꽃이 피느냐?(春何發花)

한 법도 버리지 않으니(一法不捨)
절름발이 자라가 혀를 토하네(跛鼈吐舌)

여름에는 녹음이 어떻게 우거지느냐?(夏何成綠)

빈 꽃이 어지러이 떨어지니(空華亂墮)
세 마리의 뱀이요 아홉 마리의 쥐일러라(三蛇九鼠)

가을에는 어떻게 열매가 맺히나?(秋何結實)

같은 기운이 서로 응하니(同氣相應)

나그네와 주인은 같이 노래하네(賓主共唱)

겨울에는 어떻게 잎사귀가 떨어지느냐?(冬何落木)

천만고의 소식이라(千古知音)

해골바가지가 용트림을 하는구나(髑髏龍吟)

사계변도 사실 설명이 되지 않습니다. 춘하추동의 사계절을 갖고 사계변이라고 이름을 붙였지만, 이건 우리 공부하는 사람들의 입장이에요. 그리고 공부하는 입장이라면 사고방식이 근본적으로 달라야 합니다. 예전에 '나'라고 하는 것은 완전히 없어졌어요. 새로운 '나'가 있어요. 이 새로운 '나'가 아니라면 사계변은 도저히 모릅니다.

봄에는 어찌해서 꽃이 피는가? 한 법도 버리지 않으니, 절름발이 자라가 혀를 토한다. 어째서 절름발이 자라라 했을까요? 그냥 자라라고 해도 될 텐데 말입니다. 모든 법이 그대로 살아나요. 자연 그대로입니다. 그러니 기이해서 '야, 희한하다'는 생각을 가진단 말입니다. 가만히 생각해보십시오. 여러분이 '나'라는 걸 바꿔버리면, 가령 내 경우엔 한 눈이 없는 자라라는 말도 쓸 수 있습니다. 또 다른 말을 써도 좋고요. 여기서는 무슨 말이든 할 수가 있거든요.

그러나 '나'라는 것이 딱 있으면 이 사계변이 납득이 가지 않습니다. 예를 들어 지구 그대로가 자연의 도리인데(이거 알고 보면 굉장한 거예요), 이 아무 지혜도 없는 허공중에서 산하대지를 나투었고, 산하대지를 나툰 거기서도 유정과 무정이 구별되어요. 유정은 유정대로, 무정은 무정대로 말입니다. 나무가 자라나고, 꽃이 피고, 눈이 오고, 잎이 떨어지는 것은 천지의 이치에요. 자연 그대로입니다. 자연 그대로 그 시기에 따라 그대로 작용하고 있어요. 그럼 어째서 절름발이 자라가 혀를 토한다는 말을 쓰는가요? 내가 쓰고 싶어서 쓰는 겁니다. 절름발이 자라—자라에게 절름발이가 있는가요?—가 혀를 토하는 것은 '야, 굉장하다', 되돌아보니 자기 몸뚱이가 절름발이가 된 것도 굉장한 사실이라는 뜻이에요. 우리가 이걸 차차 알면 좋은 글들이 막 쏟아질 겁니다. 그러나 일반 사람들은 몰라요. 공부하는 사람이 지견知見이 나면, 절름발이 자라가 혀를 토할 만큼 일체만법이 그대로 굴려져요. 사실 우리가 허공, 허공 하지만, 허공 속에 살면서 허공을 아는 사람이 몇이나 됩니까? 알고 보면 이거 참 굉장한 겁니다. 굉장한 거예요. 어째서 굉장한가요? 답이 없습니다. 내 입에서 그런 말을 했지만 답이 안 나와요.

지구는 허공에 떠 있어요. 무슨 조화인지 떨어지지도 않으면서 일 년 열두 달 이 허공 속에서 돌고 있습니다. 실제로 지구가 허공 속에 돌고 있다는 건 알아도 실감이 나지 않죠. 지구가 허공 속에서 돌고 있다는 것이 실감이 나려면 한 번 떨어져야 해요. 떨어지는 것이 실감 나면 겁이 나는데, 그러나 겁이 날 것 같으면 너무 좋아서 여러분은 춤을 출지도 몰라요. 밤에 자다가 이불 휙 집어던지고 춤을 출지도 모릅니다. 그렇게 되지 않는 것은 실감이 나지 않기 때문이죠. 이건 땅이다, 저건 하늘이다, 이런 식으로 분별하기 때문이에요. 그 말이 맞기야 맞죠. 틀린 건 아니지만 단지 그것만 안단 말입니다.

우리 선원에서는 이 허공 문제를 인식시키려고 많이 다루는데……실제로 허공이 없으면 우리가 이렇게 앉아 있을 수 있나요? 우리 몸도 나투지 못합니다. 그래서 가만히 살펴보면 늘 내가 쓰는 자리에요. 그런데도 이 자리를 모른단 말입니다. 절름발이 자라가 혀를 토한다는 것은 그런 의미도 있어요. 봄에는 일체만법이 그대로 살아나서 그대로 굴려지기 때문에 절름발이 자라라 할지라도 한몫 끼었단 말입니다. 누리의 문제를 논의하는 데, 인생문제를 논의하는 데 절름발이 자라도 한몫 끼고 있어요. 그래서 '야, 굉장하다'고 혀를 토하는 겁니다. 사람이 무슨 일이 있으면 혀를 토하지 않아요? 괴로운 일이 있다든지 슬픈 일이 있다든지 하면 혀를 토하거든. 그런 의미이지 별다른 의미가 있는 것은 아니에요.

그 다음에 "여름엔 녹음이 어떻게 우거지느냐?"에 대한 답변으로 "빈 꽃이 어지럽게 떨어지니 세 마리의 뱀이요 아홉 마리의 쥐니라"라고 했습니다. '세 마리의 뱀이요 아홉 마리의 쥐'는 참 간단한 말인데도 나한테 묻는 사람이 있어요. '삼삼은 구九 아닙니까' 하면서 자기딴에는 애가 타나 봅니다. 자, 삼三은 과거, 현재, 미래라 해도 되고, 앞서의 생각, 지금의 생각, 나중의 생각이라 해도 됩니다. 뱀이 무얼 잡아먹고 사느냐면 쥐를 잡아먹고 살아요. 그래서 든든합니다. 아홉 마리나 있으니까 든든해요. 풍족하다는 뜻입니다. "세 마리의 뱀이요 아홉 마리의 쥐니라"를 풍족하다는 뜻으로 생각하면 돼요. 잡아먹고 안 잡아먹고는 별 문제로 하고 말입니다. 그러니까 여름에는 빈 꽃이 어지러이 떨어져요. 거, 꽃피는 것도 좋은데 떨어진단 말입니다. 떨어져도 아까운 줄 몰라요. 그만 그대로 자연의 이치입니다. 이렇게 생각하면 됩니다. 자, "세 마리의 뱀이요 아홉 마리의 쥐"에 대해 설명했어요. 이제 나한테 항의하지 않나요? 막 항의하고 달려들지 않겠습니까? 하하하. 이제 알 겁니다.

다음 "가을에는 어떻게 열매가 맺히나?"에 대한 답변으로 "동기同氣가 상응하니 빈주賓主가 같이 노래하네"라고 했습니다—똑같은 기운이 서로 응하니, 주인과 나그네가 함께 노래한다는 뜻이에요. 나무에 과일이 열리면 과일하고 나무하고 다릅니까? 꽃하고 열매하고 다른가요? 전부 동기同氣입니다. 예를 들어 말하자면, 꽃도 허공성, 과일도 허공성, 나무도 허공성이라고 할 수 있지 않습니까? 따라서 같은 형제간이라 할 수 있습니다. 열매를 맺는데 다른 데서 빌려올 것이 전혀 없어요. 그래서 주인과 나그네가 함께 노래합니다. 열매와 꽃이 같이 있다 할지라도, 나무와 꽃이 같이 있다 할지라도, 그리하여 주인과 나그네라고 이름을 붙일 수 있다 할지라도 노래를 같이 하는 거예요. 설사 나무 둥치와 열매가 노래를 같이 부른다고 해도 아무 상관 없는 것 아닙니까? 그렇기 때문에 동기상응同氣相應, 즉 똑같은 기운이 서로 응한다고 하는 거예요. 이거 별것 아닙니다. 자꾸 읽으면서 생각하면 이렇게 말을 할 수 있다는 생각도 날 거예요.

또 "겨울에는 어째서 잎이 떨어지느냐?"—나무의 잎이 다 떨어집니다. 그런데 잎은 하나의 작용이거든요. 꽃이 피고 열매가 맺는 것이 작용 아닙니까? 그 작용이 중지가 되었어요. 사실상 그대로 있는 것도 작용이지만 글을 지으려니까 이렇게 말한 겁니다. 이건 무슨 소식인가요? 바로 해골바가지가 용트림을 하는 소식입니다. 해골바가지는 그만 아무것도 없는, 다시 말해서 그만 죽으면 해골바가지 되는 것 아닙니까? 해골바가지가 '으흠' 하고 용트림을 해요. 왜 그렇죠? 말하자면 본래의 소식을 나투었다는 의미입니다. 나무의 잎이 다 떨어지고 앙상하게 있으니 해골바가지가 용트림을 하는 거나 마찬가지에요. 우리는 해골바가지를 죽어서 아무것도 없는 것으로 생각하지만—사실 아무것도 없지. 무슨 지혜가 있는 것은 아니거든—그러나 작용의 일부입니다. 해골바가지도 온 누리의 작용의 일부에요.

그렇다면 이건 무슨 소식입니까? 천고지음千古知音, 즉 천만고의 소식 아닙니까? 왜냐하면 사람은 지혜가 있고 초목 등은 지혜가 없다 해도 꽃송이 하나가 핀다든지, 잎이 하나 난다든지, 잎사귀가 한들한들 한다든지, 폭풍우가 친다든지 하는 것이 전부 진리의 나툼이기 때문입니다. 따라서 해골바가지가 용트림 하는 것을 해골바가지가 진리를 토한다고 해도 됩니다. 몽땅 진리의 나툼이기 때문에 평등하게 보는 것이거든요.

꼭두마음(幻心)

마음이란 본래부터 낳는바가 없건마는(心本無所生)

경계따라 닿질릴제 이로 좇아 나투운다(因境來觸現)

닿질려서 나투움은 이것 바로 꼭두런만(觸現亦是幻)

사람들은 실다웁다 망녕되이 우겨대네(世人將爲實)

우리 마음도 마음이라고 이름을 붙이면 하나의 경계입니다. 우리의 진심眞心, 즉 본래의 마음은 나타났다 꺼졌다 하지 않거든요. 그만 그대로입니다. 그러나 중생계에서는 마음이 생겨났다 없어졌다 경계에 부딪치기 때문에 마음이 나는 거예요. 좋은 걸 생각하고 나쁜 걸 생각하는 것이 전부 경계에 따라서 마음이 일어나는 겁니다.

그러므로 경계는 작용입니다. 본래의 이적理的인 그 자리, 절대성 자리, 빛깔도 소리도 냄새도 없는 그 자리의 작용이에요. 절대성 자리는 작용을 하도록 되어 있고 또 작용을 해야 합니다. 작용을 해야만 지구도 이루고 태양도 이루고 일체만법을 이루는 거예요. 어떤 사람들은 작용은 해도 절대성 자리는 없는 것처럼 생각할지 모르지만 그렇지 않습니다.

그러니 마음이 일어나는 건 경계에 따라서 마음이 일어나는 거예요. 그럼 경계가 없으면 마음이 일어나지 않는가요? 그렇지 않습니다. 우리가 예전 일을 생각하면 그건 예전의 경계에요. 좋다거나 나쁘다거나 전부 경계에 따라 일어나는 겁니다. 그래서 눈으로 경계를 보되 타협하지 말라고 하는 겁니다. 타협한다는 건 좋다든지 나쁘다든지 하는 것을 말해요. 그러나 타협을 하지 않으면 영 병신이게요? 실제로는 경계를 보면서 좋다, 나쁘다 하면서도 거기에 빠지지 말라는 뜻입니다.

사람마다 마음이 있어서 경계와 더불어 작용을 합니다. 만약 화가 난 일이 있어서 화를 내면, 그건 타협을 하기 때문에 화가 나는 거예요. 또 좋은 일이 있으면 좋다고 타협을 하기 때문에 웃음이 나는 겁니다. 하루에도 수십만 개의 마음이 경계에 부딪치고 있어요. 그 경계를 그대로 볼 뿐 좋다 나쁘다, 이렇다 저렇다 타협하지 마세요. 이건 아주 중요한 말입니다.

마음은 어떻게 일어납니까? 경계에 닿질려서(抵觸) 일어납니다. 경계에 닿질려서 일어나는 것은 이미 허망한 놀음 아니겠습니까? 실답지 않은 거예요. 닿질리는 것이 허망한 것이죠. 하지만 허망을 쓰지 말라는 것도 아닙니다. 실로 알고 보면 망심이 진심이에요. 진심 없이 망심이 납니까? 그러나 처음 공부할 때는 헛된 생각을 할까 싶어서 망심을 내지 말라, 분별하지 말라고 합니다. 그러나 분별없고 망심 없으면 어떻게 되죠? 사람 구실 못합니다. 분별을 해도 좋아요. 허나 타협하지 말란 말입니다. 망심도 좋아요. 왜냐하면 진심이 있어서 망심이 나기 때문이죠. 그러나 그 망심이 닿질려서 딴 세계를 만들어내면 정말로 문자 그대로 망심입니다. 반면에 닿질리지 않으면 바로 진심 그대로거든요.

눈으로 보고 귀로 듣는 수십만 개의 경계에 닿질려서 여러분은 이런 생각, 저런 생각 등 온갖 생각을 다합니다. 이 수십만 개의 경계를 걷어잡고 마음이 일어나도 좋아요. 그 마음을 내가 일으키지 않겠다고 할 필요가 없습니다. 또 그걸 써야 해요. 하지만 경계와 더불어 일어나긴 일어날지언정 타협하지 말란 말입니다. 왜냐하면 경계 역시 헛되기 때문입니다. 내 마음이 경계에 닿질려서 망심(분별심)이 일어나지만, 그 망심은 전혀 실답지 않아요. 만약 실답다면 우리가 걷어잡아야 하지만, 실답지 않기 때문에, 즉 가짜이기 때문에 걷어잡을 필요가 없단 말입니다. 그런데도 세상 사람들은 이 닿질려서 나타난 환幻을 실답다고 해요.

부처님의 마음이나 여러분의 마음이나 하루에도 수십만 개의 마음을 쓰는데, 본심이 경계에 닿질려서 거기에 폭 들어앉아버리면 망심이라고 하는 거예요. (설법을 마칠 때가 되어서 죽비를 치자 사람들이 절을 함). 자, 지금 절하는데 누가 절하는가요? 나라는 경계에 닿질려서 지금 절하는 것 아닙니까? 그러나 거기에 들어앉지 않으면 참말로 절을 했고, 나도 거기에 닿질리지 않으면 참말로 절을 받았어요. 절을 하고 절을 받으니 굉장한 인연 관계입니다. 그러나 그런 줄 모르고 진짜라고 하면서 딱하게 나의 모습을 걷어잡으면 아무것도 아니에요.

영지靈智─영특스런 철

영특스런 철이라서 바탕이라 확연하여(靈智體廓然)
아는 성품 본래부터 낳는 바가 없건마는(知性無所生)
다못 이에 알이(識)에다 의존하고 나툼이나(只有依識現)
범부들은 망녕되이 마음이라 우겨대네(痴人妄爲心)

영특스런 철이란 영지靈智를 뜻하는 겁니다. 옥편에서는 지智를 슬기라 번역하고 혜慧를 총명이라 번역했어요. 하지만 난 옥편과는 달리 지智를 철이라 하고 혜慧를 슬기라고 생각합니다. 영지靈智를 철이라 한 이유는 흔히 사람이 자랄 때 철들었다는 말을 하기 때문이죠. 나는 지智를 철이라 번역해야 옳다고 생각해요. 나를 모르는 사람들은 '영지'를 영특스런 슬기라고 하는데, 나는 지智는 철이라 하고 혜慧는 슬기라고 합니다.

번역에 대해서 좀 더 얘기하겠습니다. 나는 『반야심경』에 나오는 색

色, 수受, 상想, 행行, 식識(五蘊)의 색과 색色, 성聲, 향香, 미味, 촉觸, 법法(六境)의 색을 다르게 번역합니다. 구마라습이 양쪽을 다 색色으로 번역했다고 해서 그대로 따를 필요가 없다고 생각해요. 그래서 색, 성, 향, 미, 촉, 법의 색은 빛깔이라고 번역했지만, 색, 수, 상, 행, 식의 색은 빛깔이라고 할 수 없어서 '것'이라고 했습니다. 왜냐하면 색, 성, 향, 미, 촉, 법은 모습이 있는 명사지만 색, 수, 상, 행, 식은 모습이 없는 명사이기 때문이죠. 그래서 우리말로 번역할 때는 딴 글자로 해야 된다고 생각해서 내가 다르게 번역한 거예요.

그런데 우리나라에서는 이 오온의 색色을 전부 물질이라고 번역하고 있습니다. 물질이라고 번역하는 것은 택도 없는 소리에요. 공부하다가 뒷걸음치는 사람들입니다. 물질이라면 하나의 모습이 딱 나타난 거예요. 물론 의미야 물질이란 의미를 갖고 있죠. 하지만 명자를 둔다면 나타나려야 나타날 것이 없어야 합니다. 그러나 물질이라고 하면 나타나거든요. 그래서 이 번역은 잘못됐다고 생각합니다.

어쨌든 나는 '영지'를 '영특스런 철'이라 번역했어요. 이 번역이 상식 밖이라 해도 스스로 딱 고민해서 누리의 이치를 안다고 하면 그대로 밀고 나가는 겁니다.

다음, "아는 성품은 본래부터 낳는 바가 없다"는 말은 무슨 뜻입니까? 우리가 산하대지를 보고 나 자신을 보는 것은 아는 성품인데, 이 아는 성품은 생겨나는 바가 없습니다. 원래 우리의 생명체인 절대성 자리, 그 이적리理的인 절대성 자리는 지구가 생기기 전부터 있어요. 어머니의 배를 빌어서 나온 몸뚱이는 문제가 되지 않습니다. 그건 인연

과정의 놀이일 뿐 문제가 되지 않아요. 그래서 무정물이라고 하는 거죠. 그러나 불교 공부를 하기 위해서는 이 몸뚱이가 무정물임을 확실히 알아야 합니다. 의사들은 이 몸이 무정물에 속하는 걸 잘 아는데, 다만 이 무정물이 어디서 나왔는지를 모를 따름이에요.

아무튼 아는 지혜, 영지靈智는 원래 생겨나는 바가 없습니다. 그만 그대로 지혜에요. 원래 생겨나는 것이 있다면 사그라지는 것이 있기 마련이죠. 상대적이니까요. 그러나 절대성인 우리의 슬기 자리, 철 자리는 사그라지는 법이 없습니다. 왜냐하면 사그라지려야 사그라질 것이 없기 때문이죠. 원래 빛깔도 소리도 냄새도 없으니까요. 그래서 우리가 이 몸을 어머니 배를 빌어서 나타냈을지언정 무정물로서 나타냈을 뿐 본래 그 자리를 나타낸 것은 아니기 때문에 본래 사그라질 것이 없습니다.

만일 생겨나는 바가 있다면 사그라질 것이 있겠지만, 생겨남이 없기 때문에 사그라질 것도 없어요. "내가 몇십 년 전에 태어났다"거나, "내가 서른 살이다, 마흔 살이다, 쉰 살이다" 하는 것은 무정물을 뜻하는 겁니다. 원래 그 자리는 생겨나는 바가 없어요. 이 때문에 불교에서는 생사는 생사이나 이름뿐인 생사라고 말하는 겁니다. 원래 이 몸은 실답지 않은 허망한 무정물인데, 온 누리의 영지靈智 자리를 탐구하는 사람이 왜 실답지 않은 걸 걷어잡아야 한단 말입니까? 그러나 보는 그 자리, 듣는 그 자리, 분별하는 그 자리는 빛깔도 소리도 냄새도 없는 자리로서 몸에 속한 것이 아닙니다. 틀림없이 있기는 있는데 몸에 속한 것이 아니에요. 몸은 무정물인데 어찌 속할 수 있겠습니까? 그런데 현대 의학에서나 지식인 중에는 몸에서 난다고 생각하는 사람이 있어요. 몸의 어디서 나는가요? 말이 됩니까? 그건 몰라서 하는 말이고 생겨나는 바가 없어요. 본래의 지혜 자리는 생겨나는 것이 아닙니다. 가령 이 주장자에 대해 주장자라는 생각이 있다면, 이거 생겨나는 바가 있어야 하지 않겠습니까? 먼저는 주장자라는 생각이 없었다가 지금은 주장자란 생각이 생겨났는데, 이건 알음알이로부터 나오는 겁니다. 즉, 경계에 닿질려서 일어나는 거예요. 알음알이는 식識으로서 경계를 뜻합니다. 경계가 턱 나타나니까 '아, 이건 주장자다'라고 말하는 것이며, 만일 꽃을 들고 있으면 '아, 이거 꽃이다'라고 말합니다. 나중에 꽃이 없어지면 꽃이라는 그 생각은 없어져요. 하지만 원래 여러분들이 갖고 있는 그 지혜 자리, 배고프면 배고픈 줄 알고, 좋은 친구를 좋다고 생각하고 나쁜 친구를 나쁘다고 생각하는 이 지혜 자리는 생겨난 바가 없습니다.

　여러분들, 학생들 가르칠 때 생각이 줄줄 나오죠? 그건 전부 알음알이에서 나오는 겁니다. 아는 것, 배우는 것은 모두 알음알이에 의존해서 나타나는 거예요. 다시 말해서 아는 것은 경계에 따라 나옵니다. 이건 꽃이다, 이건 나무다, 이건 남자다, 이건 여자다 하는 식으로 경계에 따라 아는 것이 나와요. 모든 지식이 마찬가지입니다. 하지만 경계 자체가 허망한 것이기 때문에 허망한 것에 따라 생겨나는 중생들의 마음가짐도 허망한 거예요. 중생들이 아는 것은 망심입니다. 그러나 이 도리를 알면 망심이 되돌아서 진심이 됩니다. 반면에 이를 모른 채 경계에 따라 이름을 지어서 알았다면, 그건 하나의 경계와 타협하는 것에 지나지 않습니다.

　이 때문에 눈으로 경계를 보되 경계와 타협하지 말라(거기 빠지지 말라는 뜻입니다), 귀로 소리를 듣되 소리와 타협하지 말라고 한 거예요. 만약 좋다, 싫다 등으로 타협을 하면, 하늘과 땅을 앞한 본래의 그 지혜 자리가 그만 알음알이가 되어버립니다. 알음알이라고 해서 나쁜 것은 아닙니다. 지혜가 있기 때문에 알음알이도 나오므로 그 도리를 알면 알음알이는 알음알이가 아니라 바로 지혜에요. 하지만 이 도리를 모르면 알음알이입니다.

　그런데 범부들은 이 알음알이를 망녕 되게 마음이라고 우겨댑니다. 마음이라고 해도 되긴 되지만 사실은 틀린 거예요. 참말로 마음은 알기가 어렵습니다. 우리 도반들 중에도 알음알이를 마음이라고 하는 사람들이 있어요. 하지만 그건 망심입니다. 진심은 모르고 있어요. 진심은 이 도리를 알아야 진심이 나옵니다. 예컨대 물 위의 거품은 물을 여의지 않기 때문에 거품이 물이라는 도리를 알면 거품 그대로가 물이지만 그 도리를 모르면 거품은 그저 거품일 뿐입니다.

인가印可

인가란 남이 와서 증명함이 아니로세(印可非他證)
본래부터 주고받는 지름길이 없는 거니(本無授受逕)
이 마음과 그 마음이 화합하는 곳이라서(心心和暢裡)
손에 손을 마주잡고 옛 뜰에로 듦이로다(携手還古庭)

불가에서는 인가印可라는 말을 많이 씁니다. 누구에게 인가를 받았다고 말하는데, 인가는 주고받는 것이 아니에요. 인가를 하는 사람과 인가를 받는 사람의 마음이 딱 합쳐지는 겁니다. 여기에 주고받는 것이 어디 있습니까? 하나도 주고받을 것이 없어요. 따라서 주는 것도 있을 수 없고 받는 것도 있을 수 없습니다. 그렇다면 서로 마음이 딱 화합하면 서로 손을 잡고 옛 뜰로 가는 거나 마찬가지에요. 인가를 주는 사람도 그렇지만 받는 사람도 저절로 알아집니다. 저절로 다 알아져요.

'옳지, 내 소견이 이러한데, 가만히 보니까 스승님도 역시 이렇구나.'

이처럼 스승의 마음과 제자의 마음이 둘이 아니기 때문에 손을 잡고 함께 옛 뜰에 간다고 노래한 겁니다.

여러분, 내가 간혹 나는 부처가 되지 않겠다는 말을 하죠? 그럼 중생도 되지 않겠다고 하면 어찌 됩니까? 한번 말해봐요. 이건 마음이 탁 통해야 합니다. 이건 말이 필요 없어요. 부처도 되지 않고 중생도 되지 않겠다면, 이게 무슨 말인가요?

부처라는 것도 하나의 명자名字 아닙니까? 명자놀음 하지 않겠다는 뜻이에요. 중생, 이것도 명자 아닙니까? 중생놀이 안 하겠다는 말은 명자놀이 하지 않겠단 말입니다. 본래 부처가 어디 있습니까? 말이야 바른 말이지. 깨친 분을 부처라 하고 또 깨치지 못한 분을 중생이라 하지만, 그러나 참말로 눈을 바로 뜨고 '태산이 눈을 부릅떠서 오는' 그 소식으로 본다면, 중생이 어디 있고 부처가 어디 있습니까? 다만 우리가 중생 짓을 할지언정 중생이 어디 있고 부처가 어디 있나요? K 선생 말해보시오. 이 바보들아. 하하하. 중생, 부처가 어디 있습니까? 말해보시오.

그래서 난 부처도 되지 않고 중생도 되지 않겠다고 말하는 거예요. 부처가 되지 않으면 중생입니다. 여기까지는 말이 맞아요. 절반이지만 말이 맞습니다. 그럼, 중생도 안 된다면 부처밖에 더 되겠습니까? 아, 그래서 이건 하나의 명자란 말입니다. 부처란 것도 하나의 명자이고 중생이란 것도 하나의 명자에요. 그럼 모든 걸 다 여의었다면, 설사 중생이라는 이름을 받을지언정 다 여의었다면 뭐가 됩니까? 그때는 중생도 없고 부처도 없이 허공 전체가 '나' 아닙니까? 이거 빤하지 않나요?

요컨대 지금부터는 명자에 놀아나지 말자 이겁니다. 그래서 K스님이 "반야바라밀다심경이 뭣입니까?" 하고 묻자, 내가 그 말 떨어지기 전에 "거꾸로 읽어봐라"고 말하지 않았습니까? 거꾸로 읽으면 말이 되나요? 하지만 말마디는 되지 않습니까? 말마디에 지나지 못하다는 뜻 아닙니까? 물론 이건 상승 도리의 도량이라서 이렇게 말하는 거예요. 일반적으로는 반야바라밀다는 이렇고 저렇고 설명을 해줘야 합니다. 하지만 이 자리는 그런 자리가 아니에요. 무서운 자리 아닙니까? 이 자리가 참말로 무서운 자리입니다. 모든 명자를 떠나잔 말입니다. 명자를 떠난 데서 인가 관계가 있는 거예요. 머리털만큼 명자라도 있다면 인가가 되지 않습니다. 인가하는 사람에게 뭐가 있어서 딱 맞아 떨어졌다면 그건 가짜에요. 완전히 머리털 하나도 없어야 합니다. 환해야 해요. 그래서 딱 맞아야 합니다. 물론 초학자들에게 중생도 되지 않고 부처도 되지 않겠다고 설법하면 큰일 나겠죠. 아, 부처님 말씀 듣고 성불해야 한다고 설하는 것이 원칙이에요. 하지만 그건 초학자들의 공부를 돕는 방편입니다. 우리가 참으로 부처가 되는 공부를 하겠다면 모든 명자를 여의는 방향으로 나가도록 하세요.

내 밥그릇 吾飯器

뉘라서 내 밥그릇을 감추었노(誰藏吾飯器)

둘 둘 셋 셋 옛길을 가는구나(兩兩三三舊路行)

범의 수염을 만짐이라(나虎鬚)

놓치지 말아라(不放過)

어쨌든 활자화 되어서 그렇지 이게 글입니까? "뉘라서 내 밥그릇을 감추었나/ 둘 둘 셋 셋 옛길을 가는 구나" 도대체 이런 글이 어디 있나요? 잘 되었는지 못 되었는지는 별 문제입니다. 어쨌든 분별을 여의어야 합니다, 하하하. 분별을 여의어놓으면 그렇게 어려운 것도 아니에요. 하지만 분별 여의는 것이야말로 참으로 어려운 겁니다. 알면서도 여의기 어려워요.

"뉘라서 내 밥그릇을 감추었나?"—여러분 한번 생각해봐요. 사실 밥이라 하면 생명을 뜻하는 것인데, 내 밥그릇을 누가 감추었습니까?

농사짓는 사람이 있어야 쌀로 밥도 만듭니다. 그런데 농사를 지으려면 괭이나 호미 등을 만드는 사람이 있어야 농사를 지어요. 혼자서는 할 수 없죠. 한 가정도 남편이 있기 때문에 아내가 있고 아내가 있기 때문에 남편이 있어요. 남편의 입처立處로 본다면 아내에게 밥그릇이 있고, 또 아내의 입처로 본다면 남편에게 밥그릇이 있습니다. 일체 모든 것이 다 그렇죠. 여러분, 혼자 살 수 있습니까? 똑똑하고 잘나고 힘이 있다 할지라도 혼자서 살 수 있나요? 혼자서는 살 수 없습니다.

우리 몸뚱이만 보더라도 세포가 그렇게 많아도 혼자가 아니라 여럿이 모여 있기 때문에 각자 기관으로 전체의 몸뚱이를 유지하고 있습니다. 그렇다면 "누가 내 밥그릇을 감추었는가"라고 말할 수 있어요. 왜냐하면 우리가 혼자서는 못 살기 때문입니다. 무정물인 이 가죽 주머니도 혼자서는 살지 못하고 함께 살아야 해요. 좋든 나쁘든 공동으로 살기 마련입니다. 그래서 이 글이 잘 됐다 못 됐다를 떠나서 "누가 내 밥그릇을 감추었는가. 둘 둘 셋 셋 옛길을 가는구나"라고 한 것입니다. '옛길'은 태고 때부터 둘 둘, 셋 셋이란 말입니다. 절대로 하나 하나는 없어요. 둘 둘 셋 셋은 전삼삼후삼삼前三三後三三[18]이란 말과 마찬가지로 그만 태고 때부터 둘 둘 셋 셋입니다. 그런데 요즘은 사람들이 많지 않습니까? 하지만 사람들이 많아도 둘 둘, 셋 셋이에요. 사람

---

[18] 무착 선사가 문수에게 "이곳의 수행자가 얼마나 됩니까?" 하고 묻자, 문수가 "앞도 셋 셋 뒤도 셋 셋(前三三後三三)"이라고 답했다.(『벽암록』 35칙)

들이 없다 해도 둘 둘, 셋 셋입니다. 이렇게 생각할 수 있지 않아요? 이렇게 하면 대체로 이 글이 이해가 갑니다.

그런데 도대체 이 말이 어떤 말인가요? 굉장한 말입니다. 그래서 "호랑이의 수염을 만짐이라"고 했어요. 호랑이 수염을 만진다는 건 용기가 있어야 합니다. 물론 호랑이 수염을 만질 수 있는 지혜도 있어야 하지만 용기도 있어야 합니다. 용기 없는 사람이 호랑이 수염을 만질 수 있나요? "놓치지 말라"는 용맹스러운 지혜를 놓치지 말라는 뜻입니다. 그런데 결국 내 밥그릇이 여기에도 있고 저기에도 있어요. 여러분의 밥그릇이 나에게 있고, 나의 밥그릇이 여러분에게 있습니다. 이렇게 말할 수 있는 이유는 결국 사람은 혼자서는 못 살기 때문입니다.

이런 도리를 알려면 굉장한 지혜가 있어야 합니다. 참 어려워요. 이 세상 사람들은 자기중심적이라서 다른 사람의 고통은 전혀 느끼지를 못합니다. 자기는 손톱에 가시 하나만 들어가도 아파하지만, 남은 큰 병이 들어서 다 죽어가도 안됐다는 생각은 들지언정 느껴지지가 않아요. 그렇다면 지금 이 얘기는 평범한 얘기가 아닙니다. 누구에게나 밥그릇은 다 있고 언제라도 '둘 둘 셋 셋'이니, 이는 태고 때부터 그러하고 영원히 그러합니다. 둘 둘 셋 셋 짝을 지어서 밤길을 가는데, 낮길 같으면 산천도 이리저리 감상하고 구경하면서 가겠지만, 밤에는 산천이 있든 없든, 구경할 것이 있든 없든 꾸준하게 그대로 밤길을 갑니다. 둘 둘 셋 셋 말이죠.

자, 이렇게 생각하면 어딘가 좀 이상한 맛이 나지 않습니까? 밤길을 간다, 옛길을 간다(밤길이라 해도 좋고 옛길이라 해도 상관없어)가 도대체 무슨 의미입니까? 사람은 혼자 못 산다는 뜻이라 생각해도 좋아요. 밥그릇은 태고 때부터 서로서로 갖고 있지만, 호랑이 수염을 만질 만한 지혜와 용기가 있어야 된다는 뜻으로 생각할 수도 있습니다.

여러분은 이 글을 읽고서 그럴 듯하다고 감탄만 하지 말고 나도 한 번 해보겠다는 생각을 가져야 합니다. 여러분은 예전에 경전도 보고 책도 많이 보았겠지만 이런 글은 없어요. 그렇다면 이 글이 어디서 나왔을까요? 무식에서 나왔습니다. 내가 무식하기 때문에 이런 글이 나왔어요. 내가 유식해서 경전이라도 한 권 보고 했다면⋯⋯ 실제로 난 『금강경』한 번 보지 못한 채『금강경』을 썼어요.『유마경』은 보면서 썼습니다. 그러니 무식쟁이 아닙니까? 어디 본 딸 데가 없어요. 이거 무식에서 나온 글입니다. 그럼 무식을 위한 무식인가요? 뭐라 해도 좋습니다.

내가 본래의 지혜라는 말을 자주 하는데, 확실히 내가 배우지 않았기 때문에 본래의 지혜라고 말할 수밖에 없어요. 사실상 난 반야바라밀다란 용어를 몰랐습니다. 다만 실제의 체험으로 '본래의 지혜가 나타났구나' 하는 생각이 들었죠. '사람의 몸은 죽고 사는 것으로 그 명자가 나타나지만, 본래의 지혜 자리는 하늘과 땅을 앞서 있구나' 하는 실감이 나는 거예요. 하지만 책에는 이런 말이 없습니다. 어느 책에 이런 말이 있습니까? 어쩌다 하나씩 생각나면 쓴 것이 책이 되었을 뿐입니다.

좌우간 본래의 지혜를 얘기하다가 이 말을 하게 되었는데, 본래의 지혜는 여러분들에게 다 있어요. 없는 것이 새로 이루어지는 것이 아닙니다. 여러분이 분별을 다 놓고 본래의 자리에 턱 앉으면 본래의 지혜가 저절로 나타나요. 이건 나의 경험입니다. 모든 분별을 놓으라는 말은 상대성은 허망하니 들어앉지 말라는 뜻이에요. 비유하자면 여기 병이 하나 있다고 합시다. 그 병을 싹 비우면 병 안에 아무것도 없죠? 그때 허공이 들어앉는단 말입니다. 분별이란 구정물 같아서 그것만 없으면 맑은 허공이 그대로 들어앉아요. 참 이상한 겁니다.

이 본래의 지혜는 나만 있는 것이 아닙니다. 나만 본래의 지혜가 있고 여러분은 없다면 그건 사도邪道입니다. 부처님도 본래의 지혜를 깨친 분일 뿐 다른 건 없어요. 따라서 우리가 부처님하고 다른 것이 있다면 그것도 사도입니다. 다르다면 불교는 부처님이나 할 일이지 우리 같은 사람은 할 필요가 없거든요. 그러나 부처님이나 우리나 꼭 같기 때문에 우리가 본래의 지혜를 밝히면 부처님과 같다고 하는 겁니다.

밤사이 차가운 못의 달은(夜來寒潭月)

입을 열기 앞의 일을 비추는구나(照破開口以前事)

차가운 눈은 보나(冷眼看)

미련한 놈은 운다(痴漢哭)

밤사이 차가운 연못에 비친 달이 입을 열기 이전의 일을 말했다는 뜻입니다. 달의 좋고 나쁨을 말한 것이 아니에요. 이미 공중의 달은 환합니다. 이 달이 차가운 못에, 혹은 시원한 못에 비춘 것이 바로 입을 열기 전의 소식을 말했다는 거예요. 이 설법은 이만저만한 설법이 아닙니다. 저기 푸른 소나무가 있습니다, 꽃이 핍니다, 싹이 납니다, 이런 등등이 전부 설법이에요. 어느 것 하나 설법 아님이 없습니다. 무슨 말을 하기 이전에, 즉 좋다든지 나쁘다든지 입을 열기 이전에 누리의 진리를 그대로 설파한 거예요.

그런데 눈은 차갑습니다. 눈이 흐리멍덩한 눈이 아니라 지혜가 있다는 뜻이에요. '차가운 눈은 본다'는 지구가 생기기 전의 소식을 알고 달이 생기기 전의 소식을 안다는 말입니다. 요컨대 지혜가 탁월한 사람은 안다는 말이에요. 별 말 아닙니다. 여러분도 이런 글을 제출해보세요. 이거 별 말 아니거든요. 하지만 볼 줄 모르는 미련한 놈은 두 다리를 뻗고 엉엉 울어야 해요. 언제까지 웁니까? 이 허공이 끝날 때까지 울어야 해요. 이거 장난으로 하는 말이 아닙니다. 우리가 윤회를 면치 못하면 울기 마련입니다. 고통을 면하지 못하기 때문이죠. 웃을 때도 있지만 울 때가 많아요.

그래서 부처님 말씀에도 언젠가는 견성見性해야 한다고 했습니다. 그런데 견성이란 걸 퍽 어렵게들 생각하는데, 어렵다면 어려운 건지 나는 모르겠어요. 내가 견성한 사람도 아닌데 그걸 알겠습니까? 어려운지 쉬운지 나는 모르겠어요. 부처님은 또 중생과 더불어 일시에 성불한다는 말씀도 했습니다. 하지만 이게 좀처럼 되지 않아요. 언제 되겠습니까? 언젠가도 말했지만, 지구가 깨질 때나 됩니다. 사람은 땅에 의지하고 있으면서 지구가 영원한 것처럼 생각하고 있어요. 그러나 허공은 모습이 없지만 지구는 모습이 있습니다. 모습이 있다면 생겼기 때문에 모습이 있는 것 아닙니까? 무엇이든 생겼기 때문에 모습이 있는 건데, 생겼다면 반드시 없어질 때가 있습니다. 설사 억천만 겁 후에라도 언젠가는 없어져요. 억천만 겁 하면 헤아리기 힘든 숫자이지만 그까짓 것 문제도 아닙니다.

그래서 한 번 지구가 깨질 때가 있는데, 지구가 깨질 그때는 어떻게 되느냐 말입니다. 지금까지는 전부 땅에 의지하고 있었어요. 의지라 해도 이만저만한 의지가 아닙니다. 마치 우리의 생각이 이 몸뚱이에 의지하고 있는 것과 같아요. 이 몸이 지구에 의지하고 있다는 생각조차 없다가 지구가 깨질 그때 혼비백산하는 겁니다. 지구가 깨지면 떨어질 거라고 가정합시다. 떨어진다 해도 어디 닿을 자리가 있어야죠. 닿을 자리가 없단 말예요. 그때 어떻게 되느냐. 전부 포기해버립니다. 이건 내 개인 생각이에요. 내 말이 맞을지 안 맞을지 모르지만 포기합니다. 산다, 죽는다는 것도 전부 포기해요. 어쩔 수 없습니다. 지금까지 몸뚱이는 지구에 의지하고 있었지만 이제 지구가 깨져버렸으니까요. 결국 포기하지 않으려야 않을 도리가 없는 바로 그때 '아, 이렇구나' 하고 나오는 겁니다. 그때 비로소 일시에 성불한다는 말도 옳은 말이에요. 부처님 아니면 이런 말씀 하지 못합니다. 그때 일시에 성불하지만 지구에 의지한다고 생각하는 우리로선 몇천만 겁 동안 윤회를 해야 가능하단 말이죠.

"뉘라서 내 밥그릇을 감추었노/ 둘 둘 셋 셋 옛길을 가는구나/ 범의 수염을 만짐이라/ 놓치지 말아라"와 "밤사이 차가운 못의 달은/ 입을 열기 앞의 일을 비추는구나/ 차가운 눈은 보나/ 미련한 놈은 운다"— 사실 이 도리는 말로는 되지 않습니다. 말은 무슨 말을 할 겁니까. 가만히 생각해보세요. 이 말 하려면 저 말 튀어나오지, 저 말 하려면 이 말 튀어나오지, 허공이 끝없으니 말도 끝없이 나옵니다. 허공이 끝없기 때문에…… 그럼 오늘 저녁은 그만할까요?

십이인연곡 十二因緣曲

두렷 밝은 성품슬기 지견 세울 새

겉 흐르는 한 줄기의 검붉은 뜻은

법에 따라 번지이는 안밝음이네. (무명無明)

이 안밝음(無明)은 어디서 오는가? 두렷한 지견知見에서 오는 겁니다. 지견이 작용하는 데서 나타나는 거예요. 사실은 안밝음이라고 해서 그렇지 여기는 이미 명자를 떠난 자리입니다. 그래서 맨 처음에 들어가 있어요.

어느 사이 안밝음은 자리 잡히고

저도 모른 습성만이 굳히어지며

굴리이는 그대로가 다님이라네. (행行)

느낌대로 옮기이는 다님이라서
어이할손 새 생애의 바탕이 되니
십이연 중 으뜸인 양 알이라 하네. (식識)

이 식識, 즉 알이가 바탕이 되는 겁니다. 사람의 바탕이 되는 거예요. 그러니까 느낀 대로 경계하고 타협을 하면서 느낀 대로 결속結束을 합니다. 이거, 참말로 알고 보면 우습습니다.

앎과 낳음 따로 없는 그 성품이나
알이로써 가름지어 알고 낳으니
망심이요 환질幻質로써 이름과 빛깔 (명색名色)

이것이 알음알이로써 전부 이름이 지어진 겁니다. 실제로는 말이죠. 안밝음은 하나의 작용입니다. 벌써 두렷한 맑은 슬기에서 나타나는 거예요. 바로 그 자리가 그 자립니다(슬기 자리가 무명 자리라는 뜻). 슬기 자리에서 나타나는 것인데 작용을 해요. 이렇다 저렇다 결정이 되는 겁니다. 나중에 여러분이 단단히 참고를 하세요.

인연 따른 이름 빛깔 태胎에 들며는
비롯하여 흐리멍텅 모습을 두니
첫 육근이 이뤄지는 여섯 듦이네. (육입六入)

명색名色입니다. 여기서 비로소 태에 들어서 모든 것이 사람의 근본 시초가 되는 겁니다. 그런데 왜 '십이인연곡'이란 노래를 지었는가? 너무 어렵기 때문입니다. 어려우니까 좀 쉽게 해야겠다고 해서 내가 노래를 지은 거예요. 노래를 지었다고 알아주는 사람은 없지만 말이죠. 그러나 보는 사람에 따라서 뭔가 될지도 모르지 않습니까? 그래서 노래를 지은 겁니다.

여섯 듦이 갖추어져 세간에 나면
알쏭달쏭 휘둘림이 모두이라서
살림살이 시작하는 닿질림이네. (촉觸)

나는 촉觸을 닿질림이라고 번역합니다.

닿질리는 그대로만 끌리어가며
꿈 속 같은 앞 경계를 거느려대고
눈물 콧물 안 가리는 받음이라네. (수受)

그대로 막 따라갑니다. 경계를 막 따라가요.

온갖 법을 실답다고 받아들이고
거울 속의 눈꼬리를 알랑거리며
이리 뛰고 저리 뛰는 쏠림이라네. (애愛)

눈에 비치는 게 전부입니다. 이럴 때는 물과 불을 가리지 않거든요. 그 말입니다.

쏠림이란 무엇인가 아편 꽃인가
나와 내 것 놀음판에 세월이가니
천하 것을 거두려는 가짐이라네. (취取)

전부 가지려는 그것뿐입니다. 눈에 띄는 것이라면, 나쁜 것 말고 좋은 것은 전부 가지려고 해요.

가지려는 탐심에도 날개가 돋혀
사람에게 뒤질손가 앞을 다투니
선악업만 맺어내는 둠이라 하네. (유有)

자꾸 가지려고 합니다. 돈을 벌고 싶고, 또 지금은 이것이 절대적이니까 오래 살고 싶어요. 그런 뜻입니다.

둠이라서 물 위에 뜬 거품이러니
이 몸뚱일 아껴봤든 하루살이라
육도六道 속을 헤엄치는 삶이라 하네. (생生)

사실 우리가 살아 있다는 것은 육도—육도를 바다라고 합시다—를 헤엄치고 있는 겁니다. 실제로는 참말로 아무것도 아니에요. 그러나 이것이 인과인데 어떻게 합니까? 참말로 아무것도 아닌 것이 또 아무것이죠.

삶이라서 황천길을 재촉함이니
두렵고도 놀람인들 어이없으랴.
서글프다 이름하여 늙고 죽음가. (노사老死)

벌써 산다는 건 죽음을 뜻하는 겁니다. 언제라도 생과 사는 함께 묶여서 헤엄치고 다니는 거예요. 그러다 차차 늙습니다.

이 '십이인연곡'을 읽어보라고 한 이유는 안밝음 때문입니다. 무명, 즉 안밝음은 지견에서 오는데, 작용을 하기 위한 첫 소식이에요. 여기서 일체만법이 벌어지는 겁니다. 그러니까 일체만법의 근본이죠. 안밝음이라고 해서 캄캄한 것이 아닙니다. 여러분, 도리어 밝지도 않고 어둡지도 않은 겁니다. 참말로 빛깔이라면 낮에는 환하고 밤에는 캄캄하지 않습니까? 하지만 이 무명은 밝은 것도 아니고 어두운 것도 아닙니다. 이 무명은 아는 것도 아니고 모르는 것도 아녜요. 또 착한 것도 아니고 악한 것도 아닙니다. 이거 무서운 자립니다. 이거.

예불송 禮佛頌

1. 세 줄의 공덕

나의 바른 깨침을 드높입니다.
나의 바른 슬기를 드높입니다.
나의 바른 거님을 드높입니다.

2. 네 가지 나의 소임

나의 색신은 모든 부처의 위의를 들내는 대행기관입니다.
나의 색신은 모든 부처의 슬기를 세우는 대행기관입니다.
나의 색신은 모든 부처의 솜씨를 굴리는 대행기관입니다.
나의 색신은 모든 부처의 자비를 베푸는 대행기관입니다.

3. 염불송

부처님 거울 속의 제자의 몸은
제자의 거울 속의 부처님에게
되돌아 귀의하는 이치를 알면
부처가 부처 이름 밝히심이네.

4. 십자송十字頌

일체중생본래불一切衆生本來佛
이견착상낙귀굴二見着想落鬼窟
삼세출몰시묘용三世出沒是妙用
사종이류수연성四種異類邈緣成
오온기비청정신五蘊豈非淸淨身
육도만행무관사六道萬行無關事
칠보보시기리다七寶布施其利多
팔풍부동진공덕八風不動眞功德
구소영지물여의九霄靈智勿汝疑
시방사계심중명十方沙界心中明

일체의 중생은 본래 부처이지만
상대적 견해에 상想을 붙이다 귀신 굴에 떨어졌구나.
삼세에 나타났다 사그라지는 것은 묘한 작용이고
네 가지 다른 종류로 태어남은 연緣에 따라 이루어진다.
오온五蘊이 어찌 청정한 몸이 아니겠으며
육도六道의 만 가지 행실 또한 관련 없는 일이로다.
칠보七寶로 하는 보시가 그 이익이 많긴 하지만
팔풍八風에 움직이지 않는 것이 참다운 공덕일세.
구소九霄의 신령한 지혜를 그대는 의심치 말지니

시방의 모랫수 세계가 마음속에 밝았구나.

5. 십물계十勿戒

수자심신 물망본존雖藉心身 勿忘本尊
수유처자 물타애견雖有妻子 勿墮愛見
수승가업 물탐비리雖承家業 勿貪非利
수여세전 물사대도雖與世典 勿捨大道
수유천하 물괴법성雖遊天下 勿壞法性
수반연기 물용악근雖伴緣起 勿容惡根
수종무상 물태종덕雖宗無相 勿怠種德
수재삼매 물립선상雖在三昧 勿立禪想
수흔지관 물입영멸雖欣止觀 勿入永滅
수용생사 물위오행雖用生死 勿爲汚行

비록 마음과 몸을 빌었으나 본래의 존귀한 자리를 잊지 말라.
비록 아내와 자식이 있다 해도 쏠려보는 데 떨어지지 마라.
비록 가업을 이어가더라도 잘못된 이익을 탐하지 말라.
비록 세상의 법도와 함께 해도 대도를 버리지 말라.
비록 천하에 노닐더라도 법성을 무너뜨리지 말라.
비록 인연을 따라 일어나도 악한 뿌리를 용납하지 말라.

비록 무상無相을 종지로 삼더라도 덕을 심는 걸 게을리 하지 말라.
비록 삼매에 들었어도 선상禪想을 세우지 말라.
비록 지관止觀을 즐기더라도 영원히 적멸에 들지는 말라.
비록 생사를 쓰더라도 더러운 행은 하지 말라.

6. 동업보살의 서원

우리는 옛적부터 비로자나 법신이나
변하는 모습 따라 뒤바뀌는 여김으로
갈팡질팡 생사해에 뜨잠기는 중생이니
좋은 인연 그늘 밑에 동업보살 되고지고.

괴로운 첫울음은 인생살이 시작이요
서글픈 끝놀람은 이 세상을 등짐이니
들뜬 마음 가라앉혀 보리도를 밝혀내고
부처 땅에 들어가는 동업보살 되고지고.

7. 마하반야바라밀다심경

관자재보살은 깊이 반야바라밀다를 행할 때 다섯 쌓임이 모두 비었음을 비추어 보고 온갖 괴로움과 재앙을 건졌느니라.

사리자여, 것은 빔과 다르지 않고 빔은 것과 다르지 않으므로 것이 곧 빔이요 빔이 곧 것이니 느낌, 새김, 거님과 알이도 또한 다시 이러니라.

사리자여, 이 모든 줄의 빈 모습은 생김도 아니고 꺼짐도 아니며 더러움도 아니고 깨끗함도 아니며 더함도 아니고 덜함도 아니니라.

이런 고로 빈 가운데는 것이 없으며 느낌, 새김, 거님과 알이도 없으며, 눈, 귀, 코, 혀, 몸과 뜻도 없으며, 빛깔, 소리, 냄새, 맛, 닿질림과 요량도 없으며, 보임도 없고 나아가 알리임도 없으며, 안밝음도 없고 또한 안밝음의 가뭇도 없으며, 나아가 늙고 죽음도 없고 또한 늙고 죽음의 가뭇도 없으며, 괴로움, 모임, 꺼짐과 수도 없으며, 철도 없고 또한 얻음도 없느니라.

얻을 바가 없음으로써 보살도를 닦는 이는 반야바라밀다를 밝힘으로써 마음에 걸림이 없고 걸림이 없으므로 두려움이 없기에 뒤바뀐 헛된 생각을 멀리 여의어서 마지막으로 열반에 들어가나니, 과거 현재 미래의 모든 부처도 이 반야바라밀다를 밝힘으로써 무상정등정각을 얻느니라.

알지어다, 반야바라밀다는 가장 놀라운 주문이요, 가장 밝은 주문이요, 가장 높은 주문이요, 무엇과도 견줄 수 없는 주문으로 능히 온갖

괴로움을 없애니, 진실하여 허망하지 않은지라 이에 반야바라밀다의 주문을 설하여 가로되,
아제 아제 바라아제 바라승아제 모디 사바하(삼창)

8. 원을 세우는 말귀

원을 크게 세우니다(삼창).
비로자나 자성불이 노사나 수용불로 이름 세워 나투신 삼계도사 석가모니불과 무루 지혜 유마거사를 정법으로 받드옵고 마음속에 깊이 새겨 지극 정진하오리다.
좋은 나라 세우시는 아미타불
널리 사랑 하옵시는 관세음보살
삼도지옥 여의시는 대세지보살
묘한 솜씨 펴옵시는 문수보살
덕과 목숨 이으시는 보현보살
선정해탈 하옵시는 지장보살
다음 오실 교주이신 미륵보살
제불보살 마하살은 이내몸의 참 면목을 하루 속히 되밝혀서 견성성도 하게스리
가피력을 베푸소서(삼창).

9. 누리의 주인공

해말쑥한 성품 중에 산하대지 이루우고
또한 몸도 나투어서 울고 웃고 가노매라.
당장의 마음이라 하늘 땅의 임자인 걸
멍청한 사람들은 몸 밖에서 찾는고야.

10. 보림삼강寶林三綱

우리는 불도를 바탕으로 인생의 존엄성을 선양한다.
우리는 삼계의 주인공임을 자부하고 만법을 굴린다.
우리는 대승의 범부는 될지언정 소승의 성과는 탐하지 않는다.

11. 네 가지 큰 다짐

가없는 중생을 기어이 건지리다.
끝없는 번뇌를 기어이 끊으리다.
한없는 법문을 기어이 배우리다.
위없는 불도를 기어이 이루리다.